Erich von Däniken

# DIE STRATEGIE DER GÖTTER

Erich von Däniken

# DIE STRATEGIE DER GÖTTER

## Das achte Weltwunder

Econon Verlag
Düsseldorf · Wien

Bearbeitung: Wilhelm Roggersdorf

1. Auflage 1982

Gesetzt aus der Times der Fa. Hell
Satz: Dörlemann-Satz, Lemförde
Druck und Bindearbeiten: Richterdruck, Würzburg
Printed in Germany
ISBN 3 430 11979 0

# Inhalt

# I
# Sagenhafte Zeiten!

Nicht diejenigen sind zu fürchten, die anderer Meinung sind, sondern diejenigen, die anderer Meinung sind, aber zu feige, es zu sagen.

Napoleon I.
1769–1821

Die Realität ist phantastischer als jede Phantasie.

Ehe ich eine Spur verfolgen kann, die vor vielen Jahrtausenden gelegt wurde, muß ich eine so erstaunliche wie umstrittene Geschichte erzählen, die sich im ersten Drittel des vorigen Jahrhunderts in Amerika zugetragen hat; sie führt uns in die jahrtausendalte Spur zurück.

Unter den Einwanderern, die damals in großen Scharen aus Deutschland, Skandinavien, Irland und England in die Neue Welt strebten, war auch die Familie Smith aus Schottland, die mit acht Kindern im kleinen Ort Palmyra im Staat New York lebte.

Folgende Seite:
Joseph Smith (1805–1844), der Begründer der »Kirche Jesu Christi der Heiligen der Letzten Tage«

Das Gebiet, in dem die Smith' lebten, war Grenzland zur Zivilisation: Das tägliche Dasein forderte den Einwanderern harte, körperliche Arbeit ab. Der amerikanische Unabhängigkeitskrieg von 1776–1783 lag zwar schon ein halbes Jahrhundert zurück, doch das riesige Land war noch sehr spärlich bewohnt, und die Siedler hatten laufend Kämpfe mit den indianischen Ureinwohnern zu bestehen.

Die Neuankömmlinge aus Europa waren fleißig, sie brachten nicht nur Werkzeuge und guten Willen mit, sondern auch die vielfachen religiösen Anschauungen aus ihrer alten Heimat, die sie mit missionarischem Eifer zu verbreiten suchten. Sekten und Religionsbünde vermehrten sich schneller als Unkraut. Heilsapostel zahlloser Glaubensrichtungen predigten, übertrumpften sich in Redeschlachten mit kühnsten Verheißungen und vereinnahmten Seelen mit übelsten Drohungen vom Jenseits. Kapellen, Tempel und Kirchen schossen wie Pilze aus dem Boden, so, als habe der Teufel sich persönlich eingefunden, um die Geister der Siedler in der neuen Heimat zu verwirren.

Mutter Smith schloß sich mit drei Kindern – wie viele Einwanderer – den Presbyterianern an. Sohn Joseph, 18 Jahre alt, tat sich schwerer: Er suchte verzweifelt den wahren Gott, weil er nicht wahrhaben mochte, daß alle Heilsbringer felsenfest behaupteten, recht zu haben und sich zugleich im Namen Jesu bis aufs Blut bekämpften. Joseph Smith (1805–1844) war ein Niemand bis zu jener Nacht vom 21. September, in der er eine seltsame Vision erlebte.

## Die Vision des Joseph Smith

Wie in einer Trance betete Joseph in seiner Schlafkammer, als er plötzlich eines Lichts gewahr wurde, das den Raum gleißend erhellte. Aus dem Licht trat ein Engel mit nackten Füßen in weißem Gewand. Die Erscheinung stellte sich dem erschreckten Beter als Gottesbote mit Namen *Moroni* vor, und Moroni berichtete dem Jungen Erstaunliches!

Es würde, sagte Moroni, in einem steinernen Versteck, nicht weit vom Wohnort der Familie Smith entfernt, ein auf goldene Platten graviertes Buch aufbewahrt, das einen vollständigen Bericht von den früheren Einwohnern des amerikanischen Kontinents und ihres Ursprungs enthielte. Bei den goldenen Tafeln läge ein Brustschild, auf dem zwei Steine, die sogenannten *Urim* und *Thummim**, befestigt seien, mit deren Hilfe sich die alte Schrift übersetzen ließe; außerdem gäbe es in dem Verlies einen »göttlichen Kompaß«. – Nach der Mitteilung, er, Joseph Smith, sei ausersehen, *einen Teil* der Schriften zu übersetzen und bekanntzumachen, verschwand der Götterbote Moroni.

Für eine Weile.

Dann tauchte Moroni wieder auf, wiederholte die aufregenden Mitteilungen und fügte die Prophezeiung hinzu, in der Zukunft würde es gewaltige Verwüstungen und Hungersnöte geben.

* Orakelsteine der israelitischen Priester

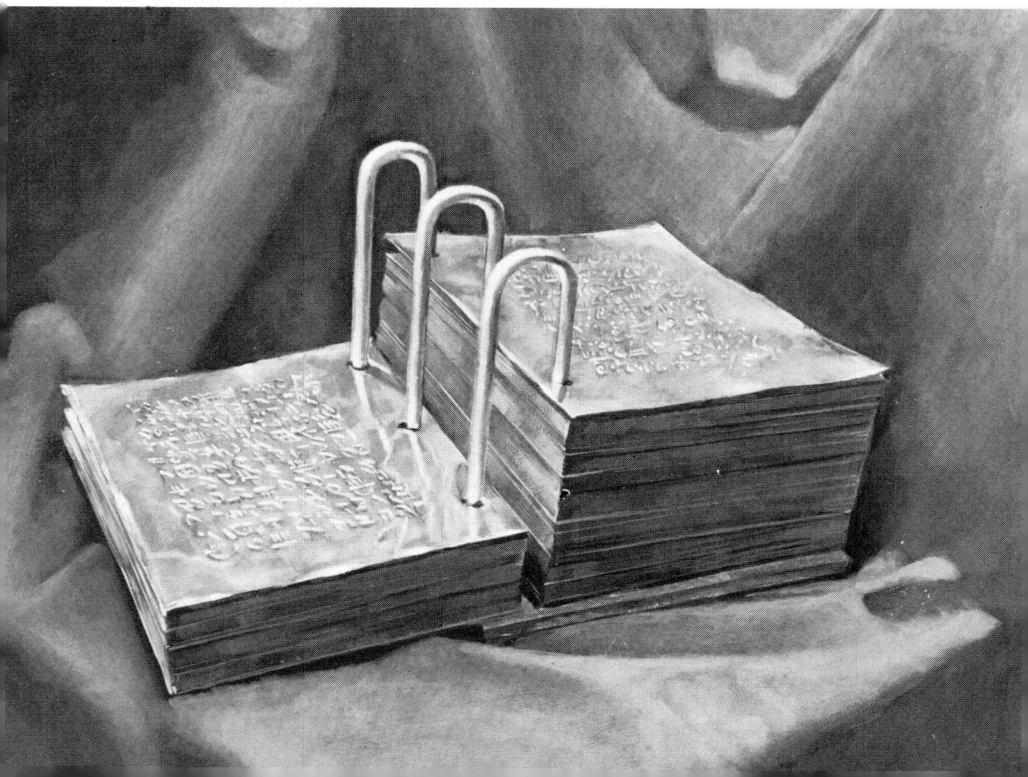

Ob Moroni den Auftrag hatte, seine Übermittlungen in Portionen vorzunehmen oder ob er vergeßlich war, ist unbekannt. Jedenfalls erschien er in der Nacht des 21. September ein drittes Mal, um den Botschaften der beiden vorhergehenden Besuche die Warnung hinzuzufügen, Joseph dürfe – außer wenigen vorausbestimmten Personen – keinem Menschen die heiligen Requisiten auf dem Hügel Cumorah zeigen; handle er gegen das Verbot, würde er getötet werden.

## Was Joseph Smith am Ort der Verheißung fand

Unausgeschlafen ob der nächtlichen Ruhestörung berichtete Joseph beim kärglichen Frühstück selbstverständlich seinem Vater von dem schockierenden Erlebnis. Bigott gläubig wie alle Siedler, gab es für Vater Smith keinen Zweifel, daß dem Sohn ein göttlicher Auftrag zuteil wurde; er hieß ihn, die Stelle aufzusuchen, die Engel Moroni beschrieben hatte.

Südlich von Palmyra, unweit des Dörfchens Manchester, erhebt sich der Hügel Cumorah, der an der Nordseite steil ansteigt. Unterhalb der Hügelkuppe fand Joseph Smith den vergrabenen und ihm verheißenen Schatz – wie, das hat er selbst beschrieben:

*»Unter einem Stein von ziemlicher Größe lagen die in einer Steinkiste verwahrten Platten. Dieser Stein war oben in der Mitte dick und abgerundet und gegen die Kanten hin dünner, so daß der mittlere Teil über der Erde sichtbar war, während die Kanten ringsum mit Erde bedeckt waren. Ich entfernte die Erde, verschaffte mir einen Hebel, setzte ihn unter der Kante an und hob den Stein mit etwas Anstrengung in die Höhe. Ich schaute hinein und erblickte in der Tat die Platten und den Urim und Thummim sowie den Brustschild, wie der Bote gesagt hatte. Der Kasten, in dem sie lagen, war aus Steinen angefertigt, die durch eine Art Zement zusammengehalten wur-*

Der Hügel Cumorah, unter dessen Kuppe Joseph Smith den vergrabenen Schatz, die Platten des Buches Mormon, gefunden hat
Links: Phantasievolle Darstellung der Erscheinung des Götterboten Moroni

*den. Auf dem Boden der Kiste waren zwei Steine quer zur Kiste gelegt, und auf diesen Steinen lagen die Platten und die anderen Dinge.« (1)*

Als der Teenager, begierig wie jeder Schatzsucher, spontan mit beiden Händen nach den Gegenständen griff, verspürte er sofort einen Schlag. Er versuchte es neuerlich und handelte sich wieder einen lähmenden Schlag ein. Beim dritten Versuch strafte ihn ein Schlag wie von einem starken Stromstoß; wie gelähmt lag er am Boden.

Im selben Moment stand Moroni, der rätselhafte Bote der Nacht, neben ihm und befahl, Joseph solle in jedem Jahr am gleichen Tag hierherkommen; wenn die Zeit reif dafür wäre, würde er die heiligen Gegenstände bekommen.

Vier Jahre später war es soweit!

Am 22. September 1827 übergab Götterbote Moroni Joseph Smith die beschrifteten Goldtafeln, den Brustschild und die schimmernden Übersetzungshelfer Urim und Thummim. Moroni hämmerte dem 22jährigen ein, daß er zur Verantwortung gezogen würde, falls die uralten Schätze durch seine Unachtsamkeit verlorengingen.

Ich weiß nicht, ob diese Geschichte sich so oder ähnlich zugetragen hat.

Doch: So und nicht anders wird sie im *Buch Mormon*, der ›Bibel‹ der »Kirche Jesu Christi der Heiligen der Letzten Tage« – der *Mormonen* – überliefert. Einige Millionen Mormonen glauben daran, diese frommen und tüchtigen Menschen, die in Salt Lake City im Staate Utah ihre Zentrale haben.

Ich weiß nicht, ob Joseph Smith ein religiöser Psychopath gewesen ist oder ein schlauer Demagoge, der die Religionswirren seiner Zeit ausnutzte, um Menschen einzufangen. Ich weiß nicht, ob Joseph Smith ein selbstloser, ehrlicher und wahrheitssuchender Prophet gewesen ist.

Ich weiß auch nicht, wer den jungen Mann in der Nacht vom 21. September 1823 heimsuchte und wer ihm vier Jahre später den verborgenen Schatz übergab. War es ein Indianer, der von der Existenz der uralten Platten wußte? Hatte er sie vielleicht selbst – oder ein Angehöriger seines Stammes – versteckt? Hat am Ende ein zu einer der vielen christlichen Religionsgemeinschaften bekehrter Indianer ein gehegtes Geheimnis verraten? Hat ein weißer Schatzsucher, der einen Partner brauchte, Joseph Smith eingeweiht? Oder stieß der junge Mann allein auf die Schatzkammer und erfand die Story von der himmlischen Erscheinung, um sich interessant zu machen?

Ich weiß keine Antworten, nur etwas scheint mir festzustehen:

Joseph Smith hat die gravierten Goldplatten besessen!

## Elf Augenzeugen

Unter Zuhilfenahme der »Übersetzersteine« Urim und Thummim hatte Joseph Smith in 21monatiger Arbeit einen Teil der Texte vom Plattenfund übersetzt, als er sie im Juni 1829 – mit Einwilligung des Engels Moroni, versteht sich! – drei ehrenwerten und geachteten Männern zeigte. Oliver Cowdery, David Whitmer und Martin Harris setzten ein Schriftstück auf, in dem sie beschworen, die Platten und »auch die Gravierungen auf den Platten« gesehen zu haben.

Dieses Zeugnis hat Gewicht, denn die drei Männer blieben dabei, nachdem sie sich von Smith und der von ihm gegründeten Kirche der »Heiligen der Letzten Tage« abgewandt hatten, zwei sogar heftige Gegner des Glaubensstifters wurden. Keiner der Männer widerrief seinen Eid.

Zwei Tage nach der Offenlegung der Schrifttafeln vor den drei Männern zeigte Smith an einem sonnenhellen Tag seinen Schatz weiteren acht Zeugen, die das Buch mit den dünnen Platten in die Hände nehmen und darin blättern durften. Auch diese acht Männer bezeugten den Tatbestand mit Siegel und Unterschrift (2):

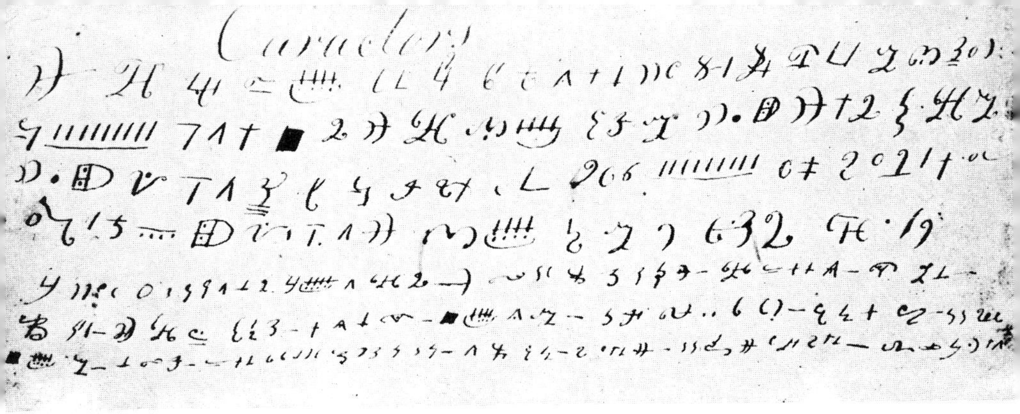

Schriftzeichen, die Joseph Smith nach den Metallplatten anfertigte. Wissenschaftler klassifizierten sie als »reformierte ägyptische Hieroglyphen«

*»Allen Nationen, Geschlechtern, Sprachen und Völkern, zu denen dieses Werk gelangen wird, sei es kundgetan, daß Joseph Smith Junior, der Übersetzer dieses Werkes, uns die Platten, von denen gesprochen wurde und die wie Gold aussehen, gezeigt hat; alle, die genannter Smith übersetzt hat, haben wir mit unseren Händen angefaßt; wir haben auch die Gravierungen darauf gesehen, die ein altertümliches Aussehen hatten und sehr sonderbar gearbeitet waren. Und wir bezeugen mit ernsthaften Worten, daß besagter Smith uns diese Platten gezeigt hat, denn wir haben sie gesehen und angefaßt, und wir wissen mit Bestimmtheit, daß genannter Smith die Platten hat, von denen wir gesprochen haben. Und wir geben unsere Namen, um der Welt das zu bezeugen, was wir gesehen haben. Und wir lügen nicht und rufen Gott zum Zeugen an.«*

*Christian Whitmer – Jacob Whitmer – Peter Whitmer jun. – John Whitmer – Hiram Page – Joseph Smith sen. – Hyrum Smith – Samuel H. Smith*

Der Eid der insgesamt elf Männer – die alle *nicht* der von Joseph Smith begründeten Religionsgemeinschaft angehörten, vielmehr kämpferisch ihren alten Glauben verteidigten –, die ihren Gott zum Zeugen riefen, hat erhebliches Gewicht, wenn man sich des fanatischen Eifers erinnert, mit dem damals die Siedler ihren Gemeinschaften und Sekten aus Furcht vor der Strafe des letzten Gerichts anhingen.

Der Tempel der Mormonen in Salt Lake City

## Das Buch Mormon

Nicht nur die beeideten Zeugenschaften lassen darauf schließen, daß Smith tatsächlich eine Zeitlang im Besitz der gravierten Platten gewesen ist: Der Inhalt der Übersetzungen spricht dafür! Er schließt eine *totale* Fälschung aus, während mir eine *teilweise* Fälschung sicher zu sein scheint.

Smith beschrieb die goldenen Platten des Buches als etwas dünner als das damals handelsübliche Blech; die einzelnen »Seiten« wären durch drei Ringe zusammengehalten worden, das Buch habe etwa 15 Zentimeter in der Breite, 20 Zentimeter in der Höhe und 15 Zentimeter in der Dicke gemessen. Ein Drittel der Metallfolien habe sich mühelos blättern lassen, während zwei Drittel zu einem Block zusammengefügt, »versiegelt«, waren. Von den Schriftzeichen auf den Platten fertigte Smith Abdrücke an, die später von Wissenschaftlern als »reformierte ägyptische Hieroglyphen« klassifiziert wurden.

Das heutige Buch Mormon der »Kirche Jesu der Letzten Tage« basiert auf den Übersetzungen der rätselhaften Platten des Kirchengründers Joseph Smith – ergänzt um Hinzufügungen von Prophezeiungen auf Jesus (die sicherlich im Urtext nicht standen) und um eine Art von Fortsetzung der biblischen Geschichte, angepaßt dem christlichen Glauben der amerikanischen Gesellschaft um die Mitte des vorigen Jahrhunderts.

Smith und seine gestiftete Religion der »Heiligen der Letzten Tage« wurden bald zum Gespött gemacht, zogen sich aber auch die Feindschaft der amerikanischen Fundamentalisten zu, die rigoros am »Wortverständnis« der Bibel festhielten und eifernd gegen kritische Theologie und moderne Naturwissenschaft predigten. Fundamentalisten gibt es in den USA heute noch.

Für Smith war die Geschichte peinlich, weil Engel Moroni nach erfolgter Übersetzung die Platten zurückverlangt hatte, um sie für eine fernere Zukunft erneut zu verstecken. So blieb dem armen Joseph außer seiner Übersetzung und den eidesstattlichen Erklärungen der elf Männer kein Beweis, daß er die sagenhaften Platten fast zwei Jahre täglich in den Händen gehalten hatte.

Die junge Mormonen-Gemeinde schlug und hielt sich tapfer, trotz dauernder Vertreibungen wuchs sie an Zahl, hat heute an fünf Millionen Anhänger, doch es gab damals auch Streitigkeiten untereinander, die dazu führten, daß Joseph und sein Bruder Hyrum verhaftet wurden. – Am 27. Juni 1844 drang Pöbel in das Gefängnis von Carthago, Illinois, ein und erschoß die Brüder Smith. – Die fleißigen und gottesfürchtigen Mormonen hatten ihren Märtyrer. Sie hielten zusammen und schufen in den letzten 140 Jahren ein religiöses und weltliches Imperium ohne Beispiel.

## Der Treck aus dem Vorderen Orient auf den amerikanischen Kontinent

Zwischen den vergangenen Jahrtausenden und dem Vorgestern des letzten Jahrhunderts gibt es über unsicherem Abgrund nur eine wacklige Hängebrücke, die zwar an den Ufern der Gezeiten lose verankert ist, doch viele morsche Planken zwingen Forscher zu waghalsigen Sprüngen, sofern sie nicht im Strudel der Gegenwart versinken wollen. Für einen ziemlich soliden Brückenschlag in die Jahrtausende der Vergangenheit sind zwei Komplexe aus dem Buch Mormon geeignet: die Platten *Ether* und *Nephi.*

Die 24 Platten Ether berichten die Geschichte des Volkes Jared. Die Jarediten sollen – so steht es auf den übersetzten Platten – zu Zeiten des Turmbaus zu Babylon, also gegen Ende des dritten Jahrtausends v. Chr., ihren Gott angefleht haben, er möge sie aus den kriegerischen Wirren der Völker erretten. Gott erhörte ihre Bittgebete und führte die Jarediten auf spektakuläre Weise zuerst in eine Wildnis, dann über den Ozean an die amerikanische Küste. 344 Tage habe die in vielen Einzelheiten beschriebene Reise gedauert. An welcher Küste des amerikanischen Kontinents der große Treck anlandete, ist auf den Platten nicht vermerkt, doch mögen Auszüge aus der Mormonen-Bibel, Buch Ether, 2. Kapitel, Verse 4ff. unser Interesse wecken:

*»Nachdem sie ins Tal Nimrod (Mesopotamien, EvD) hinabgekommen waren, kam der Herr herab und redete mit Jareds Bruder; und der Herr befand sich in einer Wolke, und Jareds Bruder sah ihn nicht.*

*Der Herr ging vor ihnen her und redete mit ihnen, als er in der Wolke war und* gab ihnen Anweisungen, wohin sie wandern sollten.

*Sie reisten in die Wildnis und bauten Fahrzeuge, worin sie,* beständig vom Herrn geleitet, *über viele Wasser fuhren.*

*Die Fahrzeuge waren klein und leicht auf dem Wasser, ja, so leicht wie ein Vogel auf dem Wasser.*

*Und sie waren so gebaut, daß sie außerordentlich dicht waren und daß sie wie ein Gefäß Wasser halten würden. Boden und Seiten der Schiffe waren dicht wie ein Gefäß; die Enden waren spitz; und der Oberteil hielt dicht wie ein Gefäß. Sie hatten die Länge eines Baumes, und wenn die Tür verschlossen war, dann war sie dicht wie ein Gefäß.«*

Als die Jarediten acht fensterlose, vollkommen dichte Fahrzeuge nach Anweisungen ihres »Herrn« gebaut hatten, stellten sie einen Konstruktionsfehler fest: Nach Verschluß der einzigen Tür war es stockdunkel an Bord. Es war offensichtlich kein Konstruktionsfehler, denn der »Herr« gab ihnen 16 leuchtende Steine, zwei für jedes Schiff, und die Steine spendeten 344 Tage helles Licht. Erster Klasse!

Die Schiffe – beladen mit Samen und Kleintieren jeglicher Art – müssen in jedem Wetter erstaunlich manövrierfähig gewesen sein. Selbst wenn die Übersetzung des Ether-Buches nur einigermaßen den Fakten entspricht, leitete ein phänomenaler »Herr« die Jarediten technisch an. Man lese und staune:

*»Und viele Male wurden sie in den Meerestiefen begraben*

*und von den Wellenbergen, die über sie hereinbrachen und auch durch die großen und schrecklichen Stürme, die von den heftigen Winden verursacht wurden.*

*Wenn sie aber in den Tiefen begraben waren, konnte ihnen das Wasser keinen Schaden antun, weil ihre Fahrzeuge so dicht wie ein Gefäß waren, ja, so dicht wie die Arche Noah. Als sie daher von vielen Wassern umgeben waren, riefen sie den Herrn, ihren Gott, an, und er brachte sie wieder an die Oberfläche.«*

## Was für ein Gott organisierte die große Kreuzfahrt?

Zuerst schuf Gott den Menschen, dann vernichtete er die Brut seiner Nachkommen durch die Sintflut. Mit den Überlebenden schloß er einen Bund »auf ewige Zeiten« (1. Mose, 9,10 ff.). Die widerspenstigen Menschen wollten Gott gleich sein und erbauten zu Babylon einen mächtigen Turm. Erzürnt fuhr Gott hernieder und zerstreute die Menschenkinder in alle Richtungen der Windrose »über die ganze Welt« (1. Mose, 11,1 ff.). – Eine der davongejagten Gruppen waren die Jarediten, die in vogelleichten Fahrzeugen mit seltsamen Lichtquellen nach Amerika geleitet wurden.

Wenn Gott einer Menschengruppe die Chance zum Überleben geben wollte, weshalb dann mit dem mühsamen Bau von acht kleinen Schiffen? Hätte der mächtige Gott die Menschenkinder dank seiner Kraft nicht mittels eines Wunders an ferne Gestade verfrachten können?

Hatte dieser Gott keine Möglichkeit, die Jarediten über den Ozean zu fliegen oder wollte er es nicht? Daß er die Flüchtlinge über den großen Teich bringen wollte, beweist die vollzogene Tat. Vermochte er lediglich technische Anweisungen für den Schiffsbau zu geben? Vergaß er, daß es in den Schiffsbäuchen nachtdunkel war, mußte er nachträglich seine Fehlleistung mit der Bereitstellung von leuchtenden Steinen korrigieren? Selbst wenn der Herr keine Lust hatte, ein Wunder stattfinden zu lassen, selbst wenn er die kleinen Menschen für ihre Rettung hart arbeiten ließ, bleibt doch unerfindlich, warum er keine Anweisungen zum Bau eines normalen Überwasserschiffs gab, mit dem sich gemächlich über den Atlantik dümpeln ließ. Und wenn schon Nußschalen von Schiffen, hätte der große Gott, anerkanntermaßen Herr der Wolken und Winde, seinen Schäflein wenigstens eine ruhige See bescheren können.

Es irritiert, daß der zeitlose und allwissende Gott so wenig in die Zukunft zu schauen vermochte. Ahnte er nicht, daß Jahrtausende nach der Ozeanüberquerung der überlieferte Bericht zu Zweifeln an seiner Allmacht reizen könnte? Provozierte er die Frage: warum Technik, warum kein Wunder? Er hätte gescheiter daran getan, sich eines auf ewig unerklärbaren Wunders zu bedienen. Wunder entziehen sich dem Kalkül des kritischen Verstandes.

Die Jarediten kamen wie alle Einwanderer unter Deck auf windigen Seelenverkäufern nach Amerika. Verfügte der leitende »Herr« nicht über ausreichende Techniken, seine Schützlinge weniger gefahrvoll über den großen Teich zu transportieren? Was für ein »Gott« betätigte sich hier vor 5000 Jahren?

Die Literatur aus vorgeschichtlich dunklen Zeiten ist wortwörtlich sagenhaft. Nichts Genaues weiß man nicht. Die rettungslos dumme Menschheit schaffte es, stets die Überlieferungen vergangener Epochen gründlich auszuradieren. Die Bibliothek der antiken Stadt Pergamon in Kleinasien mit ihren 500 000 Bänden wurde vernichtet. Die grandiosen Bibliotheken im alten Jerusalem wie in der Weltstadt Alexandria wurden zerstört, die Bibliotheken der Azteken und Maya gingen in Flammen auf. Gründlich zerstörten die Menschen der jeweiligen Gegenwart das gesammelte Wissen der Vergangenheit, doch nicht gründlich genug. Noch existieren Fragmente von jahrtausendealten Überlieferungen, aus denen sich in bemühtem Puzzle Vorstellungen von den »Göttern«, die einst wirkten, gewinnen lassen. Textrelikte erlauben keinen Rückschluß auf das Alter der Überlieferungen. Wahllos notierten die Chronisten, was sie erlebten, aber auch, was sie nur vom Hörensagen erfuhren. Ältere, alte und »neue« Geschichten webten sie zu einem kunterbunten Teppich. Zeitläufe wirbelten wie in einem Mixbecher durcheinander. Die Jahre zeichneten Ringe, summierten sich über die Jahrhunderte exzentrisch um einen Mittelpunkt.

Bleibt uns heute nur, die vielen Schalen dieser »Zwiebel« abzulösen, um das Innere, das Wesentliche, freizulegen. Worauf wir sozusagen im »harten Kern« treffen, ist im Wortsinn nicht »wunderbar«, nicht unerklärlich, appelliert nicht an Glauben, ist Sache des Verstandes, also zu analysieren und damit erklärbar. Vom Zentrum der Überlieferungen aus – befreit von zufälligen und oberflächlichen Beigaben – lassen sich Spuren finden, die einstens für neugierige Menschen in ferner Zukunft ausgelegt wurden. Diese Zukunft hat eben begonnen!

## Das Buch auf dem Saphirstein

Die »Sagen der Juden von der Urzeit« (3) berichten, der Engel Raziel habe Adam nach der Vertreibung aus dem Paradies »im Auftrag des Höchsten« ein Buch gebracht, dessen Text klar und deutlich »auf einem Saphirstein« eingraviert gewesen sei. Raziel informierte Adam, daß er sich durch dieses Buch bilden könne. Der Menschheitsahn begriff, wie wertvoll dieses »Buch« war und versteckte es deshalb nach jeder Lektüre in einer Felsenhöhle.

Aus den Gravierungen erfuhr Adam ...

*»... alles über seine Glieder und Adern und auch alles, was im Innern seines Leibes vorgeht, seinen Zweck und seine Ursache.«*

Er lernte auch, den Gang der Planeten zu begreifen. Mit Hilfe des Buches konnte er ...

*»... die Bahnen des Mondes erforschen, wie die Bahnen des Aldebaran, des Orion und des Sirius. Er wußte die Namen jedes einzelnen Himmels zu nennen und wußte, worin das Tun eines jeden besteht ... Adam kannte sich aus in dem Rollen des Donners, er wußte zu erzählen, was das Werk der Blitze sei, und wußte zu sagen, was von Mond zu Mond geschehen werde.«*

Ein »Buch« auf einem Saphirstein mit anthropologischen und astronomischen Unterweisungen? Ein gleichermaßen groteskes Geschenk des himmlischen Sendboten Raziel an Adam wie das des Moroni an Joseph Smith!

Für Chronisten der fernen Vergangenheit muß der Vorgang so etwas gewesen sein wie das, was Journalisten heute eine »Ente« nennen, eine Falschmeldung. Purer Unsinn, dieses »Buch« auf einem Saphirstein.

Als kluge Kinder des Computer-Zeitalters wissen wir, daß technisch möglich ist, was einstmals undenkbar schien. Es ist jedermann bekannt, daß die sog. Halbleitertechnik sich winzigster Siliziumplättchen bedient, um darauf Millionen von Informationen »einzugravieren«, zu speichern. Von heute aus gesehen stellt sich deshalb die Frage: War die Textübermittlung auf einem Saphirstein das Produkt einer fortgeschrittenen Technologie, die der unseren bereits weit voraus war?

Die »Sagen der Juden von der Urzeit« lassen Adam das kostbare Buch an seinen Sohn Seth weitergeben, der es seinen Nachfahren bis zu Henoch, Noah, Abraham, Mose, Aaron – lauter blitzgescheiten Leuten! – bis zu Salomo (etwa 965–926 v. Chr.) vererbte, dem König von Juda und Israel, der durch den Saphirstein seine immense Weisheit erlangt habe.

Den »Sagen der Juden von der Urzeit« zufolge soll das Buch des Propheten Henoch Teil des Adam-Saphir-Buches gewesen sein. Henoch, der siebente der zehn Urväter, stand bekanntlich in unmittelbarem Kontakt mit Gott, sprach mit den »Wächtern des Himmels« und »gefallenen Engeln«. Im Alter von 365 Jahren wurde er – ohne zu sterben – auf spektakuläre Weise in den Himmel »entrückt«. Die jüdischen Urzeitsagen melden ferner, Henoch habe seine umfassenden Kenntnisse aus dem Adam-Buch bezogen und die Menschen um sich versammelt, um ihnen Weisheiten vom Saphirstein kundzumachen, sie zu lehren und zu unterrichten:

*»Als die Menschen um Henoch saßen und Henoch zu ihnen sprach, da erhoben die Menschen ihre Augen und sahen die Gestalt eines Rosses vom Himmel heruntersteigen, und das Roß fuhr im Sturm zur Erde nieder. Da sagten es die Leute Henoch, und Henoch sprach zu ihnen: Um meinetwillen ist dieses Roß herabgestiegen. Die Zeit ist gekommen und der Tag, da ich von euch gehe und von dem ab ich euch nimmer sehen werde. Da war auch schon das Roß da und stellte sich hin vor Henoch, und alle Menschenkinder, die mit Henoch waren, sahen es deutlich.«*

Die altjüdische Überlieferung schildert, wie die Gläubigen Henoch nach seiner wortreichen Verabschiedung vor seinem Start zur Himmelfahrt keinesfalls verlassen wollten, wie sie ihm nachliefen und wie er sie siebenmal bat, ihn allein zu lassen, wie er sie eindringlich mahnte, umzukehren, weil sie sonst sterben müßten. Bei jeder Warnung, heißt es, wären Leute gruppenweise heimgegangen, derweil die Beharrlichsten bei Henoch geblieben seien. Treue, Anhänglichkeit, Neugier? Henoch gab schließlich auf, er war verärgert:

*»Da sie nun darauf beharrten, mit ihm zu gehen, da redete er nicht mehr auf sie ein, und sie folgten ihm und kehrten auch nicht mehr um. Und am siebenten Tage, da geschah es, daß Henoch im Wetter in den Himmel fuhr auf feurigen Rossen in feurigen Wagen.«*

Wie ganz und gar »ungöttlich« es bei Henochs Start gen Himmel zuging, vermelden die jüdischen Sagen der Urzeit: Jene Leute, die Henochs Warnung befolgten und sich zurückzogen, suchten, als wieder Ruhe eingekehrt war, die Genossen, die partout dem Propheten bis zum Countdown an den

Fersen geklebt hatten: Alle lagen tot am Startplatz – pardon! – an der Stelle, von der aus Henoch mit feurigen Rossen aufstieg.

## Hoch-Zeit der Götter

Die sagenhafte Zeit zwischen Adams Auftritt im Drehbuch der Menschheitsgeschichte und dem Turmbau zu Babylon war die erste Hoch-Zeit der Götter, der feuerspeienden und fliegenden Rösser, der rätselhaften Todesursachen und der merkwürdigen Geburten.

Die Geschichte ist also steinalt, wenn wir auch erst seit 1947 davon wissen. Damals wurden am Nordwestende des Toten Meeres bei Kumran (Qumran) in elf Gebirgshöhlen sensationelle Funde gemacht: zahlreiche Handschriften aus dem 2. Jahrhundert v. Chr. – Lederrollen, die in Tonkrügen verschlossen waren.

Eine Rolle berichtet von Lamech, dem Stammvater der Nomaden und Musikanten, dem Vater Noahs.

Lamech wird sich noch im Jenseits freuen, daß die intimen Familiengeschichten zu seinen Lebzeiten nicht allgemein bekannt wurden, sie sind nämlich so peinlich wie merkwürdig. Lamechs Gemahlin Bat-Enosch brachte ein Kind zur Welt, ohne daß das Familienoberhaupt bei ihr geschlafen hatte. Später erfuhr Lamech von seinem Großvater Henoch, daß die »Wächter des Himmels« den Samen in den Schoß seiner Ehefrau Bat-Enosch gelegt hätten. Lamech erwies sich als großzügig und erkannte das Kind als sein eigenes an: Auf Bitte der »Wächter« hin wurde der so merkwürdig gezeugte Sproß auf den Namen Noah getauft. Als Überlebender der Sintflut kam dieser Noah zu Weltruf.

Nicht genug der Sorgen, ließ sich auch in der Familie von Lamechs Sohn Nir die Ankunft eines keineswegs auf natürliche Weise gezeugten Kindes nicht verheimlichen. Nir war mit Sopranima verheiratet, und die war – wie die Familie bedauerte – unfruchtbar. Emsige Versuche Nirs, Nachwuchs in Sopranimas Schoß zu senken, schlugen fehl. Für einen Priester des Höchsten wie Nir, ob seiner Klugheit vom gemeinen Volk bewundert, war es daher eine unerhörte Schande, zu erfahren, daß Sopranima schwanger war. Erschüttert und erzböse beschimpfte Priester Nir sein Weib derart gröblich, daß es tot zusammenbrach, doch aus dem Mutterleib kroch ein Knabe vom Wuchs eines Dreijährigen. – Nir rief seinen Bruder Noah herbei. Sie beerdigten Sopranima und gaben dem Knäblein den Namen Melchisedech, hernach bekannt als sagenhafter Priesterkönig von Salem, dem späteren Jeru-Salem (5).

Die Überlieferung läßt keinen Zweifel aufkommen, daß es sich bei Melchisedech um eine »Himmelsgeburt« gehandelt hat. Ehe der Herr die Schleusen öffnete, um die Sintflut stattfinden zu lassen, stieg Erzengel Michael vom Himmel nieder und eröffnete Adoptivvater Nir, es sei der »Herr« gewesen, der den Knaben Melchisedech in Sopranimas Leib gepflanzt habe. Deswegen – und das läßt sich verstehen – schicke der »Herr« ihn, den Erzengel Michael, mit der Order, den Knaben Melchisedech ins Paradies zu verfrachten, damit er die in Bälde zu erwartende Sintflut heil überlebe:

*»Und es nahm Michael den Knaben in jener Nacht, in der er auch herabgestiegen war, und nahm ihn auf seine Flügel und setzte ihn in das Paradies Edems«.*

Melchisedech überlebte! Nach der Sintflut tauchte er wieder auf. Chronist Mose meldet es:

*»Als nun Abraham von seinem Siege über Kedor-Laomer und die mit ihm verbündeten Könige zurückkam, ging der König von Sodom ihm entgegen in das Tal Sawe – das ist das Königstal. Melchisedech aber, der König von Salem, brachte Brot und Wein heraus; er war ein Priester des höchsten Gottes. Und er segnete ihn und sprach: Gesegnet ist Abraham vom höchsten Gott, dem Schöpfer des Himmels und der Erde, und gepriesen der höchste Gott, der deine Feinde in deine Hand gegeben hat! Und Abraham gab ihm den Zehnten von allem.«*

1. Mose, 14, 17–20

Hundertschaften von Alttestamentlern und Exegeten ereiferten sich über diesen Passus der Bibel: »Die seltsame Gestalt des Priesterkönigs von Salem, der wie ein Deus ex machina erscheint und wieder verschwindet, hat naturgemäß die Nachwelt beschäftigt.« (8)

Klar, denn hier passierte Außerordentliches. In der Hierarchie der jüdischen Tradition stand Abraham, der erste der drei Erzväter und Kultstifter, an der Spitze. Und dann kommt der fast unbekannte Melchisedech daher und segnet Abraham! Nicht nur das: Der Erzvater gibt freiwillig dem König von Salem »den Zehnten von allem«! Was war das für ein Priester »des höchsten Gottes«? Es gab doch nur den einen Gott, dem auch Abraham huldigte. Oder wußte Abraham etwas von der besonderen, extraordinären »himmlischen« Geburt? Dieser Melchisedech taucht außerplanmäßig auf, er ist im gebrauchsfertig abgelieferten Schema nicht unterzubringen.

Mit etwas weniger naivem Glauben und etwas mehr Mut zu moderner Spekulation wäre das Melchisedech-Rätsel schon lösbar – so: Eine außerirdische Mannschaft, aus sogenannten Göttern bestehend, zeugte durch künstliche Befruchtung Noah und Melchisedech. Die gesetzlichen Väter Lamech und Nir anerkennen sie als eigene Söhne – wider besseres Wissen, denn sie erinnern sich der Versicherungen ihrer für die künstliche Befruchtung ausgewählten Weiber Bat-Enosch und Sopranima, daß die Söhne von »Himmlischen« ihren Leibern anvertraut wurden. Es sind dieselben Himmlischen-Götter, die die Nachkommenschaft vernichten, weil sich ihr genetisches Experiment nicht in der gewünschten Weise entwickelte. Ausgenommen von der Sintflut werden die beiden Produkte der genetischen Manipulation: Noah wird als Kapitän seiner Arche Stammvater des neuen Geschlechts – Priesterkönig Melchisedech zu dessen Lehrmeister.

Daß Melchisedech sowohl vor wie nach der Sintflut existierte, stört überhaupt nicht. Was Albert Einstein mit der speziellen Relativitätstheorie errechnete, was im physikalischen Experiment bewiesen wurde, macht es möglich: Bestieg Melchisedech – dank Erzengel Michaels gütiger Mitwirkung – ein Raumschiff, das mit hohen Werten beschleunigte und gleich wieder zur Erde zurückkehrte, dann wären bis zur Landung – nach einer an Bord nur relativ kurzen Flugzeit – auf der Erde Jahrzehnte oder Jahrhunderte vergangen, ohne daß die Raumschiffbesatzung wesentlich gealtert war. Melchisedech stand jung und munter für neue Aufgaben bereit*.

Es kommt weder auf Zeitabläufe noch Namen an. »Sagenhafte« Überlieferungen lassen sich zeitlich nicht einordnen. Hieß denn der Überlebende der Sintflut überhaupt Noah, wie die Bibel behauptet? Oder hieß er Utnapischtim, wie es im sumerischen Gilgamesch-Epos steht, das um 2000 v. Chr. verfaßt wurde? Oder hieß der Überlebende der Sintflut auch nicht Utnapischtim, sondern Mulkueikai, wie die Kagaba-Indianer in Kolumbien den Priester nennen, der die Flut im Zauberschiff überlebte? Namen sind Schall und Rauch. Wichtig ist nur die Substanz der Überlieferungen.

## Brücke über die Jahrtausende

Haben wir das Buch Mormon des Joseph Smith aus dem Blick verloren? Was hat das Adam-Saphir-»Buch«, was hat der Engel Raziel samt der Himmelfahrt Henochs, was hat die künstliche Zeugung von Noah und Melchisedech mit dem Buch Mormon zu schaffen?

Im von Smith übersetzten Buch Ether steht, die Jarediten wären ungefähr zu Zeiten des Turmbaus von Babylon mit ihren acht Schiffen in See gestochen. Die Jarediten leiten sich von einem Bruder Jareds ab, und Jared selbst war der Vater Henochs!

* Über andere biblische Figuren, die Zeitverschiebungseffekten ausgeliefert waren, berichtete ich in BEWEISE (1977)

*Jared* bedeutet so viel wie *der Herabgestiegene*, verständlich also, daß die Jarediten ein Geschlecht aus »göttlicher Linie« darstellten und deshalb den Vorzug genossen, nach der Sintflut von den Göttern in ein neues Erbland eingewiesen zu werden. Die Raumfahrer-Crew sorgte für ihre Nachfahren. Sie scheint mir Erfinder der bis heute betriebenen Vetternwirtschaft gewesen zu sein.

Erinnern wir uns: Im Buch Ether kommen die Jarediten in acht fensterlosen Schiffen, jedes dicht wie ein Gefäß, in der neuen Heimat an. Eine gleiche Überfahrt wird im babylonischen Lehrgedicht von der Schöpfung, dem *Enuma elîs,* überliefert. Dort gibt es neuerlich einen Sintflut-Bericht, doch der Überlebende heißt diesmal *Atra-Hasis* (9). In dem bruchstückhaft erhaltenen Epos gibt Gott Enki dem zum Überleben auserkorenen Atra-Hasis genaue Anweisungen für den Schiffsbau. Auf Atra-Hasis' Einwand hin, er verstände nichts vom Schiffbau, zeichnet Gott Enki einen Aufriß des Schiffes auf den Erdboden und erläutert ihn.

Der amerikanische Orientalist Zecharia Sitchin, der es als erster Wissenschaftler wagte, sumerische, assyrische, babylonische und biblische Texte modern zu interpretieren, schreibt (10):

*»Enki verlangte ein ›überdachtes‹ Schiff, ringsum hermetisch versiegelt und mit ›zähem Teer‹ abgedichtet. Es darf kein Deck haben, keine Öffnung, ›so daß die Sonne nicht hineinblicken kann‹. Es soll sein ›wie ein Apsu-Schiff‹, ein* sulili – *genau dieses Wort* (soleleth) *wird heute im Hebräischen für Unterseeboot gebraucht. ›Laß das Schiff ein MA.GUr.Gur sein!‹, sagte Enki (›Ein Schiff, das schlingern und herumgeworfen werden kann‹).«*

## Peinliche Fragen

Joseph Smith hielt 1827 die goldenen Platten in Händen. Der arme Einwanderer aus Schottland hatte weder Aramäisch noch Alt-Hebräisch gelernt, nie sumerische Keilschriftzeichen gesehen, ja, es gab zu Zeiten des Mormonenpropheten auf der ganzen Welt noch keinen Wissenschaftler, der babylonische Schrifttafeln hätte übersetzen können, weil deren Funde – wie auch der des Gilgamesch-Epos – samt und sonders erst nach dem Tode des Joseph Smith stattfanden. Wie also lassen sich die Übereinstimmungen im Buch Ether mit den anderen, später entdeckten Texten erklären?

Zeitgenossen der jeweiligen Gegenwart sehen Geschichte durch Brillen, die von Wissenschaftlern geschliffen wurden. Soweit und sofern es sich um Brillen aus den Werkstätten exakter Wissenschaften – Mathematik, Physik, Biologie, Chemie zum Beispiel – handelt, schärfen sie den Blick. Seit aber Theologie und Psychologie zu Wissenschaften erhoben wurden, trübten sich die Gläser; man hätte dieses Tandem im seligen Glaubensstand belassen sollen. Wenn Theologen und Psychologen alte Texte »wissenschaftlich« im Mixbecher ihrer Zünfte verrühren, tropft doch nur trüber Glaube heraus. Und den sollen wir als Ergebnis wissenschaftlicher Erkenntnisse schlucken! Brrrr.

Natürlich feiner, in Wendungen wissenschaftlicher Nomenklatur ausgedrückt, wird im Klartext doch unterstellt, daß die alten Chronisten gelogen haben. In die Enge getrieben, wäre man eher bereit, zu akzeptieren (was Archäologen, Ethnologen und Prähistoriker nicht tun!), die Menschen wären vor Jahrtausenden bereits fähig gewesen, hochseetüchtige Schiffe zu bauen ... als daß man »Götter«, fremde Lehrmeister, ins logische Kalkül miteinbezöge.

Logen die Chronisten des Enuma-êlis-Epos, wenn sie aufschrieben, Atra-Hasis wäre vom Gott Enki im Schiffsbau unterwiesen worden? Warum mußten Noah und Utnapischtim erst durch »Götter« auf die Idee gebracht werden, wasser- und wetterfeste Schiffe fürs Überleben zu konstruieren? In welcher Zauberwerkstatt wurde denn die künstliche Beleuchtung für die Jarediten-Flotte gebastelt? Wenn es keine Wissenden gab, wie ist denn das »Wunder« künstlicher Befruchtungen zu verstehen, die immerhin zwei prächtige Mannsbilder wie Noah und Melchisedech ans Licht des Tages brachten?

Ich weiß, daß Noah kein originärer Fall ist! Der älteste sumerische Noah war nicht einmal Utnapischtim, das war der noch ältere Ziusudra. Dieses Beispiel steht exemplarisch dafür, daß die verschiedenen Chronisten a) offensichtlich aus früheren Quellen schöpften und b) den älteren Helden die Namen ihres eigenen Volkes gaben. Unter welchen Namen auch immer die Sintflut-Bezwinger in den Überlieferungen geführt wurden, sie waren allemal halbgöttlicher Abstammung. Ganz irdisch ging es nie zu!

## Indizien für einen Steckbrief

Wer mit kritischer, ungetrübter Brille die rudimentär erhaltenen alten Texte studiert, findet besondere Merkmale, die »Götter« zu identifizieren.

Im Gegensatz zum das Universum beherrschenden GOTT waren die göttlichen Gestalten der Sagen und Mythen keineswegs allmächtig. Sie traten nicht im Gewand von Märchenfeen auf, die mit wunderwirkendem Zauberstab Menschengruppen von einem Ort zum andern versetzten. Zwar flogen die »Götter« selbst über die Länder hinweg, nahmen in Einzelfällen, die belegbar sind, auch Passagiere mit, doch Menschengruppen transportierten sie in ihren Fahrzeugen unterschiedlicher Bauart nicht. Damit sind diese Indizien klar: Die »Götter« benutzten keine riesenhaften Raumschiffe, ihre technischen Möglichkeiten waren sehr, sehr beschränkt. Ihre Fahrzeuge können eher als Zwitter von Zubringerschiff (Shuttle) und Helikopter angenommen werden. Daß ein Klein-Raumschiff in biblischen Zeiten machbar gewesen ist, hat NASA-Ingenieur Josef Blumrich anhand des Hesekiel-Buches schlüssig bewiesen (11).

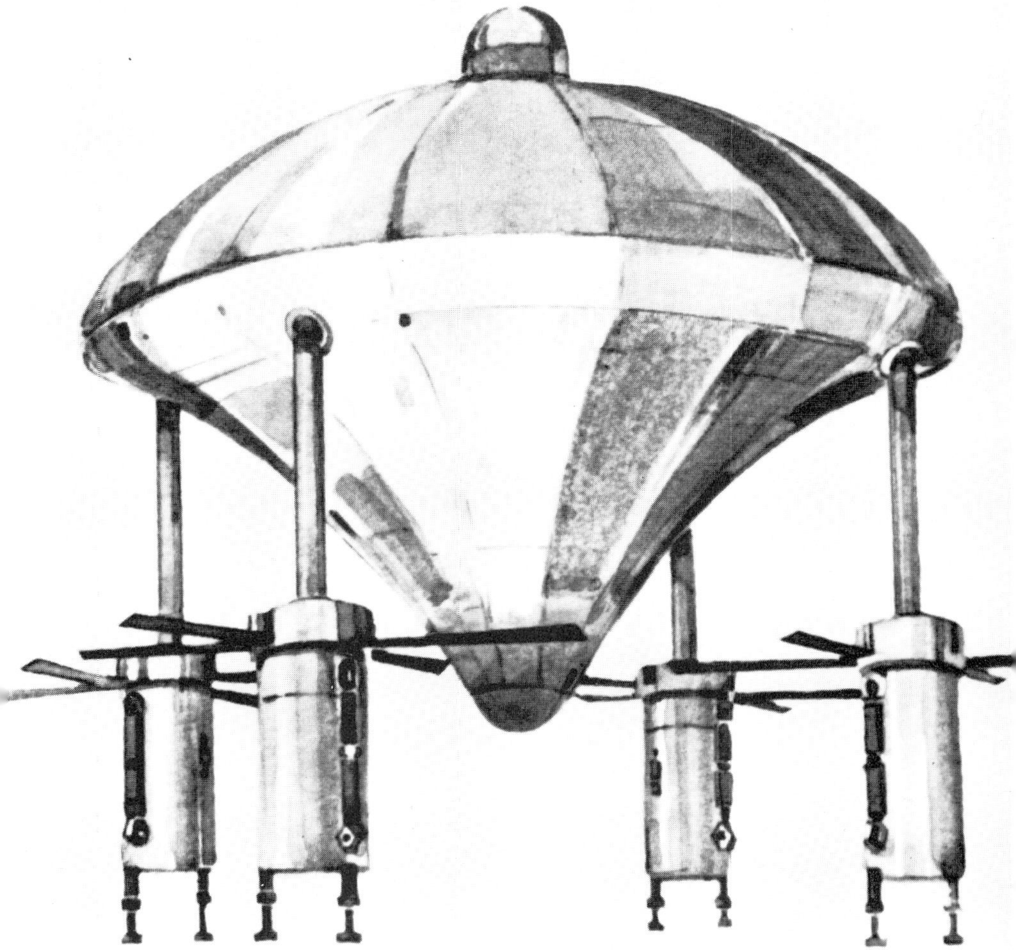

Das Kleinraumschiff, das NASA-Ingenieur Josef F. Blumrich den detaillierten Angaben des Hesekiel-Berichts nachkonstruiert hat

Ein großes Mutterschiff in der Erdumlaufbahn – das die Menschen vom Blauen Planeten aus nie zu Gesicht bekamen – schleuste kleinere Vehikel Richtung Erde aus. Wie im amerikanischen Space-Shuttle fanden darin nur wenige Personen

Platz. Außerhalb der Erdatmosphäre fiel das Kleinraumschiff langsam – von einem Staustrahltriebwerk gebremst – in die dichteren atmosphärischen Schichten der Erde. Das Staustrahltriebwerk bezog seine Energie aus einem Kernreaktor. (Atomkraftgegner werden tönen, dann müsse die Mannschaft radioaktiv verseucht gewesen sein. Unsinn. Warum sind die Seeleute nach langen Reisen in atombetriebenen U-Booten nicht verseucht?)

In etwa zehn Kilometern Höhe über der Erde stand das Kleinraumschiff still. Aus dem Hauptkörper wurden nun zwei bis vier Helikoptereinheiten ausgefahren, die mit dem Kleinraumschiff fest verbunden waren. (Helikopter mit Rotorblättern lassen sich nicht »ausfahren«, raunzen Skeptiker. Sie lassen sich ausfahren, weil sie – Muster: eine Autoantenne! – ineinander einschiebbar konstruiert sind. Aber die Energie! Ja, die liefert wieder derselbe Bordreaktor.) – Das Zubringerschiff gleitet der Erde zu und ist durch die Helikopter in der Lage, auf Ebenen wie in gebirgigem Gelände zu landen. (Utopie? Woher die Außerirdischen Kenntnis von der atmosphärischen Dichte nahe dem Erdball hatten, welche Sorte von Rotorblättern für die gegebenen Bedingungen geeignet waren? Technisch wolkenkratzerhoch den Erdbewohnern überlegen, hatten sie die Bedingungen vom Orbit aus erkundet. Und: Eine Schiffsschraube treibt ein Schiff in jedem flüssigen Medium an – sei es in Süß- oder Salzwasser, in Öl oder einem Meer von Whisky. Flugzeugkonstrukteure lösten längst das alltägliche Problem, Rotorblätter im jeweils richtigen Winkel dem atmosphärischen Druck entsprechend zu justieren.)

Nebstbei erklären Helikopterlandungen den Lärm, den Donner, das Getöse, mit dem in alten, in allen alten Chroniken die Ankunft der »Götter« mit spürbarem Entsetzen beschrieben wurde.

In den kleinen Zubringer-Raumschiffen ließen sich freilich keine Menschenmassen befördern. Wollte ein »Gott«, ein Höchster, ein Himmlischer Völkergruppen jenseits des Ozeans ansiedeln, mußte er ihnen, wie es überliefert ist, Instruktionen im Schiffsbau erteilen.

Falls keine zusätzlichen, uralten Texte auftauchen – die fraglos irgendwo ihrer Entdeckung harren –, werden wir nicht erfahren, in welchen sagenhaften Zeiten sich all das ereignet hat. Irgendwann wirkten die »Götter«.

## Verwandtschaften

Heute sind die meisten Völkerkundler einig in der Ansicht, daß es zwischen der Alten und der Neuen Welt Kontakte gegeben hat – über die Beringstraße oder, wie es Thor Heyerdahl mit seinen Fahrten bewies, über den Atlantik mit simplen Floßen (12). Unstrittig sind viele Gemeinsamkeiten zwischen den Kulturen Süd- und Zentralamerikas und denen des Nahen Ostens. Stichwortig aufgeführte Beispiele belegen es:

| *Naher und Mittlerer Osten* | *Süd- und Zentralamerika* |
|---|---|
| Genaue Kalenderberechnungen bei den Sumerern, Babyloniern und Ägyptern | Das gleiche bei den Inka und (späteren) Maya |
| Die Fähigkeit, megalithische Steinungetüme aus dem Felsen zu schneiden. Praktiziert von Sumerern, Babyloniern, Ägyptern und anderen Völkern | Dieselben technischen Fähigkeiten gab es bei prä-inkaischen Stämmen und den Inka. Demonstriert bei Tiahuanaco, Bolivien, und Sacsayhuaman, Peru |
| Dolmen und Menhire in Galiläa, Samaria, Judäa (13) wie im prähistorischen Frankreich und England | Gleichartig in Kolumbien |
| Aus einem mächtigen Stein gehauene Sarkophage | Gleiche Funde |
| Mumifizierungen | Gleichermaßen |

| | |
|---|---|
| Prähistorische, astronomisch ausgerichtete Steinkreise und Rechtecke | Gleiche Funde im vorgeschichtlichen Peru und Kolumbien |
| Gewaltige, gen Himmel weisende Bodenmarkierungen in den Wüsten des heutigen Saudi-Arabien | Gleiche Vorkommen in Peru (Nazca, Palpa) und an den Steilküsten von Chile |
| Bruder-/Schwesterehe bei den Babyloniern und ägyptischen Pharaonen | Inzest auch bei den Inka, um das »göttliche Blut« des Sonnengottes zu bewahren |
| Sintflut-Überlieferungen samt Details wie dem Raben und der Taube, die der Überlebende der Flut aus der Arche entläßt, bei den Sumerern, Babyloniern und Israeliten | Gleiche Überlieferung bei den Kágaba-Indianern Kolumbiens wie bei den (späteren) Azteken Mexikos. Der aztekische Noah heißt Tapi. Der aztekische Sintflut-Bericht ist mit dem biblischen identisch |
| Bei den Ägyptern Schädeldeformationen bei Kleinkindern | Gleiche willentliche Mißbildungen bei prä-inkaischen und inkaischen Stämmen |
| Darstellungen von Schädel-Chirurgie am lebenden Patienten bei Babyloniern und Ägyptern | Gleiche Trepanationen bei den Inka sowie bei zentral- und nordamerikanischen Indianern |
| Technisch-ingenieurmäßige Fähigkeiten zum Bau ausgedehnter Bewässerungsanlagen bei den Babyloniern | Gleiche Fähigkeiten bei den Inka und Maya. Jüngst wurden riesige Kanalsysteme der Maya von Flugzeugen und Satelliten aus festgestellt. (14) |
| Kopfschmuck oder Krone aus Federn wurden getragen, um zu zeigen, daß man »dem, das fliegt« nahesteht. Nachgewiesen bei ägypti- | Gleiches Brauchtum bei den Inka und allen indianischen Stämmen |

| | |
|---|---|
| schen und hethitischen Volksführern | |
| Verehrung der »fliegenden Schlange« bei Babyloniern, Ägyptern, Hethitern und anderen Völkern Mesopotamiens | Inka- und Maya-Bauwerke strotzen von »fliegenden Schlangen« |
| Bau von Pyramiden, um die Götter zu verehren und um ihnen näher zu sein | Die steil zum Himmel aufragenden Stufenpyramiden der Maja sehen zwar nicht wie die weniger steilen, mit Platten ausgelegten, Pyramiden bei Kairo aus, doch gab es auch in Ägypten Stufenpyramiden wie in Sakkara. Die wuchtige Pyramide von Teotihuacan, Mexiko, ist den ägyptischen Pyramiden vergleichbar. Die mesopotamischen Zikkurat-Türme sind stufenförmige Vorbilder der Pyramiden |
| Im 1. Buch Mose, Kapitel 11, Vers 1 steht: »Es hatte aber alle Welt einerlei Sprache und einerlei Worte . . .« | Im Popol Vuh (15), dem Schöpfungsmythos der Quiché-Maya, heißt es im Kapitel »Vollendung der Schöpfung«: »Sie hatten eine einzige Sprache. Nicht Holz noch Stein beteten sie an . . .« und im Kapitel »Wanderer durch die Nacht«: »Verloren sind wir. Woher die Verwirrung? Eine Sprache hatten wir, als wir nach Tulan kamen.« |

Im 2. Buch Mose, Kapitel 12, Vers 16 sagt der Herr zu Mose:
»Du aber hebe deinen Stab empor und recke deine Hand aus über das Meer und spalte es, daß die Israeliten mitten im Meer auf dem Trockenen gehen können.«

2. Buch Mose, Kapitel 14, Vers 21:
»Und Moses reckte seine Hand aus über das Meer, und der Herr trieb das Meer die ganze Nacht durch einen starken Ostwind zurück und legte das Meer trocken; und die Wasser spalteten sich. So gingen die Israeliten mitten im Meere auf dem Trockenen, während die Wasser ihnen zur Rechten und zur Linken wie eine Mauer standen.«

1. Buch Mose, Kapitel 9, Vers 12:
»Dies ist das Zeichen des Bundes, den ich stifte zwischen mir und euch und al-

In den Überlieferungen der Cakchiqueles, einer Maya-Gruppe, steht: »Lasset uns die Spitze unserer Stäbe in den Sand unter der See stekken und wir werden rasch das Meer über dem Sand bezwingen. Unsere roten Stäbe, die wir vor den Toren von Tula empfingen, werden uns behilflich sein ... Als wir zum Rande der See gelangten, berührte sie Balám-Quitzé mit seinem Stab, und sogleich öffnete sich ein Weg.«

Popol Vuh, Kapitel »Wanderer durch die Nacht«:
»Sie merkten es kaum, wie sie das Meer kreuzten. Als ob es kein Meer gäbe, überschritten sie es. Aus dem Sand stiegen runde Steine, und über die Reihen der Steine schritten sie dahin. Treibsand nannte man die Stelle; die das sich teilende Meer überschritten, haben den Namen. So gelangten sie hinüber.«

Popol Vuh, Kapitel »Hingang der Erzväter«:
»Das hier wird euch beistehen, wenn ihr mich anruft. Das hier ist das Zeichen des

len Lebewesen, die bei euch sind ...«

Buch Daniel, Kapitel 3, Vers 21:
»Da wurden die Männer in ihren Mänteln, Röcken, Hüten und anderen Kleidern gebunden in den brennenden Feuerofen geworfen ... (25) Er erwiderte und sprach: Ich sehe aber vier Männer ohne Fesseln und unversehrt im Feuer umhergehen, und der Vierte sieht aus wie ein himmlisches Wesen.«

Bundes. Jetzt aber habe ich schweren Herzens zu gehen.«

Popol Vuh, Kapitel »Ballspiel und Totenreich«:
»Darauf gingen jene ins Feuer, in ein Feuerhaus. Drinnen war alles Glut, aber sie verbrannten nicht. Glatten Leibes und schöngesichtig zeigten sie sich in der Dämmerung. Man hätte sie totgewünscht in den Orten, die sie durchschritten. Aber das geschah nicht. Verwirrung ergriff die von Xibalbá.«

Es wäre nützlich und verdienstvoll, die kleine Liste verblüffender Übereinstimmung alter Texte zwischen der Alten und der Neuen Welt in einer Dissertation auf stattlichen Buchumfang zu erweitern, falls wirklich Interesse daran besteht, ungelöste Rätsel der Vergangenheit aufzuklären.

Thor Heyerdahl machte auf weitere Parallelen aufmerksam – wie gleiche Baumwoll-Webtechnik, auf die drüben wie hier ähnliche Beschneidung der Knaben, auf die nämlichen Goldfiligranarbeiten, auf ähnliche Waffentechnik und so weiter (12). Der Wissenschaftsjournalist Gerd von Hassler stellte erstaunlich ähnliche Götter- und Städtenamen auf beiden Kontinenten fest (16).

Letzte Zweifel über Kulturimporte aus dem mesopotamischen Raum nach Süd- und Zentralamerika räumt das Popol Vuh im Klartext aus – die Urväter kamen aus dem Osten:

»So verschwanden und gingen dahin Balám-Quitzé, Balam-Acab, Mahucutáh und Jqu-Balám, die ersten Menschen, *die über das Meer vom Anfang der Sonne her kamen.* Vor langer Zeit kamen sie hierher. In hohem Alter starben sie. Und man nannte sie ›Gottesdiener‹, ›Opferpriester‹... *und sie brachten übers Meer die Schriften von Tula.* Die Schrift nannten sie die, worinnen ihre Geschichte aufgeschrieben stand.«

1519, als die spanischen Eroberer vor der Hauptstadt Tenochtitlán, Mexiko, lagerten, hielt der Aztekenherrscher Moctezuma (1466–1520) vor Priestern und hohen Würdenträgern eine eindrucksvolle Rede, die so begann (17):

»Euch wie mir ist bekannt, *daß unsere Altvorderen nicht aus diesem Lande stammen,* in dem wir hier wohnen, sondern daß sie unter Führung eines großen Fürsten *aus weiter Ferne* eingewandert sind.«

Moctezuma war ein hochgebildeter Herrscher seines Volkes, kundig in den Wissenschaften der Zeit, und er war ein gründlicher Kenner der Überlieferungen seiner Ahnen. Er wußte, wovon er sprach. Die Ankunft der Spanier unter Hernando Cortez erschien ihm als Erfüllung seines Glaubens an die Rückkehr des Gottes Quetzalcóatl: Moctezuma leistete keinen Widerstand.

Es stellt sich nicht mehr die Frage, *ob* eine Beeinflussung der Kulturen erfolgte, es ist vielmehr der Versuch zu wagen, Antwort darauf zu finden, *wann* und *weshalb* sie stattgefunden hat.

### Wann und weshalb?

Es ist müßig, über das *WANN* zu rätseln. Selbst ungefähre Termine blieben trotz archäologisch datierbaren Relikten unbekannt. Die Azteken beriefen sich bereits auf alte Überlieferungen, von deren Anfängen sie nichts ahnten. So verfuhren die Maya und die Inka. Was der jeweilige Schreiber der Chronik beifügte, hatte er nicht selbst erlebt: »Es steht geschrieben in den Aufzeichnungen der Väter«. Ohne Quellenangabe – wäre zu monieren. Wer diese Väter waren, wann sie einwanderten, wußten die Autoren nicht.

Jedoch greifen die archäologischen Datierungen immer weiter in die Frühzeit zurück. In *SCIENTIFIC AMERICAN* (18) stellte Amerikas berühmter Maya-Forscher Norman Hammond Keramikfunde aus Yucatán, der nördlichen Halbinsel zwischen dem Golf von Mexiko und dem Karibischen Meer, vor, die auf 2600 Jahre v. Chr. zurückreichen. Von den auf den Keramiken dargestellten künstlerischen Motiven dürfen einige der prä-klassischen Maya-Periode zugerechnet werden. Das neue Datum verwirrt die Sache ungeheuerlich, denn nach bisheriger Ansicht der Archäologen begann das alte Maya-Reich etwa um 600 v. Chr., die prä-klassische Maya-Periode sollte frühestens um 900 v. Chr. begonnen haben. Was fängt man mit den lästigen Keramikscherben an, die gleich 1500 Jahre zu alt fürs Schema sind? Am liebsten würde man sie wohl wieder einbuddeln und vergessen, um künftigen Generationen die harte Nuß zum Knacken zwischen die Zähne zu schieben. Jede frische Datierung erschwert das Vexierrätsel, und doch erhoffen wir uns viele neue Funde. Der jüngsten Weisheit letzter Schluß ist: Über das *WANN* der sagenhaften Einwanderung ergibt sich weder aus schriftlichen noch archäologischen Zeugnissen Bestimmtes. Daten dämmern noch im Dunkel der Menschheitsgeschichte.

Gleichermaßen undeutlich ist das *WIE* der großen Reise. Als Weg bietet sich die im Frühjahr und Winter mit Meereis bedeckte Beringstraße an zwischen Kap Prince, Nordamerika, und Kap Deschnjow, Asien. Zu allen Jahreszeiten erschweren Treibeis und Nebel die Schiffahrt – heute noch. Für Unternehmen vor Jahrtausenden scheint diese gefährliche Wasserroute unbrauchbar gewesen zu sein. Werden aber Floße, Kanus oder primitive Segler als Vehikel für eine Atlantiküberquerung angenommen, muß das Reiseziel als bekannt vorausgesetzt werden.

Ich unterschätze Mut und Freude am Wagnis unserer eben der Steinzeit entwachsenen Altvorderen keineswegs, traue ihnen in einer Notlage sogar Tollkühnheit zu, doch keinen

Hang zum Selbstmord. Als Landbewohner fürchteten sie sich doch wohl vor dem wilden Meer, daß die dürftigen Floße wie Nußschalen zerbrechen konnte. Wagten sie trotzdem die gefahrenreiche Expedition, muß ihnen ein lohnendes Ziel sicher gewesen sein. Das akzeptiert, ist mindestens die Frage nach dem *WESHALB* ziemlich klar: Die »Götter« versprachen ihnen in weiter Ferne ein gesegnetes Land! Aus dem Versprechen resultierte die Notwendigkeit, ihre Schützlinge im Schiffsbau, in der Navigation etc. zu instruieren. Sie wiesen den kleinen Menschengruppen – es war keine »Völkerwanderung«! – auf den Seelenverkäufern die Route zum Ziel. So, wie es in den Überlieferungen steht.

## Bestie Intelligenz

Bleibt die Spekulation, was das Motiv der »Götter« für die Umverteilung von kleinen Menschengruppen in verschiedene Gebiete des Erdkreises gewesen sein mag. Ging es ihnen darum, die halbgöttlichen Abkömmlinge in neue, sichere Erblande einzuweisen? Sahen sie in Umrissen die zukünftige Entwicklung der Menschheit voraus, die Richtung der Fortbildung ihrer Intelligenz? Erwarteten sie am Ende, unter den Nachkommen der künstlich gezeugten Stammväter Noahs und Melchisedechs könnten Wissenschaftler sein, die den »göttlichen« Nachlaß finden und begreifen würden? Waren sie sich sicher, daß die Spuren, die sie auslegten, nie verlorengehen könnten?

Es gibt Vorbestimmungen, die Lebewesen auferlegt sind, ob sie es mögen oder nicht. Der Moskito fliegt nachts zum Licht, er kann sich nicht dagegen wehren. Der Mensch muß essen und trinken, um zu leben, ob es ihm paßt oder nicht. Es sind existenzielle Funktionen des Organismus.

Der intelligente Verstand stellt Fragen, ob er mag oder nicht. Intelligenz will wissen: Wie war es damals? Wie wurden wir wie wir sind? Von wem kam das Denken, das den *homo sapiens* vom Tier unterscheidet? Die Serie intelligenter Fragen führt unweigerlich zu den »Göttern« zurück, ob wir es mögen oder nicht. Intelligentes Bretterbohren läßt sich durch Scheinantworten nur vorübergehend unterbrechen, findet sich aber plötzlich mit Halb- oder Unwahrheiten nicht mehr befriedigt. Intelligenz ist eine unzähmbare Bestie. Sie fragt und fragt: Wie war es damals? Und sie erkennt schließlich, daß die Menschheitsgeschichte ohne die »Götter« in eine Landschaft von weißen, blinden Flecken führt.

In Mythen und Sagen ging der gewaltige Eindruck ein, den die »Götter« den frühzeitlichen Menschen bei ihrem Erscheinen machten. Chronisten nahmen den roten Faden der Überlieferung auf und spannen ihn weiter. Derart fanden die »göttlichen« Taten ihren Niederschlag – von der lärmösen Ankunft bis zu den vielfachen, die Erdbewohner belehrenden Instruktionen. Mit ihren Möglichkeiten setzten die Altvorderen in architektonische Meisterwerke um, was sie gelernt hatten, bedienten sich »unzeitgemäßer« Technik, schufen verblüffende Kunstgegenstände. Die Intelligenz einer weit fortgeschrittenen Zeit müßte darüber stolpern. Denkt man.

## Das Buch Nephi

Wie absichtsvoll die Spuren ausgelegt wurden, beweist das Popol Vuh, das zu den großen Schriften des Menschheitsmorgens gehört. Dort steht, die Gottesdiener »brachten die Schriften von Tula übers Meer. Die Schrift nannten sie die, worinnen ihre Geschichte geschrieben stand.« So beruft sich die alte Überlieferung der Quiché-Maya auf noch ältere Schriften, ja, und ein Teil des Buches Mormon waren solche Schriften. Von den 24 Platten des Buches Mormon – die nur den kleinsten Teil ausmachen – übersetzte Joseph Smith die Atlantiküberquerung der Jarediten.

Den Hauptteil des Buches übersetzte Smith von den Platten Nephi. – Wer war Nephi? Er war der Sohn einer jüdischen Familie, die um 600 v. Chr. – also Jahrtausende nach den Jarediten – in Jerusalem wohnte. Sein Vater hieß Lehi, seine Mutter Sariah.

In Kapitel 1, Vers 4 des Buches Mormon erzählt Nephi:

*»Im Anfang des ersten Jahres der Regierung Zedekias, des Königs von Juda, kamen viele Propheten, die dem Volk prophezeiten, daß es Buße tun müsse oder die große Stadt Jerusalem würde zerstört werden.«*

Das stimmt. Jerusalem wurde 586 v. Chr. völlig zerstört. Aus dieser sagenhaften Zeit blieben Jeremia und Hesekiel prominent. Es muß eine besondere Zeit gewesen sein, denn beide Propheten – Jeremia wie Hesekiel – redeten unablässig mit ihrem »Gott«, der unter ruhestörendem Lärm in feuerspeienden Wagen vom Himmel niederkam.

Was den Prominenten widerfuhr, erlebte auch Nephis Vater Lehi – dargestellt im Buch Nephi, Kapitel 1, Vers 6ff.:

*»Während er zum Herrn betete, kam eine Feuersäule und ließ sich vor ihm auf einem Felsen nieder . . . Und er sah ein Wesen mitten vom Himmel niedersteigen und gewahrte, daß sein Glanz heller war als die Mittagssonne.«*

Das Wesen aus der Feuersäule befahl Lehi, Sariah sowie Söhne und Töchter – also auch Nephi – nebst Freunden der Familie zusammenzurufen: Dieser Kreis sei bestimmt, in ein fernes Land zu reisen. Nach einigen Troubles baute die Auswanderergruppe unter Anleitung des mysteriösen Herrn ein Schiff:

»Und der Herr redete mit mir und sprach: Du sollst ein Schiff bauen nach der Weise, *die ich Dir zeigen werde, damit ich Dein Volk über die Wasser führe!«*

1. Buch Nephi, 1. Kapitel, Vers 6

Nicht genug damit, schenkte der geheimnisvolle Fremde den Schiffsbauern auch noch eine vorfabrizierte Astronautenkost, die nicht angerichtet und gekocht werden mußte. Er wußte, daß Essen Leib und Seele zusammenhält, aber auch, daß ein andres Ding noch wichtiger war – ein Kompaß!

*»Als mein Vater des Morgens aufstand und vor die Tür des Zeltes ging, sah er zu seiner großen Verwunderung auf der Erde eine seltsam gefertigte Kugel aus feinem Messing. In der Kugel waren zwei Spindeln; und die eine zeigte uns den Weg, den wir in die Wildnis einschlagen sollten ... Und wir folgten der Richtung der Kugel, die uns in die fruchtbaren Teile der Wildnis führte.«* 1. Buch Nephi, Kapitel 16, Verse 10 + 16

Während der Überfahrt starb Vater Lehi. Nephi übernahm das Kommando. Des speziellen Wohlwollens wegen, das der »Herr« Nephi zuwandte, waren die Brüder neidisch, sie fesselten ihn an einen Schiffsbalken. In dieser brenzligen Situation zeigte sich, wie unentbehrlich der Kompaß war:

*»Als sie mich gebunden hatten, so daß ich mich nicht mehr bewegen konnte, versagte der vom Herrn bereitete Kompaß seinen Dienst. Daher wußten sie nicht, wohin sie das Schiff steuern sollten ...«* 1. Buch Nephi, Kapitel 18, Vers 12

Die Meuterei auf der Bounty ging vorüber, die Expedition erreichte den amerikanischen Kontinent – mit den Metallplatten und dem Kompaß:

*»Und ich, Nephi, hatte auch die Berichte mitgebracht, die auf die Messingplatten graviert waren, und auch die Kugel oder den Kompaß, der von der Hand des Herrn für meinen Vater bereitet worden war.«* 2. Buch Nephi, Kapitel 5, Vers 12

Nach Nephis Schilderungen sind Mormonenforscher überzeugt, daß die Gruppe zunächst vom Roten Meer aus durch die arabische Halbinsel wanderte, dann an der Küste des Indischen Ozeans – etwa im Raume der Golfe von Aden und Oman – ihr Schiff baute, um schließlich über den südlichen Stillen Ozean die südamerikanische Küste zu erreichen. James E. Talmage (19) ermittelte dafür die Zeit um 590 v. Chr., ein Datum, das wir uns merken wollen.

Es gibt eine Doublette, die staunen macht. Was Joseph Smith anno 1827 von den Metallplatten übertrug, steht sinngleich im Popol Vuh. Smith aber konnte den Inhalt der Quiché-Maya-Bibel wahrhaftig nicht kennen, denn die wurde erst in den fünfziger Jahren unseres Jahrhunderts von Wolfgang Cordan übersetzt!

## Tempelbau ohne Beispiel

Zwei Gruppen erreichten unabhängig voneinander den amerikanischen Kontinent:

- die Jarediten in ihren hermetisch verschlossenen Schiffen zu Zeiten der ersten »Götter-Welle«. Es war die sagenhafte Zeit, in der die Chronisten Adams Saphir-Buch, Henochs Himmelfahrt, die *test-tube-Babys* Noah und Melchisedech wie die »Herren« der Schöpfung Utnapischtim, Ziusudra und wie sie alle hießen, durcheinanderwirbelten
- die Nephiten, die von Osten kommend Südamerika Jahrtausende später erreichten, nämlich um 590 v. Chr.

Bald nach der Landung ließ Nephi einen Tempel errichten:

*»Und ich, Nephi, baute einen Tempel in der Art des Tempels Salomons, verwandte dabei aber nicht so viele kostbare Dinge, denn sie waren nicht im Lande zu finden, daher konnte er nicht wie Salomons Tempel gebaut werden. Aber in seiner Bauart glich er dem Tempel Salomons; und die Arbeit daran war außerordentlich schön.«* 2. Buch Nephi, Kapitel 5, Vers 16

Mir geht es nicht darum, zu beweisen, welche Teile des Buches Mormon echt sind, doch es mag die Gläubigen der »Kirche Jesu Christi der Heiligen der Letzten Tage« erfreuen, daß als Nebenprodukt meiner Recherchen ein Beweis herauskommt. Also:

Nephi baute einen Tempel »in der Art des Tempels Salomons«. Sofern diese Information stichhaltig ist, müßte sich in Südamerika in verkleinertem Maßstab ein Tempel finden lassen, wie Salomon ihn im alten Jerusalem aufziehen ließ – eine Anlage mit Vor- und Innenhöfen, einem Heiligtum mit einem Tempelbau, der über vier Tore, in den vier Himmelsrichtungen ausgelegt, verfügte. Dieser Tempel müßte zwischen dem fünften und sechsten Jahrhundert v. Chr. entstanden sein.

Und: Nephis Tempel müßte sozusagen aus dem Stand erbaut worden sein – ohne Vorbilder und Anleihen bei typisch südamerikanischen Architekturen. Der gesuchte Tempel müßte der erste seiner Art sein, ein Bauwerk ohne Landestradition, das plötzlich auftauchte.

Ich bin nicht nur auf der Spur eines Tempels, auf den diese Voraussetzungen passen, ich bin auch auf der Spur des »Herrn«, der die Nephiten nach Südamerika führte. War dieser »Gott« nach der Landung noch existent oder hatte er sich in Geist aufgelöst? Und: Wo rekrutierte Nephi die nötigen Massen an Bauleuten? Er kam ja mit einer nur kleinen Gruppe an.

Gleich nach Ankunft begannen die Nephiten, »das Land zu bebauen und Samen zu säen; wir pflanzten allen Samen, den wir aus dem Land Jerusalem hatten.«

(1. Nephi, 18,24)

Die Nephiten zeugten alsdann fleißig Nachkommen, sie übten die Mehrehe (die den Mormonen 1890 staatlich verboten wurde). Angenommen, die Einwanderergruppe hätte aus 100 Frauen und 100 Männern bestanden und jede Frau würde per anno ein Kind geboren haben, dann hätten die Nephiten bereits nach 15 Jahren an die 1500 Häupter gezählt. Die Erstgeborenen, Teenager von 15 Jahren und geschlechtsreif, eiferten dem Beispiel der Alten nach und trugen ihr Teil zur Vermehrung gern bei. Nach 30 Jahren konnten gut und reichlich 5000 Nephiten ihrem »Herrn« lobsingen. Es gab ergo genug Leute für den Tempelbau, zumal sich Ureinwohner zur Mitarbeit einfanden. Die Belegschaft war vorhanden.

Der »Herr« war gegenwärtig! Eben angekommen, gab er Nephi diesen Auftrag:

*»Der Herr gebot mir, und ich machte Platten aus Erz, auf die ich den Bericht meines Volkes gravieren sollte.«*

1. Buch Nephi, Kapitel 19, Vers 1

30 Jahre später. Der »Herr« legte Wert auf ein lückenloses Logbuch. Wiederum gebot er Nephi:

*»Und 30 Jahre waren verflossen, seitdem wir Jerusalem verlassen hatten und Gott, der Herr, sagte zu mir: Fertige andere*

*Platten an; und Du sollst viele Dinge darauf gravieren, die mir wohlgefällig und Deinem Volke von Nutzen sind.«*

2. Buch Nephi, Kapitel 5, Verse 28 + 30

War der »Herr« eitel? Weshalb wollte er »Dinge, die mir wohlgefällig sind«, notiert wissen? Unablässig verlangt der »Herr«, seine goldenen Worte in Metallplatten zu ritzen, er hielt sie für bedeutsam für die Zukunft, sonst hätte er sie auf brennbaren Materialien wie Papyros, Leder oder Holz schreiben lassen. Dieser clevere »Herr« sorgte für die Dauerhaftigkeit der Spuren seiner Mitteilungen – adressiert an Intelligenzen der Zukunft.

Harte Frage: Gibt es in Südamerika einen Tempel nach salomonischem Muster? Ist dort ein Beweis für das Wirken von Göttern zu finden?

Ich lade zu einer Besichtigung dieses Tempels ein.

# II
# Am Anfang war alles anders

DIE MENGE AUF ETWAS AUFMERKSAM MACHEN HEISST: DEM GESUNDEN MENSCHENVERSTAND AUF DIE SPUR HELFEN.

GOTTHOLD EPHRAIM LESSING
1729–1781

Das Jerusalem der Anden heißt Chavín de Huantar.

Es regnete an jenem Apriltag 1980 in Strömen, als vor unserer Haustür in Feldbrunnen zwei völlig durchnäßte junge Mormonen-Missionare standen. Der ältere, etwa 30 Jahre alt, war Amerikaner und hieß Charly, der jüngere Paul und stammte aus Bern. Meine Besucher der »Kirche Jesu Christi der Letzten Tage« machten mir die deutsche Fassung des Buches Mormon zum Geschenk, sieben andere Übersetzungen standen schon in meiner Bibliothek. Ich bat die Missionare zum Aufwärmen und zu einer Tasse Kaffee ins Haus.

Mein Landsmann Paul fragte, was ich vom Buch Mormon hielte. Meinem Urteil gemäß sagte ich, daß ich die Platten Ether und Nephi für abenteuerlich spannend und informativ und für keine Fälschung hielte, es aber bedauerlich fände, daß dem Originaltext später ziemlich plumpe Prophezeiungen auf Jesus hinzugefügt worden seien.

Damit waren die jungen Heilsbringer natürlich nicht einverstanden, entweder sei das ganze Buch Mormon vom hl. Geist inspiriert und damit »echt« oder das Ganze gälte nichts. Mit der Materie vertraut, ließ ich meine Unlust an einer uferlosen Diskussion fühlen, ein Wink, den der Berner Paul erstaunlich schnell begriff – ganz gegen den Ruf, daß die Berner von langsamer Denkungsart seien. Paul fragte:

»Sie kennen viele Ruinen in Südamerika. Haben Sie keine gefunden, die Ähnlichkeit mit dem salomonischen Tempel von Jerusalem haben?«

Wahrheitsgemäß beschied ich ihn, daß mir im Moment Gewünschtes nicht vor Augen stände. Ohne das Experiment einer hoffnungslosen Bekehrung an mir versucht zu haben, verabschiedeten sich die Missionare. Es war ein so scheußlicher Apriltag, daß sie sicher Opfer ihres Bekennereifers gefunden hätten, wenn sie blauen Himmel hätten verheißen können.

Der Berner Paul hatte mir eine Laus in den Pelz gesetzt, die zwar immer wieder ein bißchen juckte, doch eine andere zwackte mich ungleich hartnäckiger, so, wie Läuse es an sich haben sollen.

Ob es den im Buch Nephi erwähnten Tempel in Südamerika gab oder nicht, schien mir bei weitem nicht so wichtig wie die Frage, ob jener Tempel existierte, über den Prophet Hesekiel im Alten Testament ausführlich berichtet hat – über jenen Tempel in fernem Land, auf hohen Bergen stehend, gebaut wie der Tempel Salomos. Gäbe es in Südamerika einen Tempel, der auf Hesekiels Beschreibungen paßt, dann wäre das eine spannende Geschichte.

Was hat der Nephi des Buches Mormon mit dem Propheten Hesekiel der Bibel zu tun? – Nun, beide lebten zur selben Zeit im selben geographischen Raum. Vielleicht kannten sie sich. Beide berichteten von einem fliegenden Gott, der niederkam und Anweisungen gab. Auf Anordnung eben dieses

Gottes ließ Nephi in Südamerika einen Tempel errichten, und vom selben Gott wurde Hesekiel in ein fernes Land geflogen, wo ihm auf einem »sehr hohen Berg« eine Tempelanlage nach salomonischem Muster gezeigt wurde. Aktenkundig ist, daß Hesekiel in Jerusalem und Babylonien lebte. Hat ihm irgendwer den Tempel in Südamerika gezeigt – er beschrieb ihn unglaublich genau –, dann mußte ihn dieser Irgendwer dorthin und zurück in den Vorderen Orient geflogen haben. Eine andere Möglichkeit gibt es nicht.

Meine Recherchen nach einem salomonischen Tempel in Südamerika wurden also keineswegs nur vom Buch Mormon angeregt, ich suchte auch Hesekiels Tempel wie die Spur des »fliegenden Gottes«, der hinter all dem steckte. Daß sich beide Spuren in faszinierender Weise treffen würden, ging mir erst viel später auf.

## Tempel gesucht!

Die Augen gingen mir über vor lauter Tempeln, die in archäologischen Büchern vor mir defilierten. *Den* Tempel zu finden, galt mir damals mehr, als der Anblick der Blauen Mauritius dem Briefmarkensammler bedeuten kann. Besitzen kann man beide nicht. – Vermutete ich Ähnlichkeiten, sagte mir der Plan des Salomo-Tempels zu Jerusalem, daß am Fundobjekt markante Punkte fehlten, daß er zu jung oder zu alt war, daß er weder in Nephis noch in Hesekiels Zeiten gehörte. Ich vereinnahmte 39 köstlich bebilderte Werke. In allen wurde Chavín de Huantar abgehandelt. Ich beschloß, diese Kultstätte zu besuchen, genaue Maße zu nehmen, das Panorama, in dem sie liegt, in Augenschein zu nehmen.

1981. – Wieder herrschte ein kaltnasser Frühling über Europa. In Peru war Herbst, als ich in der Hauptstadt Lima eine Art von russischem Jeep, einen LADA-NIVA, charterte.

In aller Herrgottsfrühe, lange vor der Dämmerung, fuhr

ich auf glatter Asphaltpiste – der *Panamericana del Norte*, eine der Traumstraßen der Welt – durch Sandwüsten und nah an der Küste entlang in Richtung Trujillo, der viertgrößten Stadt Perus. Beim Städtchen Pativilca verließ ich die Panamericana. Nun dehnten sich neben der Fahrbahn Zuckerrohrplantagen aus.

Als ich an einem Mauthäuschen 250 Soles erlegte, stieg mir der Gestank des Lada-Niva grauslich in die Nüstern: Dem Einfüllstutzen fehlte der Verschluß. Um einen Stein wickelte ich das Stück eines Plastiksacks und verstopfte damit das stinkende Loch.

Nach ungefähr 30 Kilometern Fahrt durch eine Steinwüste, vorbei an dunkeldrohenden Bergausläufern, stieg die Straße sacht an. Nach der Abzweigung bei Pativilca – von ferne sieht man die Ruinen einer Festung aus der indianischen Chimú-Zeit – erreichte ich in 780 Meter Höhe das Kaff Chasquitambo. In frühen Zeiten war dieser Ort eine Wendemarke für Inka-Stafettenläufer. Hier mag man auch nur vorbeilaufen.

Die Straße führte mit engen Serpentinen durch die rostbraune Schlucht in lichte Bergeshöhen

Mit engen Serpentinen begann die Steigung in eine rostbraune Schlucht. Die schweren Regenwolken hingen nun unter mir, die Nebelwände hoben sich und gaben den Blick auf weitgezogene, hellbraun oder schwarz schimmernde Berge frei.

Mit jeder Kurve in lichte Bergeshöhen stotterte mein knatternder Russe immer unlustiger. Mein roter Stern auf engen Straßen schaffte es auch im zweiten Gang nicht mehr. Bei Cajacay, in 2600 Meter Höhe, ging dem alten Knaben vollends die Luft aus. Auto-Asthma. Der Motor verlangte mehr Sauerstoff. Ich schraubte den Deckel vom Luftfilter ab. Der Filter, der gemeinhin luftdurchlässig sein soll, fühlte sich wie ein von Gips verkrusteter Verbandsrest an. Ich warf das Zeug weg, schraubte den Deckel auf die leere Filterbüchse, startete ... und der bockige Russe sprang an. Er hatte mich verstanden. Er mußte mich die Berge hinaufschleppen.

## Reisegefährten

Nach jeder Serpentinenkurve, hoffte ich, müßte endlich der Kamm des Passes erreicht sein. Es waren lange Zeit trügerische Hoffnungen, denn stets öffneten sich neue Hochgebirgstäler. Die Lehmhütten am Wegrand wurden seltener. Indios in farbenstrotzenden Ponchos, schwere Säcke schleppend, setzten im sturen Rhythmus erprobter Bergsteiger langsam einen Fuß vor den andern. Man wundert sich, daß die fleißigen Ureinwohner hier oben auf kargem, felsigen Boden ihr Auskommen finden, doch ein Drittel der 14,6 Millionen Einwohner Perus lebt in hochgelegenen Landesteilen.

Bei 4100 Metern war die kalte, in Wolken verpackte Paßhöhe erreicht. In europäischen Breitengraden wäre es die Zone von ewigem Eis und Schnee, doch Peru liegt dem Äquator näher. Hier oben gedeiht noch ärmliches Gras, wachsen dürre Büsche.

Eine junge Indiofrau mit dunkelbraunem Teint – einen

Säugling im um den Hals gebundenen Tuch vor der Brust, auf dem Rücken einen schweren Kartoffelsack – sah mich aus großen, dunklen Augen mißtrauisch an, als ich sie fragte, ob sie mitfahren möchte, es kommen selten höfliche Fremde in diese Gegend. Ich griff den Sack von ihrem Rücken und verstaute ihn hinter den Sitzen des Lada-Niva. Sie stieg ein und lächelte verlegen, nachdem sie die sechs Röcke, wie sie alle Indiofrauen tragen, untergebracht hatte. – Wir fuhren an der zugefrorenen Lagune Conococha vorbei, die Gletscherzungen der 6600 Meter hohen Cordillera de Huyahuash vor uns.

Der schweigsamen Indianerfrau entlockte ich ihr Reiseziel, das war Catac auf 3540 Meter Höhe im Tal des Rio Santa. Mich schauderte der Gedanke, die Frau mit Kind und Sack auf der 40-km-Strecke marschieren zu wissen, zwei Tage hätte sie dafür gebraucht, nun waren wir in einer halben Stunde dort. – In Catac zweigt die Straße nach Chavín de Huantar ab.

An der einzigen Tankstelle füllte ich meinen Mietwagen mit einer jungen Dame und zwei Herren, Ruth hieß sie, Uri der mit dem schwarzen, Isaak der mit dem roten Bart; es waren Israelis, die sich entschlossen hatten, ein Jahr lang eher planlos durch die Welt zu trampen, doch Kulturstätten wie Chavín de Huantar ließen sie nicht aus. Was mich denn eigens dorthin triebe, erkundigten sie sich. Mit vagen Andeutungen von einem salomonischen Tempel in Konnex mit dem Propheten Hesekiel ließ ich es vorerst bewenden; vielleicht waren es fanatisch konservative Israelis, die meine wirklichen Recherchen schockiert hätten.

»Schweizer sind Sie?« sagte Uri. »Dann müßten Sie ja die Bücher von Erich von Däniken kennen. Der vertritt Ideen, von denen ich mir nicht klar bin, ob sie verrückt oder vernünftig sind . . .«

Statt einer Antwort biß ich mir auf die Lippen.

Ab Catac war die Straße nicht mehr asphaltiert, führte kurvenreich zum malerischen, eisigen Bergsee Querícocha

(3980 m). Den Blick fesselten die schneebedeckten Gipfel des Yanamarey (5260 m).

Dann war der Tunnel am Kahuish-Paß, 4510 Meter hoch, erreicht. Das Wort »Tunnel« könnte falsche Assoziationen zu Bergunterführungen in westlichen Industrieländern auslösen, drum sei angemerkt, daß dieser Tunnel – 500 Meter lang – nur eine grob in den Felsen gehauene Höhlung ist, durch den eine reich mit knietiefen Schlaglöchern garnierte Naturstraße führt. Von Decken und Wänden rieselt schier halbgefrorenes Gletscherwasser, Licht und Verkehrszeichen sind für die einspurige Angsttraumstraße noch nicht erfunden. Nähern sich in Wasserfontänen die irritierenden Scheinwerfer eines Fahrzeugs, ist jener Fahrer gehalten zurückzufahren, der der Einfahrt oder Ausfahrt näher ist. Selbstverständlich fährt jeder mit der Hoffnung – und Chance – in den dunklen Schlund, keinem Widerpart zu begegnen, einen Stern im Reiseführer verdient dieser Tunnel nicht.

War die Auffahrt anstrengend, erwies sich die steile Abfahrt aus dem Tunnel, hinunter ins Mosna-Tal, auch für hartgesottene Autofahrer, zu denen ich mich zähle, als wirklich bangemachend. Auf enger Naturstraße winden sich Kurven um Kurven, wie eine endlose Schlange an die Hänge geklebt. Man wird linksäugig, weil zur rechten Seite der tödliche Abgrund droht. – Beim Dörfchen Machac (3180 m) war die Talsohle erreicht. Unübersehbar liegen die Ruinen von Chavín de Huantar unmittelbar an der Straße.

Das Hotel TURISTAS war bis aufs letzte Bett belegt, nicht von Touristen, sondern von Archäologen. Es traf sich die *crème de la crème* deutscher und peruanischer Archäologen. Aus der erlauchten deutschen Gesellschaft begrüßten mich die Professoren Udo Oberem und Henning Bischof höflich, ihre peruanischen Kollegen höflich und wohlwollend. Für die Deutschen bin ich ein unberechenbarer Außenseiter, von dem man nie weiß, welchen neuen Streich er plant. Die Peruaner sehen mich etwas anders. Als ich vor einigen Jahren von den Gemeinderäten der Stadt Nazca geehrt wurde,

Der Dorfplatz von Chavín de Huantar

Der erhaltene Teil der Anlage heißt *El Castillo*, das Schloß also, wenngleich es zu keiner Zeit ein Schloß gewesen ist

Der Tempel zu Jerusalem. Er wurde oft zerstört und auf den Grundmauern immer wieder aufgebaut – wie der Tempel in Chavín de Huantar

Das Hauptportal des Castillo mit zwei Säulen, auf denen ein Monolith von neun Metern Länge liegt

sagte der Bürgermeister in seiner Laudatio, es gäbe viele Theorien über die Linien auf der Ebene von Nazca. Ob sie nun ein Kalender gewesen seien oder ein Startplatz für Heißluftballone, ob Überbleibsel von Inkastraßen oder magische Zeichnungen, ob Ziellinien eines Sportplatzes oder Landemarkierungen für Außerirdische, könne er nicht entscheiden. »Uns, die wir hier leben und arbeiten«, sagte der Bürgermeister von Nazca, »interessiert nicht in erster Linie, welche der Kapazitäten recht hat. Aber eines ist sicher: Herr von Däniken hat unserer Region am meisten Touristen gebracht!« – That's it.

Beim Nachtmal erkundigten sich die Israelis, ob sie mir irgendwie behilflich sein könnten, sie wußten inzwischen, wer sie mitgenommen hatte. Dankbar nahm ich die Offerte an, denn bei meinen Vermessungen war mir ein Scriptgirl gerade recht.

## Im Schloß, das nie ein Schloß gewesen ist

Gutgelaunt erwarteten mich am Morgen die Israelis auf einem sonnenbeschienenen Hügel vor dem Ruinenfeld. Wie selbstverständlich hängten sie sich Kameras und Meßgeräte um. Wir durchschritten das große Holztor zu den Ruinen von Chavín de Huantar.

Der noch erhaltene Teil der Gesamtanlage heißt *El Castillo*, das Schloß, wenngleich es nie ein Schloß gewesen ist. Es handelt sich um ein rechteckiges Gebäude von 72,90 m Länge und 70 m Breite. Große Granitblöcke, millimetergenau eingepaßt, bilden die rechtwinklige Außenhaut; die unteren, dem Boden nahen ältesten Monolithen sind am besten erhalten; je höher sich das leicht nach innen geneigte Gebäude erhebt, desto deutlicher sind Verwüstungen zu erkennen – wie beim salomonischen Tempel zu Jerusalem, über den 36 Kriege hinwegzogen, der 17mal zerstört wurde. In Chavín wie in Jerusalem wurden auf den unteren Steinquadern stets neue Mauern hochgezogen.

Das Hauptportal des Castillo ist nach Osten ausgerichtet – Richtung Sonnenaufgang – Richtung Jerusalem. Zwei Säulen – auf denen ein Monolith von neun Metern Länge liegt – werden von quadratischen und rechteckigen Granitplatten flankiert. Die gedrungenen Säulen sind rundherum mit unverständlichen Zeichnungen reliefiert wie auch der abschließende Monolith und die nahebei stehenden Platten. Die Wetter der Gezeiten haben die Ziselierungen ausgewaschen, leider hämmerten auch Menschen in die feinen Arbeiten. Als El Castillo in ganzer Pracht seine Jugendzeit hatte, muß der mächtige Bau schon aus geringer Distanz wie ein fast fugenloser Block gewirkt haben. El Castillo war Abschluß und Krönung der Tempelanlage, war das Allerheiligste, zu dem nur hohe Priester Zutritt hatten.

Heute mieft hinter dem monumentalen Hauptportal ein von Grasbüscheln bewachsener Schutthaufen. Einige Stufen tiefer liegt ein Platz, der die ganze Breite des Castillo einnimmt – der Vorhof zum Heiligtum. Runde 36 Meter vom Castillo entfernt, führen wieder Stufen hinab zu einem zweiten, riesigen Vorhof (70 × 42 m), von dem aus weitere Stufen auf den quadratischen, sogenannten »versenkten Platz« (Seitenlänge 49,70 m) leiten.

Nördlich und südlich des versenkten Platzes erheben sich Plattformen, die noch nicht ausgegraben wurden, aber man erkennt die künstlichen Hügel an wenigen Monolithen, die aus ihnen hervorragen. Der gesamten Kultstätte gesteht man eine Fläche von etwa 13 Hektar zu, doch bisher wurde nur der Tempelkomplex freigelegt. Man weiß, daß die ganze Anlage auf einer künstlichen, steinernen Plattform gestanden hat.

Vom versenkten Platz aus führen vier Treppen präzise in

Nachfolgende Doppelseite:
Die Säulen sind mit rätselhaften Zeichnungen reliefiert, die, von den Gezeiten ausgewaschen, leider auch von Menschenhand beschädigt wurden
Der Sockel des Castillo war ehedem mit geschliffenen und ziselierten Steinplatten ummantelt

die vier Richtungen der Windrose, mein Kompaß bestätigte es nadelgenau. Das Plateau verläuft sich über 80 Meter hinunter zum Bett der Mosna, die südöstlich an der Tempelanlage vorbeifließt.

Von der westlichen Mauer des Castillo bis zur Südostecke mißt die Anlage 228 m, der bisher ausgegrabene Teil hat eine Breite von rund 175 Metern. In diese Maße ist die Mauer, die einst das Areal umschloß, nicht einbezogen. Reste der Mauer sind an der Westseite sichtbar.

Jedenfalls stand hier eine gewaltige, rechteckige Anlage mit Vor- und Innenhöfen und dem – heute noch – zehn Meter hohen Allerheiligsten, mit Vor- und Innenhöfen für Priester und für das Volk. Mit Treppen und Toren ist das Rechteck nach den Himmelsrichtungen justiert, und das Hauptportal weist nach Osten – alles wie beim salomonischen Tempel in Jerusalem.

Jerusalems Salomon-Tempel stellt heute kein exaktes Rechteck mehr dar, sondern ein ungleichseitiges Trapez von 315 m Seitenlänge im Norden, 280 m im Süden, 485 m im Westen und 470 m im Osten (1). Jedoch war der ursprüngliche Tempelbau genau rechteckig. Für die verzogene Form war König Herodes verantwortlich, der das Areal verdoppeln ließ, und weil Raum dafür fehlte, wurden zusätzliche Stützmauern gebaut, auf denen (damals) neue Plattformen ausgelegt wurden.

Ruth, Uri und Isaak nahmen an Tempelhöfen, Mauern und Monolithen maß, derweil ich aus allen Winkeln und in alle Winkel fotografierte. Als Ruth mir während einer Zigarettenpause meinen Schreibblock – mit großer Klammer an ein Brett befestigt – brachte, hielt ich die Luft an: Das war professionelle Arbeit! In feinen Linien war ein druckreifer Lageplan entstanden. Der Kubus war mit Mauern und Monolithen, mit Stufen und Treppen und mit den versenkten Plätzen skizziert. An Anfang und Ende der Linien markierten kleine Pfeile, für welche Strecke die eingeschriebenen Maße galten.

Wir hockten uns auf Felsen, an denen es nicht mangelte.

Ich erkundigte mich nach den Berufen meiner neuen Freunde. Ruth sagte trocken:

»Ich bin Geodät, Vermessungsingenieur für Straßenbau und Landmessung.«

Daher also die Perfektion! Uri entpuppte sich als Lehrer, Isaak als Pilot. Die Götter hatten mir die richtige Crew in den Lada-Niva plaziert! Zu viert schafften wir ein Pensum, zu dessen Erledigung ich nach Adam Riese die vierfache Zeit gebraucht hätte.

Gemeinsam machten wir uns zur Entdeckung von Gängen und Stollen auf, die unter Chavín de Huantar wie ein Adernetz laufen. Ein Gang an der Ostseite des großen Platzes war nur 1,10 m hoch und 67 cm breit, man konnte nicht aufrecht gehen – aus einsichtigem Grund:

Chavín de Huantar wurde am 17. Januar 1945 von einer gewaltigen Wasserflut überschwemmt. Das passierte so: An der Südostseite fließt die kleine Mosna vorbei, an der Nordwestflanke – zwischen den Ruinen und dem Indianerdorf Chavín – stürzt der Bach Huacheqsa in die Tiefe; er entspringt in einem Hochgebirgssee, den Schmelzwasser eines Kordillerengletschers speisen. Dezember 1944 und Januar 1945 strömte mehr Wasser zu, als der See aufnehmen konnte, seine felsigen Ufer brachen wie Staudämme. Der Wildbach wurde zum reißenden Fluß und überschwemmte die tiefgelegenen Teile von Chavín de Huantar mit einer schwarzbraungrünen Schlammschicht, die in die unterirdischen Gänge eindrang. Als das Wasser abgelaufen war, blieben Geröll, Sand und Lehm zurück.

Der Gang, durch den ich im Licht einer Taschenlampe kroch, war ehedem sicher höher – oder tiefer, wie man will. Soweit ich unter den Ruinen im Gang vordringen konnte, sah ich fünf seitlich abzweigende Stollen – 60 cm hoch, 48 cm breit. Sie können Teile eines Kanalisationssystems gewesen sein, zumal der Hauptgang in Richtung Mosna verläuft.

Da aber an der Westseite ein 1,72 Meter hoher Gang süd-

Vom »versenkten Platz« mit seinen 48 Metern Seitenlänge aus führen vier Treppen in die vier Richtungen der Windrose

Mauerreste markieren die Architektur der Anlage. Rechts: der »versenkte Platz«

Der Tempel von Jerusalem stellt heute kein exaktes Rechteck mehr dar, er bietet sich als ungleichseitiges Trapez an, jedoch war der ursprüngliche Tempelbau genau rechteckig

lich verlief, also keinem Bach zustrebte, kann es sich bei der unterirdischen Infrastruktur nicht nur um ehemals wasserführende Stollen gehandelt haben.

Chavín de Huantar wurde schon in früheren Zeiten überschwemmt. 1919 führte der peruanische Archäologe Julio C. Tello mit einem Trupp Indios weitläufige Grabungen durch. Als er 1934 zurückkehrte, hatte der Bach »einen Teil des Hauptflügels zerstört« (2). Tello schreibt, ein Drittel des Komplexes, den er noch intakt gesehen habe, wäre nun zerstört gewesen, viele unterirdische Gänge und Kanäle seien ausgespült worden. Kilometer vom Tempel entfernt entdeckte Tello Keramik-, Metall- und Steingegenstände auf einer Sandbank im Fluß: Sie wurden aus der Tempelruine angeschwemmt.

Als der Tempel einst unversehrt in seiner ganzen Macht dastand, konnten ihm die reißenden Gebirgsbäche nichts anhaben. Die festgefügten megalithischen Mauern waren dicht, das Kanalsystem um und unter Chavín de Huantar funktionierte, die Bäche wurden gepflegt. Erst als gestürzte Bäume und Monolithen den Fluß des Wassers behinderten, erst nachdem Grabräuber Löcher in die Mauern des Castillo schlugen, konnte das Wasser seine zerstörerische Kraft an den Bauwerken auslassen.

Am nächsten Tag stiegen meine Israelis in einen Indiobus, in dem die Fahrgäste weniger Platz hatten als Sardinen in ihrer Büchse. Ja, ich würde jedem eines meiner Bücher in hebräischer Sprache mit Widmung nach Israel schicken, versprach ich. Nur zwei Tage waren wir beisammen, doch ich vermißte Ruth und die bärtigen Männer sehr, als ich im Lada-Niva wieder zu den Ruinen fuhr, um die Gänge im Maulwurfshügel näher anzusehen.

## In der Unterwelt den Göttern nahe

An der Nordseite des Castillo sind zwei Stollen mit Eisengittern versperrt, damit Touristen nicht auf eigene Faust ins dunkle Labyrinth einsteigen. Es ist ein Labyrinth, ich habe es erfahren.

Gleich hinter dem Einstieg führt der erste Stollen auf die merkwürdige Stele *El Lanzon* – die Lanze, der Speer – zu. El

Links: Gemeinsam machten wir uns zur Entdeckung der Gänge auf, die unter Chavín wie ein Adernetz laufen

Nachfolgende Doppelseite:
Die Stele *El Lanzon* ist tief unter dem Erdreich auf der Kreuzung zweier sich schneidender Gänge postiert – über drei Meter hoch, doch nur 50 Zentimeter breit

Die in Fels gehauenen Gänge sind drei Meter hoch, sie biegen oftmals im Winkel von 45 Grad schroff ab. Wie wurde die Stele El Lanzon hierher gebracht?

Lanzon ist mitten auf die Kreuzung zweier sich rechtwinklig schneidender Gänge postiert, die über drei Meter hoch, doch nur 50 Zentimeter breit sind. Monolithische Granitplatten bilden die Decke, massiv, für die Ewigkeit.

Dieser Gang wäre trotz seiner eigenartigen Proportionen kaum des Erwähnens wert, gäbe es da unten nicht ein Rätsel, das unbegreiflich ist: El Lanzon ist eine Riesenstele von über vier Metern Höhe, doch die felsigen Gänge erreichen nur etwas über drei Meter! Wie gelangte El Lanzon hierher? Er ist kein Gummiriese, der sich krümmen ließ. Nein, nein, Irrtum! Mit seiner imposanten Länge ließ er sich auch nicht in der Horizontalen um die zahlreichen Ecken der nur 50 Zentimeter breiten Gänge bugsieren. Es gibt nur diese Möglichkeit: Die Architekten von Chavín de Huantar planten von Beginn an eine Deckenöffnung, durch die die Stele auf die Kreuzung der beiden Gänge herabgelassen wurde, bevor die Tempelanlage darüber wuchs.

Niemand weiß, was es mit El Lanzon auf sich hat. Der tschechoslowakische Archäologe und Völkerkundler Miloslav Stingl (3) beschreibt die Stele als ...

*». . . ein höchst seltsames Wesen. Über der Unterlippe treten mächtige Jaguarzähne hervor. Die Augen sind starr nach oben gerichtet, als ob sie zum Himmel emporsähen. Auch der Gürtel, der den Leib des Gottes umspannt, ist mit Jaguarköpfen geschmückt. Von dem Gürtel aber hängen zwei Schlangenhäupter herab. Die eine Hand – die rechte – hält der Gott empor, die andere ruht auf der Hüfte.«*

Das ist eine Beschreibung, keine Sinngebung, und es fällt mir schwer, selbst der Beschreibung zu folgen, weil ich Mühe habe, in El Lanzon überhaupt ein »Wesen« zu erkennen. Ja, es ist ein großes Maul auszumachen, dem »Jaguarzähne« an den hinteren Backenknochen entsprießen, doch nicht als Eckzähne, wie Jaguare üblicherweise ihre todbringenden

El Lanzon ist reich mit Ornamenten geschmückt. Niemand weiß, was sie aussagen. Es gibt viele Deutungen, doch keine, die einen Sinn macht

Hauer tragen. Sieht Miloslav Stingl Jaguarzähne, erkenne ich – gleichermaßen phantasievoll – Scharniere einer Rüstung, wie mir überhaupt El Lanzon eher einen technischen denn einen tierischen Eindruck vermittelt.

Außer dem Gang, durch den ich hereinkam und vor El Lanzon landete, enden alle Gänge von der Kreuzung aus »blind«. Nach wenigen Schritten stand ich vor wuchtigen Mauern. Das kam mir eigenartig vor. War es sinnvoll, daß die Planer von Chavín de Huantar nur den Gang zum El Lanzon ausbauten und alle anderen Stollen als fabelhaften Jux vor Mauern enden ließen? So viel Aufwand für einen Architektenspaß? Ich witterte hinter den »blinden« Endstationen der Gänge Geheimtüren. Nicht mehr, nicht weniger.

Da ich nicht weiterkam, blieb nur die Umkehr. Draußen blendete die Sonne, wie sie nur in der klaren Luft in über 3000 Meter Höhe blenden kann. Ich blinzelte mich zurecht und trat dann in den zweiten Stollen ein, der El Castillo in südlicher Richtung unterläuft. Die Beleuchtung aus schwachen Glühbirnen an den Wänden entlang war inzwischen

Ein aufdringliches behelmtes Wesen stellte sich mir in den Weg

ausgefallen. Ich tappte mich ans Tageslicht zurück. Ein netter Wärter lieh mir – ich gab mein Feuerzeug als Pfand, es sollte mir bald fehlen – eine Karbidlampe altertümlicher Bauart. Ihr Geruch erinnerte mich für einen Augenblick an mein erstes Fahrrad.

Das grellgrünliche Licht fiel auf wieder drei Meter hohe, aus Fels geschichtete Gänge und die monolithenbewehrte Decke. Schon bald gabelte sich der Stollen im rechten Winkel; ich wählte die linke Seite.

Fast wäre ich über einen Steinkopf gestolpert, der sich beim flüchtigen Hinsehen als behelmtes, menschenähnliches Wesen vorstellte. Früher waren die Wände mit Reliefs ausgeschalt, die Gestalten mit starren Flügeln – aufwärts fliegend – zeigten, heute sind nur noch Rudimente vorhanden, die fürs Ganze zeugen. Die Reliefs sind so fein, so flach ziseliert, als ob hier ein moderner Zahnarzt mit dem Turbinenbohrer seiner Praxis dem Feierabendhobby nachgegangen wäre, doch für schlechtbezahlte Hobbys unter Tage haben Zahnärzte

Die Reliefs sind so fein ziseliert, als hätte ein Zahnarzt hier mit dem Turbinenbohrer seinem Kunsthobby gefrönt

keine Zeit, sie investieren gern in zinsträchtige Hochbauten. – Auch dieser Gang stoppte mich bald vor einer massiven Wand.

Mit dem Sucheifer und der Geduld eines Pfadfinders kehrte ich zum Hauptgang zurück, suchte ein neues Entree, erklomm sieben steile Stufen und erreichte einen anderen Korridor: 1,30 m breit, 1,83 m hoch. Hier könnten zwei Eindringlinge bequem nebeneinander gehen. – Quer zum Ende der Stufen läuft ein schmaler Gang, von dem aus drei Durchbrüche in drei Kammern führen: 5,70 m lang, 1,94 m breit, 2,25 m hoch. – Die Karbidlampe zauberte groteske Begegnungen ins grellgrüne Licht: Fremdartige Steinköpfe warfen mir stolze, etwas spöttische Blicke zu, zeigten ihre Helme. Fragten keß: Was hältst du von uns?

Links: Es gibt auch bequem zu begehende Gänge – gut 1,80 Meter hoch und 1,30 Meter breit

Im grüngrellen Licht der Karbidlampe starrten mich tief unter der Erde Steinköpfe mit fremdartigen Gesichtern an

Jeden Quadratzentimeter der Wand suchte ich ab, um Hinweise für eine Öffnung, einen Ausgang, zu entdecken

Manchmal möchte man durch die Wand gehen, man schafft es nie. Ich trottete wieder zum Zentralkorridor zurück, machte zwei Wendungen von je 90 Grad um meine Achse, merkte es mir und schritt in einen anderen Raum. Dort waren Steinköpfe ordentlich auf eine Holzbohle gereiht, konfrontiert mit Reliefs voll sagenhafter Darstellungen. Wie viele ähnliche Gänge und Räume warteten darauf, freigelegt zu werden? Vielleicht harrte tief unter den Ruinen das Geheimnis der »Götter« auf seine Entdeckung, vielleicht bewahrten die Bauherren tief unter der Erde den Schlüssel zur unverstandenen Kultur von Chavín de Huantar.

Während meine Augen jeden Quadratzentimeter der Schlußwand absuchten, um möglicherweise einen Hinweis auf eine Öffnung zu erspähen, gab die Karbidlampe zischend ihren Schein auf. Ich stand im Dunkeln. Es war still wie im Grab. Erst jetzt spürte ich einen feinen kühlen Luftzug auf der Haut, der durch die Kammer strich. Irgendwoher bewegte eine Ventilation die Luft. Ohne optische Orientierung tastete ich mich am Radar des Luftsogs entlang, stieß an Steinköpfe, prallte auf Monolithen. Mehrmals ließ ich das Blitzlicht meiner Kameras aufblitzen, ich hatte genug Batterien dabei. Die Zugluft kam unter dem Boden der Rückwand hervor. Gab es dahinter einen Gang, der tiefer in den Grund führt? Ich tastete das Gestein ab, drückte kräftig auf erhabene Punkte der Steinquader, es rührte sich nichts.

Vorsichtig setzte ich einen Fuß vor den andern, ließ Fotoblitze aufgrellen, mir fehlte mein Feuerzeug, das in der Hosentasche des Wächters warmgehalten wurde. Eine Gangwand fühlte sich wie die andere an, keine gab einen Anhalt, wohin ich mich zu wenden hatte, ich mußte die Treppe finden, die ich sieben Stufen hinaufgestiegen war, und die ich nun wieder abzusteigen hatte, doch die Treppe, die ich ertastete, führte aufwärts. Der Luftzug verstärkte sich an den

Auf allen vieren kroch ich aufwärts . . .

Wänden entlang. Auf allen vieren kroch ich aufwärts, wieder sieben Stufen, dann sah ich schräg über mir Licht. Der Stollen führte unter ein Eisengitter, das sich leicht aus dem Boden drücken ließ. Ich schwang mich aus der Tiefe ins Freie und versuchte, meinen Standort zu lokalisieren.

## Die verflixte »7«

Ungefähr im Zentrum des Castillo, hoch über dem nach Osten gerichteten Haupteingang, war ich dem Labyrinth entstiegen. Unter mir dehnte sich nun das große Rechteck der Tempelanlage aus. Nach einer kleinen Kletterpartie setzte ich mich unter das Haupttor zu einer Verschnaufpause, schaute nach oben, um festzustellen, aus welchem Loch ich eben herausgekrochen war . . . und entdeckte direkt über mir an der Unterseite des Monolithen, der würdig auf den Eingangssäulen ruht, markant eingravierte fliegende Wesen.

Es waren 14 Cherube, wie die Bibel die himmlischen Wächter nennt: Sieben raubvogelartige, ganz technisch anmutende Figuren blicken nach Norden, sieben nach Süden. Fiel mir ein, daß alle Treppen, die ich herabstieg oder heraufkroch, sieben Stufen hatten. War die »heilige Zahl« sieben eine Schlüsselzahl in und für Chavín de Huantar?

Die »7« hat Tradition, nicht nur als das verflixte siebente Jahr einer Ehe. Ihre Magie wird in der Periode von sieben Tagen gesucht, in denen der Mond je eine seiner vier Erscheinungsformen zeigt. Um 1600 v. Chr. lösten die Babylonier die bis dahin gebräuchliche Fünftagewoche – Trauma aller Gewerkschaften! – ab und führten die Siebentagewoche ein: Die Babylonier erkannten in den sieben Himmelskörpern – Sonne, Mond, Merkur, Venus, Mars, Jupiter und Saturn – die Gesamtordnung des Kosmos. Bei den Juden zeugen die sieben Schöpfungstage wie der siebenarmige Leuchter der Stiftshütte für die Bedeutung der heiligen »7«, in den Offenbarungen Johannes' steht das »Buch mit sieben Sie-

Hoch über dem Haupteingang war ich dem Labyrinth entstiegen. Unter mir dehnte sich die Tempelanlage

geln«. Die »7« hat Bedeutung im Buddhismus und im malaiischen Kulturkreis. Im alten Griechenland galten Sieben-Tage-Fristen. Theben hatte die berühmten sieben Tore, es gab sieben Weise ... und es gelten die sieben Weltwunder. Wurde die »7« auch in Chavín de Huantar geehrt?

Vor den Geheimdienstlern der Nachrichtendienste unserer Zeit ist kein Code mehr sicher. Sollte es nicht möglich sein, Chiffren zu knacken, die vor unseren Augen auf Entschlüsselung warten?

Dort unten auf dem »versenkten Platz« fand ein Mitarbei-

Der Tello-Obelisk aus Chavín de Huantar steht heute im Archäologischen Museum von Lima. Die eingeritzte Ornamentik mit ihrem verwirrenden Bilderspiel ist bis heute nicht »dechiffriert« worden.

ter des Archäologen Julio C. Tello einen Obelisken, der heute im Archäologischen Museum von Lima steht, er wird Tello-Obelisk genannt, und er wartet auf die Deutung seiner Zeichensprache. Stundenlang stand ich vor ihm, fotografierte ihn, ließ seine Gravierungen zeichnen. Ich fragte peruanische Archäologen nach den möglichen Aussagen der Muster. Daß man wiedermal nichts Genaues weiß, merkte ich gleich, als die Kult-Arie angestimmt wurde: Jaguarkult, Raubvogelkult usw. – Genau so lauthals könnte ich vom Pyramidenkult singen, denn der Tello-Obelisk läßt auch kleine Pyramiden erkennen.

Dort unten auf dem Platz, wo man den Obelisken fand, stand auch der »Altar der sieben Ziegen« (auch »Altar des Sternbildes Orion« genannt). Zwar reichte meine zoologische Phantasie nicht aus, sieben Ziegen zu dechiffrieren, doch entspricht die Anordnung von sieben Löchern des Altars ungefähr dem Standort der sieben Trabanten im Sternbild Orion. – Überall taucht die verflixte »7« auf. Daß sie auch in Chavín de Huantar mindestens eine heilige Zahl gewesen ist, bestätigt die Fachliteratur (4, 5). Kann die »7« ein Schlüssel zu den Botschaften von Chavín de Huantar sein? Wo ist der Meisterspion 007? Vielleicht sollten Archäologen einen Code-Dechiffrierer beiziehen. Die Nummer mit dem »Kult« ist ziemlich abgedroschen.

## Wissenschaftliche Fragezeichen

Jeder Besucher des *Museo Antropológico y Arqueológico* an der Plaza Bolívar in Lima marschiert an der Raimondi-Stele vorbei. Sie stammt aus Chavín de Huantar. Antonio

Vorhergehende Seite: Der Tello-Obelisk
Rechts: Die Raimondi-Stele

Raimondi ließ die aus Diorit gearbeitete – 1,75 m hohe, 73 cm breite und 17 cm dicke – Stele anno 1873 in die Hauptstadt transportieren.

Was halten Wissenschaftler von den Reliefs auf dem Kunstwerk? Mögen sie ihre Sprüchlein aufsagen:

Miloslav Stingl:

*»Die Raimondi-Stele ... stellt den Jaguarmenschen dar. Aus seinem göttlichen Haupt wachsen jedoch weitere und immer mehr hochstilisierte Köpfe solcher Jaguarmenschen hervor, aus deren Rachen wiederum mächtige Reißzähne herausragen.« (3)*

Professor H. D. Disselhoff:

*»Auf rechteckiger Platte ist ein aufrecht stehender Jaguarmensch, der in jeder Hand ein mehrteiliges, reich mit Kurven ornamentiertes Szepter hält, das Unterteil läuft in stilisierte Raubtierköpfe aus, oben in ein pflanzliches Emblem. Der hoch aufgetürmte Kopfschmuck setzt sich aus Raubtierrachen und Schlangenköpfen zusammen, Schlangenleiber mit realistisch gezeichneten Köpfen ... Die dargestellten Hauptmotive sind: Mischwesen aus Mensch und Tier, Raubkatzen, Schlangen und Greifvögel«. (6)*

Rudolf Pörtner und Nigel Davies:

*». . . stellt eine raubtierköpfige Gestalt in Vorderansicht dar. Jede der beiden seitlich angewinkelten Hände hält einen verzierten Stab, der den Kopf der Figur weit überragt. Das obere Zweidrittel des Steins ist durch einen phantasiereichen Kopfschmuck ausgefüllt, der aus übereinander angeordneten Andeutungen von Mündern mit heraushängenden Zungen besteht, von denen schräg nach oben links und rechts parallele Schlangenköpfe ausgehen.« (7)*

Professor Hermann Trimborn:

*»Schon 1873 fiel von hier eine Steinplatte, die sogenannte Raimondi-Stele, an, die in flachem Relief ein felides (katzenähnliches, EvD) Ungeheuer mit Szeptern in seinen Krallen zeigt; es ist von einem ganzen Aufbau geöffneter Raubtierrachen gekrönt, von denen Schlangen ausgehen.« (8)*

Professor Horst Nachtigall:

*»Diese Stele ist eine der interessantesten Skulpturen der amerikanischen Megalithkulturen. Dargestellt ist eine tiermenschliche, stehende Figur, mit einem tierischen Kopf und einem aus Monsterköpfen bestehenden Kopfschmuck, der von einem Strahlenkranz umrahmt wird. Hände und Füße zeigen tierische Krallen; um den Leib ist ein Schlangengürtel gelegt.« (5)*

Dr. Siegfried Huber:

*»Die Einzelheiten der Reliefzeichnungen sind wie Chiffren: Reißzähne, Schlangenköpfe, rätselhafte Verschlingungen, Augen – symbolisch ohne Aufschluß – surreal, wenn überhaupt ein Wort passen kann. Eine versteinerte drohende Geste eines angsterfüllten Daseins.« (9)*

*Dr. Friedrich Katz:*

*». . . Auch hier finden sich Haare in Schlangenform und stark jaguarähnliche Gesichtszüge. Der Raimondi-Stein besteht aus einer Aufschichtung mehrerer Körper und Gesichter in fast monströser Form.« (10)*

Dr. H. G. Franz:

*»In der stehenden Figur wird der Kultführer, Priester, Scha-*

*mane – oder wie man ihn nennen will – dargestellt, mit einer Maske, die als Gesichtsmaske oder Überwurfmaske mit Tierfell in einer phantastischen Umformung erscheint. Der Maskenhelm wurde zum Maskenturm . . . Die Füße enden in Jaguar- oder Adlerklauen. Der Maskenaufbau erhebt sich riesenhoch über der kleinen, zusammengestaucht erscheinenden stehenden Figur . . . Was darüber erscheint, muß bereits zu dem Maskenüberbau gezählt werden, der aus mehreren übereinandergesetzten Tierrachen in Gestalt von weit geöffneten drachenartigen Oberkiefern besteht, die gleichsam nach oben geklappt erscheinen.« (11)*

Dr. Inge von Wedemeyer:

*». . . das vollendete Bild der höchsten Inkarnierung der Gottheit, des Schöpfergottes Viracocha.« (12)*

Der geneigte Leser möge, bitte, die Fotografien der Raimondi-Stele um 180 Grad drehen, also auf den Kopf stellen, dann scheint die so vieldeutige und viel gedeutete Figur von oben herabzustürzen! Freilich sitzen dann die tierischen Krallen, die Adlerklauen, die Füße des Jaguarmenschen – oder was das alles gewesen sein soll – am falschen Ende, doch braucht es zum Erkennen des Vorgangs des Herabstürzens weniger Phantasie als zum Heineingeheimnissen all der zoologischen Entdeckungen, die letztendlich doch keinen Sinn machen.

Wenn so widersprüchliche Deutungen der Relief*chiffren* – die einzige Vokabel, die mir im Interpretationswust schmeckt – gegeben werden, sollen auch meine spekulativen Fragen Raum haben: Muten die ominösen »Szepter« nicht sehr technisch an? Haben wir es weder mit Jaguaren oder verkrüppelten Jaguarmenschen zu tun noch mit »hochstilisierten Köpfen« oder Maskentürmen, sondern mit dem Schema eines Motorblocks mit Einspritzdüsen und vielen Zuleitungen? Handelt es sich um das Vexierbild einer Zukunftstechnologie, die wir erst begreifen werden, wenn wir selbst die Technik entwickelt haben?

Ich weiß auch nicht, was die Stele meldet, nur ist mir klar, daß der archäologische Steptanz auf der Stelle uns nie zum Ziel führen wird. Es mangelt an Mut zu unorthodoxem Denken. – »Ignorieren kommt von Ignoranz«, sagte Arthur Schopenhauer (1788–1860). Dem habe ich nichts hinzuzufügen.

## »Ungeklärter Einfluß von außen ...«

Durch seine bloße Existenz spielt Chavín de Huantar den Fachleuten einen Streich: Die Tempelanlage hat keine Vorbilder, läßt sich also nicht auf bewährte Tour in eine Entwicklung pflanzen. Chavín de Huantar taucht plötzlich – ohne jede Voranmeldung – auf und tritt in die wohlgeordnete gute Stube der Archäologen, meldet sich zur Stelle: Hier bin ich, die Kultur von Chavín de Huantar! – Diese Plötzlichkeit treibt den Schweiß der Verzweiflung auf die Stirn und wirbelt die gedrillten grauen Zellen durcheinander.

Auch der salomonische Tempel in Jerusalem war mit unterirdischen Korridoren unterbaut

In Zitaten dreier berühmter Wissenschaftler mag dieses Erstaunen widerklingen:

1. Professor Walter Krickeberg:

*»Schon oft ist hervorgehoben worden, daß die Entwicklung der höheren Kultur im alten Amerika sich nicht wie ein organischer Wachstumsvorgang in langsamem, kontinuierlichem Fortschreiten vollzog, sondern sprunghaft, fast möchte man sagen explosiv ... scheinbar wurzellos, ohne Vorstufen, erscheinen bereits die ältesten amerikanischen Hochkulturen auf der Szene: in Mesoamerika die olmekische, in den Andenländern die von Chavín. Diese merkwürdige Erscheinung läßt sich vielleicht nur dann befriedigend erklären, wenn man einen oder mehrere Anstöße annimmt, die* von außen *auf das alte Amerika wirkten.« (13)*

2. Miloslav Stingl:

*»Das Erscheinen der Chavín-Kultur gleicht eher einer* Explosion, einer unerwarteten Entladung, *deren Wirkungen und Folgen eigentlich ganz Peru übersät haben«. (3)*

3. Professor H. D. Disselhoff:

*»Meiner Überzeugung nach waltete ein noch* ungeklärter Einfluß von außen *bei der Entstehung der Chavín-Kultur mit«. (6)*

Das Staunen erreicht alle, die Chavín de Huantar gesehen haben. Da wurde unebenes Felsgelände von fast 50 000 Quadratmetern Ausdehnung abgetragen und planiert. Da wurde bereits bei der ersten Planung der Hochbauten ein tief darunter ausgelegtes Kanalisationssystem vorgesehen, da wurden Verbindungs- oder Fluchtkorridore in den Felsen geschlagen (gesprengt?), und das Castillo paßte mit allen Nebenbauten und Plätzen exakt auf die unterirdische Infrastruktur. Eine Genietat, eine in der Welt einmalige Leistung, sofern sie kein Vorbild hatte. Aber: Auch der salomonische Tempel zu Jerusalem war mit unterirdischen Korridoren unterbaut. Die in jüngster Zeit verstärkt betriebenen Ausgrabungen in Jerusalem brachten die verborgenen Gänge an den Tag, es werden noch viele Ähnlichkeiten zwischen der Tempelanlage zu Jerusalem und der von Chavín de Huantar zu entdecken sein. Die archäologischen Ausgrabungen sind in Gang.

Nein, ohne technisches Know-how kann Chavín de Huantar nicht gebaut worden sein. Da dieses Know-how nach Ansicht aller Fachleute auf dem amerikanischen Kontinent nicht existierte, muß es zwangsläufig importiert worden sein. Es waren erstklassige Steinmetze tätig, keine auf die Schnelle angelernten Indios. Es hat Werkzeuge gegeben, die über Generationen in handwerklicher Praxis entwickelt wurden. Es gab Hoch- und Tiefbauarchitekten mit Erfahrung, die im Team planten. – Als der Rohbau fertig war, standen Künstler mit besonderen Fertigkeiten bereit, die Aberhunderte Steinplatten mit ihrer abstrakten Kunst schmückten. Kreierten sie aus dem Stand den Stil von Chavín de Huantar?

Auch dieser Stil hatte nach Ansicht aller Fachleute keine Vorbilder. War er in seiner Perfektion einfach da? Obwohl bisher unverstanden, beunruhigen die Zeichnungen der flachen Reliefs mit ihren Rätseln. Die Gravuren der Stelen, Obelisken und Wandplatten stellen tiermenschliche Wesen unisono wie technische Roboter dar. Ob auf der El Lanzon- oder der Raimondi-Stele, ob auf dem Tello-Obelisken oder den monolithischen Wandplatten, es ist stets der gleiche Stil mit den gleichen Chiffren. Es waren – und niemand wird es bestreiten – zahllose Bildwerker tätig, und alle kamen aus derselben Schule. Die Werke von Chavín de Huantar sind schon eine komische Angelegenheit, falls sie »im eigenen Saft« angerührt wurden. Wurden sie es denn?

Im mesopotamischen Raum sind »geflügelte Gottheiten« bekannt wie bunte Hunde. Sie schwebten über den Portalen von Palästen, schmückten Thronsäle und Gräber; es gab sie im Kleinstformat auf sumerischen, babylonischen, assyrischen und hethitischen Rollsiegeln, mit denen zu jener Zeit private und amtliche Dokumente gestempelt wurden. – Solche »geflügelten Gottheiten« flatterten, schwebten auch in Chavín de Huantar in Abstraktionen von künstlerischer Vollkommenheit.

Oben: Julio C. Tello bezeichnete die Gebilde von Kondor, Drachen und Mensch als Produkte einer »außerordentlichen Rasse«

Links: Über die Jahrhunderte verloren die Reliefs zwar an Deutlichkeit der Konturen, doch heute noch sind darauf Roboter-Wesen auszumachen

Unten: Symbiosen von Vogel-Tier-Mensch = Monstren

Der gebürtige Hochland-Indianer Julio C. Tello, immer noch der bedeutendste Ausgräber von Chavín de Huantar, bezeichnete die Kunstwerke als Produkte einer »außerordentlichen Rasse« (2). Gravierte Platten kamen ihm vor wie Kreuzungen zwischen Fisch und Drachen. Er holte Gebilde mit Elementen von Drachen, Kondor und Mensch aus den Ruinen, Monster, die mit heutigem Blick an Grundrisse von Maschinen erinnern lassen. Stilisierte Kondore fliegen mit weit ausgebreiteten Flügeln daher – doch ohne Vogelgesichter, ohne Vogelaugen und Schnäbel. Es sind Symbiosen von Vogel-Tier-Mensch-Monstern, surreale Kunstwerke aus einer anderen Welt von einer außerordentlichen Rasse, so, als ob Außerirdische den Stoßkeil der Bildhauer geführt hätten.

## Kunst als Botschafter

Um und über den Chavín-de-Huantar-Stil entstanden Bibliotheken. Nach Lektüre des überwiegenden Teils der Bücher zitiere ich:

»Die Kurvenfreudigkeit des Stiles ist ein Charakteristikum für Chavín. Keinem anderen Stil Groß-Perus sind solche kraftvollen Kurven vertraut.« (14)

»In seinen außerordentlich komplizierten Tierdarstellungen erreicht Chavín einen Grad der Vollendung und eine Raffinesse, die bei den menschlichen Darstellungen unbekannt ist. Die Reliefs offenbaren eine Meisterschaft, die an Virtuosität grenzt: Große, harte Steine sind mit einem Labyrinth von eleganten, geschmeidigen Linien bedeckt, die wirken, als seien sie Federzeichnungen.« (15)

»Die Verworrenheit und Spitzfindigkeit . . . die Strenge und Qualität der gekrümmten Linien, kurz, die gesamte Konzeption deutet an, daß wir hier weit vor dem Beginn einer Kunst sind, die sich zweifellos in einem anderen Medium als in großen Steinskulpturen entwickelte.« (17)

»Warum sind in Mesoamerika und Peru (Chavín) derart große, religiöse Kunststile entstanden und woanders nicht? Was war der Auslöser für dieses Genie? Ich weiß es nicht.« (16)

Ursprünglich schauten die Köpfe auf Simsen aus den Tempelwänden heraus

Mit den »Federzeichnungen« der Graveure korrespondierten die wuchtigen Säulen und Köpfe ihrer Bildhauerkollegen. Der amerikanische Archäologe Wendell C. Bennett (18) fand zwei Dutzend teils Menschen-, teils Tierköpfe, alle mit den für Chavín typischen Gravuren versehen. Ursprünglich schauten die Köpfe auf Simsen aus Tempelwänden heraus, heute gibt es nur noch zwei am alten Platz.

Die Köpfe sind von unterschiedlichem Charakter, mal haben sie breite Nasen und Wulstlippen, mal klafft unter den Nasen ein rechteckiges Tiermaul, aus dem Draculazähne blecken, mal zeigen die Köpfe überhaupt keine Gesichter. Manche sind mit technischen Accessoires wie Helmen, Ohrenschützern, Mundfiltern und brillengleichen Augenvorsätzen versehen. Gemeinsam ist den Gesichtern ein unfreundlicher, fremdartiger, distanzierender, kühler Ausdruck.

Bennett grub auch Megalithplatten aus mit Ornamenten, die fraglos Aussagewert besitzen – auch ohne menschen- oder tierähnliche Gestalten: Ihre kurvenreichen Linien wiederholen sich neben den abstrakt-figürlichen Abbildungen. Bei aller Cleverness sind wir bis heute nicht hinter die Symbolsprache gekommen. Das spricht allenfalls gegen uns, nicht gegen die alten Künstler, die mit *ihren* Mitteln *ihre* Botschaften den Steinen anvertrauten.

Man müßte von den Mensch-Tier-Kombinationen kein Aufhebens machen – sie sind aus allen alten Kulturen überliefert –, wenn nicht in Chavín de Huantar der feine Stil der Ornamente einheitlich durchgehalten wäre und darum, zusammen mit den Wechselbälgern, mehr mitzuteilen hätte, als wir ahnen. Dem Betrachter drängt sich die Vermutung auf, daß die Künstler, die ihre Formen souverän beherrschten, nicht wußten, was sie darstellten. Wurde ihnen »diktiert«, was sie zu ziselieren hatten? Bedienten sie sich der Bilder *ihres* Vorstellungsvermögens, wenn sie in Umrissen, in Andeu-

Der Amerikaner W. C. Bennett holte über zwei Dutzend der seltsamsten Köpfe ans Licht

tungen von Jaguaren und Kondoren das unbekannte Etwas fixierten, das kraftvoll vom Himmel niederstieß? Erinnerten sie sich in den steinernen Porträts an die behelmten Götter, die mit bösen Blicken herrscherliche Befehle erteilten?

Wenn die biblischen Henoch oder Elias zum Himmel auffuhren, wurde überliefert, wäre es mit feuerspeienden Rossen passiert. Daß Pferde kein Feuer speien und schon gar nicht fliegen konnten, wußten die Altvorderen, die mit Vierbeinern vertrauter waren als wir es sind. Wahrscheinlich verbildlichte oder beschrieb man das Unverständliche, indem die Kraft des Pferdes zum Symbol der berstenden Kraft eines fremden Gebildes herangezogen wurde. A propos: PS = Pferdestärke war für uns ja auch die technische Einheit für Leistung. – Als geflügeltes, feuerspeiendes Pferd der Mesopotamier galt den Künstlern von Chavín de Huantar der geflügelte Jaguar oder Kondor, und weil die Viecher menschenähnliche Wesen durch die Luft kutschierten, kamen die verklausulierten Bildkompositionen zustande, waren also nicht im künstlerischen Sinne »surreal«, sondern versuchte Wiedergaben des Erlebten.

Im Buch des alttestamentarischen Propheten Hiob (Kapitel 41 + 42) galoppiert das Paradebeispiel eines »Flußpferdes«, das keines war, keines gewesen sein kann, denn:

*». . . seine Knochen sind Röhren von Erz, seine Gebeine wie Stäbe von Eisen . . . sein Niesen läßt ein Licht aufstrahlen und seine Augen sind wie die Wimpern der Morgenröte, aus seinem Rachen fahren Fackeln und Feuerfunken sprühen hervor. Aus seinen Nüstern kommt ein Rauch wie aus erhitztem, siedendem Topf. Sein Atem sengt wie glühende Kohlen, aus seinem Rachen fährt eine Flamme . . . Wenn es emporfährt, fürchten sich die Starken, vor Schrecken werden sie verwirrt. Vor seinen Zähnen hält das Schwert nicht stand, nicht Spieß, nicht Wurfgeschoß noch Panzer. Es achtet für Stroh das Eisen und für Erz das faule Holz . . . Die Tiefe macht es sieden wie einen Kessel, das Meer rührt es auf wie einen Salbentopf. Hinter sich läßt es leuchten einen Pfad, die Flut erscheint wie Silberhaar.*

*Auf Erden ist nicht seinesgleichen, es ist gemacht, nie zu erschrecken.«*

Starker Tobak, diese Lobpreisung eines technisch begabten »Flußpferdes«! Alttestamentler (19) schreiben diese »Reden Hiobs und Gottes Antwort« ägyptischem und babylonischem Ursprung zu: Es wurden unbekannte Wesen besungen. Einer Verewigung des Erlebten dienten gleichermaßen die Reliefs von Chavín.

Es wirkt nachgerade so, als ob die Künstler in den Anden das sumerische Gilgamesch-Epos (20) gelesen hätten, in dem in literarischer Überlieferung ein Mischwesen steht, wie sie es in Stein symbolisierten:

*»Mühsam steigen Gilgamesch und Enkidu weiter hinan bis zur Spitze des Berges, wo der Zedern prächtigste Fülle die Wohnung der Götter umkränzt. In blendendem Weiß erstrahlt der heilige Turm der Göttin Jrnini.*

*Eine Axt hatten sie bei sich. Enkidu schwang sie und fällte eine der Zedern. Da ertönte ein zorniges Schnauben: ›Wer kam da und fällte die Zeder? – Chumbaba selbst sahen sie kommen. Pranken hatte er wie ein Löwe, den Leib mit ehernen Schuppen bedeckt, an den Füßen die Krallen des Geiers, auf dem Haupte die Hörner des Wildstiers; der Schwanz und das Glied der Zeugung enden im Schlangenkopf . . . Sie schossen die Pfeile auf ihn, warfen das Wurfholz. Die Geschosse prallten zurück, er blieb unversehrt.‹ «*

## Was ist Chavín de Huantar gewesen?

Fachleute meinen, Chavín de Huantar sei ein Wallfahrtsort gewesen, das religiöse Zentrum eines rätselhaften Volkes, das urplötzlich im Hochtal des Mosna-Flusses erschien und dem ganzen Raum für einige Jahrhunderte seine Kultur aufprägte – eine Ansicht, die der Amerikanist Friedrich Katz (10) so umreißt:

*»Die meisten Forscher glauben an kultische Triebkräfte, das Aufkommen einer neuen Religion, die sich über große Teile des Andengebietes verbreitete. Man glaubt vielfach, daß Chavín, vielleicht auch die anderen Zentren dieser Kultur, große Kultstätten waren, die zum Mittelpunkt von Pilgerfahrten wurden. Die Pilger hätten demnach die Kunde der neuen Religion ins entfernteste Dorf gebracht. Man kann in der Tat noch heute Glaubenszentren beobachten und Pilger, die hunderte, ja, tausende von Kilometern zurücklegen, um den heiligen Ort zu besuchen.«*

In seiner Untersuchung des Chavín-Problems kommt Gordon R. Willey (21) zum gleichen Schluß: »Chavín ist ganz offensichtlich ein großes Zeremonial-Zentrum«; diese Ansicht teilt auch Julio C. Tello.

Alle Religionen haben nun mal Initiatoren, Religionsstifter. Die Israeliten des Alten Testaments huldigten Gott, dem Herrn, der Adam und Eva schuf, der Noah beschützte und der mit Abraham und Mose sprach. Das Neue Testament gruppiert Gleichnisse und Thesen um Jesus. Buddha und Mohammed, Propheten zum Anfassen, stifteten Religionen. Wo je in der Welt Religionen entstanden, sind sie gottmenschlichen Gestalten zuzuordnen. In keinem Fall kamen Religionen sozusagen aus Massenerleuchtungen über die Menschen. Es waren stets Wesen, Persönlichkeiten, die unter den Menschen lebten oder Figuren, die vorlebten, was sie predigten.

Für den religiösen Chavín-Kult existierte kein Religionsstifter. Es wäre blasphemisch, Jaguare, Kondore oder Schlangen zu Religionsstiftern zu ernennen, weil keine erleuchtete Person aufzutreiben ist.

Es gibt Forscher, die den Tier-Mensch-Kult mit Schamanen vermischen. Schamanen waren die Zauberer, die ihre Seele zu den Geistern aussandten oder ihnen Eintritt in ihre Körper gewähren konnten. Nigel Davies (22), der seit 20 Jahren in Mexiko lebt, meint:

*»Wer einem Tiger im Wald unverletzt entfliehen kann, wird*

*unter den Mojós (Indianerstamm in Ost-Bolivien, EvD) vom Gott für besonders bevorzugt gehalten und in die Gilde der Jaguar-Schamanen eingeführt. Die Mojós haben immer noch einen Tempelkult, der dieser Gottheit gewidmet ist.«*

Zweifellos ist der Schamanenkult bei Naturvölkern verbreitet, es ist auch nachzuempfinden, daß simple Naturkinder gern die Eigenschaften von Tieren besitzen mochten – die Schnelligkeit des Jaguars, die List der Schlange, die Fähigkeit des Vogels, zu fliegen (ein Traum, den alle Völker träumten). Es ist eine Binsenweisheit, daß Tieren geopfert wurde – um sie zu besänftigen. Nie im Leben hätten die Künstler unter den Naturvölkern den Wildtieren um sie herum Fähigkeiten »angedichtet«, die sie an ihnen nicht beobachtet hatten: Schlangen ringeln sich am Boden, fliegen nicht – der Jaguar läuft und springt, fliegt nicht – der Kondor verfügt nicht über die Sprungbeine des Jaguars. So einfach ist das.

Religionen und Kulte haben Gesetze und Morallehren. Wurden sie von Jaguaren gestiftet, verheiratet mit einem Schamanen? Krächzten Kondore fromme Lehren von oben herab? Und – Krone des Irrsinns – waren unter den Tieren Architekten, die Chavín de Huantar erbauten, damit sie endlich ihr religiöses Zentrum bekamen?

Akzeptiert man versuchshalber, die Chavín-Religion wäre tatsächlich eine Jaguar-Kondor-Religion gewesen, hätten sich dann die exzellenten Künstler nicht besondere Mühe gegeben, ihre bewunderten, gefürchteten und *angebeteten* Tiere möglichst genau darzustellen? Wären dann unter den steinernen Monumenten von Chavín nicht vollendet gelungene Tierkörper zu bewundern, so herrlich, wie die alten Ägypter und Babylonier die heiligen Apis-Stiere und Löwen modellierten? Könnte nicht erwartet werden, daß in Chavín de Huantar wenigstens ein Jaguar oder ein Kondor mumifiziert zum Vorschein käme, so, wie die Ägypter Millionen der heiligen Falken ihres Sonnengotts Re mumifizierten? In Chavín wurde keine Mumie eines heiligen Tieres gefunden.

Was für einem Gott wurde die Tempelanlage gewidmet? Er konnte fliegen wie der Kondor und glich auch dem Jaguar, er tötete wie die Schlange und trug menschliche Züge. Er besaß die Intelligenz eines klugen Herrschers. Was für ein Gott, der diese Eigenschaften in sich vereinigte!

## Versuch einer Datierung für Chavín de Huantar

Frühere Untersuchungen datierten den Tempelbau nach 700 bis 1000 v. Chr. – Der Theologe und Historiker Siegfried Huber (9), der lange in den Andenländern lebte, schreibt:

»*Wenn man die Anfänge auf 850 v. Chr. ansetzen darf, erscheint Chavín als ältester und ausgereifter Kunststil in Form und Technik ... Danach wären um 850 v. Chr.* Fremde ins Land gekommen und hätten die Einheimischen zur Annahme ihres Ideengutes veranlaßt.«

Neuerlich geht man mit den Datierungen etwas weniger weit in die Vergangenheit zurück. Peruanische Archäologen nehmen nun eine Entstehungszeit zwischen 800 und 500 v. Chr. an. Genaues weiß man nicht, zumal alle heute angewandten Datierungsmethoden einen Spielraum von 200 Jahren – rückwärts wie vorwärts – tolerieren. Unsere Physik bietet zwar ein modernes Instrumentarium zur Datierung alter und ältester Relikte an, doch die Fragwürdigkeit der gewonnen Daten ist geblieben.

Da die Beschäftigung mit Archäologie erfreulicherweise »in« ist, wird es interessieren, etwas über die Technik der Datierungsversuche zu erfahren.

Datierungen werden mittels radioaktiver Halbwertszeiten errechnet. – Die Halbwertszeit ist jener Zeitraum, in dem von einem radioaktiven Element die Hälfte einer beliebigen Anfangszahl von Isotopen zerfallen ist. – Als Ausgangspunkt ist eine feste Größe notwendig. Bei der bekannten C-14-Methode wird die irdische Atmosphäre als Konstante mit der gleichbleibenden Menge an radioaktiven Kohlenstoff-Isotopen angenommen. Wie windig dieser Ausgangspunkt ist, konstatiert auch die Fachliteratur: Im Laufe der Erdgeschichte war die als konstant eingeschätzte Kohlenstoff-Isotopen-Menge Schwankungen unterworfen. Warum – ist unbekannt, doch unbestritten ist mittlerweise, daß dadurch die Datierungen in Frage zu stellen sind.

Überdies kommt es darauf an, was für Relikte physikalisch datiert werden sollen. Aus demselben Tempel kann sowohl der Fetzen eines Tuches wie der Rest eines Holzkohlenfeuers untersucht werden. Was ist, wenn der Stoffrest zum Gewand einer Tempeltänzerin gehörte, die ihre Künste in einem bereits uralten Tempel vorführte? Auch die Holzkohlenüberbleibsel sagen über das Alter des Tempels nichts aus, das Feuer loderte möglicherweise in einer Tempelruine.

Heute stellt die Physik elf Datierungsmethoden zur Verfügung, doch eindeutige Daten liefern sie nur sehr begrenzt. Jedes Verfahren hat seine Haken, Ösen und Fehlerquellen. Die Analysen sind jeweils nur auf bestimmte Materialien anwendbar und setzen an dem jeweiligen Ort die Kenntnis lokalgebundener Eigenschaften voraus, die oft unbekannt sind.

So setzt die Mikroanalyse die Kenntnis voraus, wie hoch einst am Ort der Untersuchung die Konzentration von Stickstoff, Fluor und Uran gewesen ist. Wer will das mit Bestimmtheit wissen? – Beim Kalium-Argon-Verfahren steht und fällt der Meßwert mit dem Wissen von der im Laufe der Jahrtausende ins Gestein eingedrungenen (und wieder verlorengegangenen) Argon-Menge. – Die Aminosäure-Analyse hat die Schwäche, daß sie nur an Objekten anwendbar ist, die in gemäßigten Temperaturen lagerten, weil chemische Reaktionen sich bei höheren Temperaturen ändern. Kein Mensch kann wissen, ob der zu untersuchende Gegenstand nicht irgendwann höheren Temperaturen ausgesetzt war. Tempel brannten nieder und wurden auf den Grundmauern wieder aufgerichtet. – So hat jede Methode ihre Macken.

Professor Richard Burleigh (23), Spezialist für Datierungen, macht Zukunftshoffnungen:

*»Der nächste größere Fortschritt in der Radio-Karbon-Datierung ist wohl von dem Teilchenbeschleunigerverfahren zu erwarten. Dieses Verfahren benötigt nur wenige Milligramm Probenmaterial und ermöglicht schnellere Ergebnisse als die heutigen Methoden, wobei die obere Altersgrenze wahrscheinlich bei ungefähr 100 000 Jahren liegt. Wegen der hohen Kosten werden sich nur wenige begünstigte Institutionen diese Anlage leisten können.«*

Eine Macke hat das Verfahren jetzt schon: Die Apparatur ist zu teuer. Bei dem amtlichen Desinteresse der Staaten an der frühesten Menschheitsgeschichte werden in verarmten Budgets keine Heller für die Anschaffung zur Verfügung stehen. Vielleicht sollten die Techniker in geballtem Sachverstand eine Zeitmaschine erfinden, mit der sich in die Vergangenheit reisen läßt. Die Augen würden uns vor Staunen aus dem Kopf quellen!

Die Datierung für Chavín de Huantar dürfte irgendwo zwischen 500 und 1000 v. Chr. richtig liegen.

Amerikanisten, zuständig für amerikanische Archäologie, weisen darauf hin, daß etwa zur selben Zeit in Mexiko die gleichermaßen rätselhafte Kultur der Olmeken entstand. Tatsächlich schufen die Olmeken, Ureinwohner an der mexikanischen Golfküste, Kunstwerke, die oft Ähnlichkeiten mit dem Chavín-Stil vorzeigen. Keramiken solcher Art wurden auf dem Monte Albán, religiöses Zentrum der Zapoteken, gefunden wie in Veracruz und in Tlatlico am Rande von Mexico-City. Die von Olmeken in Stein modellierten Monsterköpfe haben Ähnlichkeiten mit den unbekannten Brüdern von Chavín, nur sind die Kameraden, die heute im Museumspark von La Venta bei Villahermosa paradieren, ungleich größer. Im Besitz des *Museo Nacional de Antropologia* von Mexico-City sind steinerne olmekische Schlangenköpfe mit technischen Attributen zu sehen, die aus Chavín stammen könnten. Hat die Chavín-Kultur also doch ein Pendant?

In die Gelehrtenfehde (24, 25, 26), welche Kultur von wel-

Im Anthropologischen Museum in Mexico-City stehen diese olmekischen Steinbildwerke, die aus Chavín de Huantar stammen könnten

cher beeinflußt wurde, möchte ich mich nicht einmischen, doch feststellen, daß Chavín de Huantar in den südamerikanischen Anden und nicht im mittelamerikanischen Mexiko liegt. Bei einer Karenzzeit von 200 Jahren für die »Copyright«-Daten läßt sich nicht ausschließen, daß Gruppen von Chavín-Leuten nach Norden wanderten oder übers Meer dorthin segelten und die Olmeken infizierten. Es gibt zwischen Peru und Mexiko keine unüberwindlichen Barrieren doch Antriebe genug, auf Wanderschaft zu gehen, beispielsweise um mit der vortrefflichen und erfolgreichen Religion zu missionieren. Religiöser Eifer war stets für abenteuerlichste Exkursionen gut. Was kann in 200 lückenhaften Jahren nicht alles geschehen sein!

Die Fachliteratur vertritt im allgemeinen die Ansicht,

Amerika sei vom Norden, dem heutigen Kanada, aus in Richtung Süden besiedelt worden. Daß dieses Vordringen von Nord nach Süd nicht ausschließlich gelten kann, belegte Josef Blumrich in seinem Buch »Kasskara und die Sieben Welten« (27) mit Daten und Fakten. Es gibt viele süd- und zentralamerikanische Datierungen, die älter sind als die nordamerikanischen wie vice versa Archäologen im Norden Kunsterzeugnisse ins Licht hoben, die älter als südliche Artefakte sind.

Weshalb dieser Streit um ein Windei? Es wurde sowohl von Norden nach Süden wie von Süden nach Norden besiedelt. Zu solchen Binnenwanderungen kamen überraschend Einwandererwellen hinzu, die über den Ozean schipperten und ihre Kulturen, die beispiellosen, mitbrachten.

## Resümee

Auf seinen Platten im Buch Mormon erzählt Nephi, er habe die Berichte über die Vergangenheit seines Volkes aus Übersee mitgebracht. Nach der Ankunft ließ er »einen Tempel in der Art des Tempels Salomons« bauen. Chavín de Huantar bietet sich an.

Den Einwand, weshalb Nephi nicht nahe der Küste schaffen ließ, sondern in den hohen Anden das Terrain fand, begründet er selbst. Nach der Landung hatte er Streit mit seinen Brüdern:

*»Aber ihr Zorn gegen mich nahm so zu, daß sie mir nach dem Leben trachteten. Ja, sie murrten wider mich und sagten: Unser jüngerer Bruder denkt, er könne über uns herrschen; und seinetwegen hatten wir viel zu leiden; daher wollen wir ihn jetzt erschlagen, daß wir nicht mehr durch seine Worte betrübt werden. Denn sehet, wir wollen nicht, daß er unser Herrscher sei, denn es ist unser Recht, als die älteren Brüder über dieses Volk zu herrschen.«*

2. Buch Nephi, Kapitel 5, Vers 2ff.

Der Konflikt ist programmiert. »Gott« empfiehlt Nephi, sich mit seinen Anhängern abzusetzen. Nephi gehorcht:

*»Und wir nahmen unsere Zelte und alles, was wir mit uns führen konnten, und reisten in die Wildnis, viele Tage lang. Und nachdem wir viele Tage lang gereist waren, schlugen wir unsere Zelte wieder auf.«* 2. Buch Nephi, Kapitel 5, Vers 7

Wo immer die Einwanderer landeten, befanden sie sich im Andenvorland, und das war – mit Ausnahme der wenigen fruchtbaren Streifen neben den Flüssen – Wüste, echte Wüste. »In die Wildnis gehen« konnte somit nur heißen, daß die Nephiten sich den Bergen zuwandten, weil es sonst weit und breit keine Wildnis gab. Wo auch bietet sich für eine Flucht besserer Schutz als der in Gebirgstälern?

Im fremden Land orientieren sich Greenhorns an Wasserläufen, die zwangsläufig in deren Quellgebiete führen. Und der »Gott« war immer dabei. Nephi notierte es, und auch, daß dieser Gott zu fliegen vermochte. Er befahl dem auserwählten Nephi, »neue Metallplatten anzufertigen, um viele Dinge darauf zu gravieren«, die ihm wohlgefällig schienen.

Die Beziehung der Erbauer von Chavín de Huantar zum Meer ist unbestritten: Es wurden hoch oben in den Bergen Muscheln und Arbeiten aus Perlmutt gefunden.

Um 590 v. Chr. soll Nephi in Südamerika angelangt sein. 30 Jahre später ließ er den Tempel erbauen. Die Anlagen von Chavín werden in die Zeiten zwischen 800 und 500, spätestens zwischen 1000 und 600 v. Chr. datiert.

Nephi hat den Salomo-Tempel aus eigener Anschauung gekannt; in seiner Begleitung waren sehr gebildete Familien – er erwähnt es im 1. Buch –, vielleicht waren mit den Tempelplänen vertraute Architekten darunter.

Als Nephi Jerusalem verließ, war die Stadt vermutlich von den Babyloniern besetzt. – 586 v. Chr. wurde der Salomo-Tempel von Nebukadnezars Soldaten völlig zerstört. Spekulation, doch nicht undenkbar, daß man die Pläne des heiligen Tempels außer Landes geschmuggelt hat, um ihn an neuem Platz in alter Schönheit wieder erstehen zu lassen – als Denkmal der alten Heimat und als Symbol des alten Glaubens.

Die Tempelanlage von Chavín de Huantar kann durchaus ein Abbild des Salomo-Tempels gewesen sein:

- Chavín de Huantar hatte Vor- und Innenhöfe, geweihte Bezirke, das Heiligtum (El Castillo), getrennte Territorien für Pilger, Priester und Oberpriester, die Tempelmauer mit Außenräumen für die »Unreinen« und auch das in der Bibel vermerkte Bächlein ... alles wie beim Tempel des Salomo
- Chavín de Huantar war in die vier Richtungen der Windrose ausgerichtet ... wie der Tempel Salomos
- Chavín de Huantar galt die Zahl »7« als heilig ... wie dem Tempel Salomos
- Chavín de Huantar war Heiligtum, religiöses Zentrum und Wallfahrtsort ... wie der Tempel Salomos
- Chavín de Huantar liegt über unterirdischen Stollen und Kanälen ... wie der Tempel Salomos
- Chavín de Huantar besaß im fensterlosen Heiligtum (El Castillo) ein Ventilationssystem, die Innenräume wurden künstlich beleuchtet ... wie beim Allerheiligsten des Tempels Salomos
- Chavín des Huantars Erbauer verehrten einen fliegenden Gott ... wie die Israeliten.

Die letzte Feststellung wird Widerspruch bewirken: die Israeliten hätten nur den einzigen, »unaussprechlichen« Gott verehrt. Es war der israelitische Gott, der in Feuer, Lärm, Beben und Gestank niederfuhr, wie das Alte Testament eindrucksvoll schildert. Es war dieser Gott, der Mose befahl, einen Zaun um den heiligen Berg zu errichten, damit das Volk nicht vernichtet werde, wenn er hereinbreche:

*»Der Berg Sinai aber war ganz in Rauch gehüllt, weil der Herr im Feuer auf ihn herabgefahren war. Und der Rauch stieg von ihm auf wie von einem Schmelzofen, und der ganze Berg bebte stark.«* 2. Buch Mose, Kapitel 19, Vers 18

Ja, es gab das Verbot, vom israelitischen Gott ein Bildnis zu machen:

*»Du sollst Dir kein Gottesbild machen, keinerlei Abbild, weder dessen, was oben im Himmel, noch dessen, was unten auf Erden, noch dessen, was in den Wassern unter der Erde ist.«*

2. Buch Mose, Kapitel 20, Vers 4

Diesem Verbot gemäß hätte es im Tempel Salomos keine Gottesdarstellungen geben dürfen. Wurde dem Gebot entsprochen, und wurde es doch umgangen, indem abstrakte Götterbildnisse geschaffen wurden – wie in Chavín de Huantar? Daß Salomo nicht nur seinem Gott diente, sondern auch andere Götter duldete, bestätigt sogar das Alte Testament:

*»Der König Salomo liebte viele ausländische Frauen ... aus den Völkern, von denen der Herr den Israeliten gesagt hatte: Ihr sollt nicht mit ihnen verkehren ... sonst verführen sie euch, ihren Göttern zu dienen. An diesen hing Salomo mit Liebe. Er hatte 700 Hauptfrauen und 300 Nebenfrauen, und seine Frauen verführten ihn. Als Salomo alt war, verführten ihn seine Frauen, daß er anderen Göttern diente, und sein Herz gehörte nicht mehr so ungeteilt dem Herrn, seinem Gott, wie das Herz seines Vaters David.«*

(1. Buch der Könige, Kapitel 11, Vers 1 ff.)

Ob dann auch sein Tempel mit abstrakten Darstellungen fremder Götter geschmückt wurde, wird nie mehr feststellbar sein: der Tempel wurde 586 v. Chr. von den Babyloniern total zerstört. Wieder aufgebaut, ließ ihn der römische Kaiser Titus Flavius im Jahre 70 n. Chr. neuerlich niederbrennen. Waren in Reliefs oder Steinskulpturen Götterbildnisse vorhanden, die vernichtet wurden? Für deren Vorhandensein spricht die Existenz tiermenschlicher Götterbilder in diesem engsten geographischen Raum: Die Babylonier kultivierten sie in hoher Vollendung. Wie in Chavín de Huantar.

Für Nephis Tempel fanden sich in Chavín de Huantar mehr Übereinstimmungen mit dem salomonischen Tempel zu Jerusalem, als der Zufallsmagen verdauen kann. Ich fand sie auf meiner Exkursion, die die Spur zum Tempel Hesekiels aufnehmen sollte.

Die Akte Hesekiel ist eine Akte für sich, ein Kriminalfall. Ein Fall für Heinrich Schliemann.

Schlagen wir die Akte auf!

# III
# Ein Fall für Heinrich Schliemann

DASS DIE DINGE GESCHEHEN, IST NICHTS. DASS SIE GEWUSST WERDEN, IST ALLES.

EGON FRIEDELL
1878–1938

Seine Sternstunde erlebte Heinrich Schliemann an einem Sommerabend des Jahres 1837, als ein betrunkener Mann in den Krämerladen seines Vaters in Neubukow kam und Homer-Verse bacchantisch psalmodierte. Der Trunkenbold hatte ein Gymnasium besucht, eine Vergangenheit, der er sich im Alkoholnebel erinnerte. Der fünfzehnjährige Lehrling Heinrich Schliemann begriff kein Wort von den Homerschen Gesängen aus der Ilias und der Odyssee, doch die »Musik« der Sprache zog ihn in Bann. Er wollte diese Sprache lernen.

Vor das Ziel setzten die Götter Hindernisse. Hätte sich der junge Bursche nicht beim Transport schwerer Lasten verletzt und wäre dadurch berufsuntauglich geworden, wäre ihm vermutlich das langweilige Leben seines Vaters in dem kleinen mecklenburgischen Städtchen bestimmt gewesen. Heinrich heuerte als Schiffsjunge, damals Traum aller abenteuerlustigen Halbwüchsigen, auf einem Frachter an. Das Schiff havarierte, der Jungmatrose wurde gerettet und strandete, bar jedes Dukaten, in Amsterdam. In einem Handelshaus bot sich ein Gelegenheitsjob an. Heinrich machte Karriere. In jeder freien Stunde büffelte er Sprachen. Holländisch, Französisch, Englisch, Italienisch, Spanisch und Portugiesisch beherrschte er so perfekt wie Russisch, Fähigkeiten, deretwegen ihm immer wichtigere Positionen, besonders im Rußlandgeschäft, anvertraut wurden.

Während des Krimkrieges, den Frankreich, England und die Türkei von 1853 bis 1856 gegen Rußland führten, nahm Schliemann zunächst die Interessen des Amsterdamer Hauses in St. Petersburg wahr, gründete aber bald sein eigenes Großhandelshaus und erwarb sich ein stattliches Vermögen. Er bereiste Europa und den Orient, bis 1868 seine Stunde schlug: Er ließ sich in Athen nieder und lernte Altgriechisch. Nach fünf Monaten las er Homer im Urtext, nach kaum zwei Jahren konnte er die Werke des Schöpfers der Ilias und der Odyssee auswendig.

Homer im Kopf, Geld auf der Bank beschloß Schliemann, die bis ins zweite Jahrtausend v.Chr. zurückreichenden Überlieferungen beim Wort zu nehmen – nicht als Phantasieprodukte eines großen Dichters. Als er 1869 seine Ansicht publizierte, schüttelten sich die Archäologen vor Lachen. Es sollte ihnen vergehen wie das Naserümpfen über den Laien, der besser Kaufmann geblieben wäre, statt ohne akademisch-archäologische Weihen die Hirngespinste eines Narren auch noch zu veröffentlichen.

Von 1870–1872 ließ Schliemann in Hissarlik in Kleinasien graben, das er für das von Homer beschriebene Troja hielt. Mit ungeheuren Funden bewies er den Archäologen, wie wörtlich Überlieferungen zu nehmen sind: Neun übereinandergebaute Siedlungsebenen fand Schliemann, das alte Homersche Troja, dessen Burg 2200 v.Chr. einem Brand anheimfiel. Schätze aus Gold und Silber wurden gefunden. Tongeschirre bewiesen, daß es einst schon Töpferscheiben gegeben hatte. Auf der sechsten Siedlungsschicht begegnete man der Mittleren Bronzezeit (etwa 1800 v.Chr.): Auf 200 Meter Durchmesser standen Mauern und Türme aus Quadern, die Innenräume ruhten auf ringförmig angelegten Terrassen. Mykenische Keramiken erwiesen sich als Importe, wie Homer es beschrieb.

In der zweiten Schicht legte man Ruinen der prächtigen Burg des Priamos und Hektor frei, die von Agamemnon zerstört wurde, wie Homer es festhielt.

Der Amateur Schliemann gab das Signal für eine neue Sicht der Altertumsforschung: Überzeugt, daß Homers Dichtung in allen Einzelheiten geschichtliche Quellen der Überlieferung enthielten, entdeckte er die vorhomerische Welt des zweiten Jahrtausends v.Chr. Schliemann allein ist es zu verdanken, daß die frühgeschichtliche Forschung in den Mittelmeerländern ihr Startsignal erhielt. Die Goldschätze von Troja und der Königsgräber von Mykene, den über 4000 Jahre alten Goldschatz des Königs Priamos schenkte er dem Museum für Vor- und Frühgeschichte in Berlin.

Die Fachgelehrten verschanzten sich hinter der arglistigen Bezeichnung von der »Wissenschaft des Spatens« und behaupteten frech und frei, Schliemann habe Glück gehabt. Glück gehabt? Ein Mann nahm die alten Überlieferungen beim Wort und wurde einer der größten Forscher aller Zeiten.

Am 4. Januar 1891 wurde Heinrich Schliemann, inzwischen mit höchsten akademischen Würden geehrt, in Athen beigesetzt.

Gäbe es heute einen Heinrich Schliemann, ich würde ihm einen Tip geben.

## Im Streß

Bei einem Problem gerate ich vor jedem Buch in Streß. Als ich mir meiner Situation – während ich dies schreibe – klar wurde, dachte ich: was ist eigentlich dieser Streß, den wir tagtäglich im Munde führen?

Aus meiner Bibliothek griff ich mir das Buch von Hans Selye: »Streß beherrscht unser Leben« und erfuhr von dem Mann, der den Streß entdeckte und taufte, daß diese Zeiterscheinung im eigentlichen Sinne keine Krankheit ist, sondern der Anpassungsmechanismus des Körpers an Umstände, unter denen wir existieren. »Streß muß keineswegs immer schädlich sein; er ist zugleich die Würze des Lebens, denn jede Gemütsbewegung und jedes Tätigsein verursacht Streß. Der gleiche Streß, der den einen Menschen krank macht, kann für einen anderen eine belebende Auseinandersetzung sein!« Demnach gehöre ich fraglos zu »den anderen Menschen.«

Hans Selye, der »Vater des Streß«, schrieb in einer Leseanleitung, daß er sein Buch für Ärzte *und* für Laien schriebe, er also gezwungen sei, Passagen einzubauen, die der Laie nicht verstehen könne wie er dem Mediziner Erklärungen zumuten müsse, die ihm Binsenwahrheiten seien. Er zöge sich damit aus der Affäre, daß er jedem Kapitel Kurzfassungen voranstelle, die der Fachmann überschlagen könne, dem Laien aber bliebe die ganze Abhandlung verständlich.

Was für Hans Selye – 1907 in Wien geboren, seit 1934 Professor für Endrikonologie in Montreal, Kanada – das Problem darstellte, für Ärzte und Laien *ein* Buch zu schreiben, stellt sich mir als immerwährende Schwierigkeit dar, für Leser, die meine Bücher kennen, keine Wiederholungen zu bringen und für neue Leser verständlich zu sein. Die heute Zwanzigjährigen waren fünf Jahre alt, als mein erstes Buch herauskam. Von Selye getröstet und belehrt, markiere ich einige Seiten mit Linien am Rande: meine alten Leser können sie überschlagen, sie kennen die Texte über den Propheten Hesekiel (Ezechiel) aus meinen Büchern ERINNERUNGEN AN DIE ZUKUNFT (1968) und MEINE WELT IN BILDERN (1973).

Neue Leser würden ohne diese Zitate nicht ahnen, was für eine Zeitbombe in den neuen Ermittlungen zum Hesekiel-Krimi tickt.

## Prophet Hesekiel beschrieb ein Raumschiff

Hesekiel (Ezechiel) war ein Prophet des Alten Testaments. Die folgende Schilderung hat ein Ereignis zum Gegenstand, das um 592 v. Chr. stattgefunden haben soll.

*»Es begab sich im dreißigsten Jahre am fünften Tage des vierten Monats, als ich am Flusse Chebar unter den Verbannten war,* da tat sich der Himmel auf . . .

*Ich sah, wie ein Sturmwind daherkam von Norden und eine große Wolke, umgeben von* strahlendem Glanz und einem unaufhörlichen Feuer, aus dessen Mitte es blinkte wie Glanzerz. Und mitten darin erschienen Gestalten wie von vier lebenden Wesen; die waren anzusehen wie Menschengestalten. Und ein jedes hatte vier Gesichter und ein jedes vier Flügel. Ihre Beine waren gerade, und ihre Fußsohle wie die Fußsohle eines Kalbes, und sie funkelten wie blankes Erz . . . und zwischen den lebenden Wesen war es anzusehen, wie wenn feurige Kohlen brannten; es war anzusehen, als würden Fackeln zwischen den lebenden Wesen hin- und herfahren und das Feuer hatte einen strahlenden Glanz und aus dem Feuer fuhren Blitze . . .

*Weiter sah ich neben den vier lebenden Wesen* ein Rad auf dem Boden. Das Aussehen der Räder war wie der Schimmer eines Chrysoliths, und die vier Räder waren alle von gleicher Gestalt, und sie waren so gearbeitet, als wäre je ein Rad mitten im andern Rad. Sie konnten nach allen vier Seiten gehen, ohne sich im Gehen zu wenden.

Und ich sah, daß sie Felgen hatten, und ihre Felgen waren voll Augen ringsum an allen vier Rädern. Wenn die lebenden Wesen gingen, so gingen auch die Räder neben ihnen, und wenn sich die lebenden Wesen vom Boden erhoben, so erhoben sich auch die Räder . . . Und wenn sie gingen, hörte ich ihre Flügel rauschen gleich dem Rauschen großer Wasser, gleich der Stimme des Allmächtigen, und ein Getöse wie das eines Heerlagers. Wenn sie aber stillstanden, senkten sie ihre Flügel. Und siehe, über der festen Platte, die über ihrem Haupte lag, war es anzusehen wie Saphirstein mit etwas wie einem Thron darauf,; und auf dem, was wie ein Thron aussah, war eine Gestalt wie ein Mensch anzusehen, oben darauf ... *Hesekiel, Kapitel 1, Vers 1ff.*

Da hob mich der Geist empor, und ich hörte hinter mir ein gewaltiges Getöse, als sich die Herrlichkeit des Herrn von ihrer Stelle erhob, das Rauschen der Flügel der lebenden Wesen, die einander berührten, und das Rasseln der Räder zugleich mit ihnen, was ein gewaltiges Getöse ...

*Hesekiel, Kapitel 3, Vers 12*

Und ich schaute hin, da sah ich vier Räder neben den Cheruben, je ein Rad neben jedem Cherub; und das Aussehen der Räder war wie der Schimmer eines Chrysoliths. Dem Aussehen nach waren sie alle vier von derselben Gestalt, als wäre je ein Rad mitten im andern. Wenn sie gingen, konnten sie nach allen vier Seiten gehen, ohne sich im Gehen zu wenden*, denn in der Richtung, nach der sich der Vorderste wandte, gingen sie ihm nach, ohne sich im Gehen zu wenden.* Ihr ganzer Leib, ihr Rücken, ihre Hände und ihre Flügel, auch die Räder waren alle ringsum voll Augen ... *Wenn die Cherube gingen, so gingen auch die Räder neben ihnen, und* wenn die Cherube ihre Flügel schwangen, um sich vom Boden zu erheben, so wichen auch die Räder nicht von ihrer Seite. Wenn jene stillstanden, so standen auch sie stille, und wenn jene sich erhoben, so erhoben sie sich mit ihnen ...«

*Hesekiel, Kapitel 10, Vers 9ff.*

Vom Blatt las ich diesen Text nach einem Vortrag in einer außerordentlich heftigen Diskussion vor und sagte, er stamme aus der Bibel. Ein empörter Gegner rief mir zu: »Unverschämt, das zu behaupten!« Aus meiner Aktentasche holte ich »Die Heilige Schrift des Alten und des Neuen Testaments«, Stuttgart 1972, die sogenannte Zürcher Bibel. Feineres gibt es nicht. Ich reichte sie dem empörten Gast, und der verstummte. Der Zürcher Bibel entstammen auch die vorstehenden Zitate.

Als ich erstmals auf die Texte stieß, war ich genau so verblüfft, dachte mir aber gleich, daß sie zu technisch anmuten, als daß man sie allein der theologischen Interpretation überlassen dürfte.

Frech behauptete ich, Hesekiel – oder wer immer die erste, älteste Version formulierte – habe ein mechanisches Gebilde gesehen und beschrieben, das plötzlich aus den Wolken kam und ihn begreiflicherweise stark beeindruckte. Wortmächtig, konnte er nur stammeln. Noch nie hatte er eine Maschine gesehen, konnte also Räder und Flügel in ihrer Funktion nicht begreifen – für ihn waren sie Glieder eines »lebenden Wesens«, weil sie sich bewegten. Selbstverständlich senkten sich die »vier Flügel« – Flügelblätter –, als der Hubschrauber landete, das bedingen seit eh und je die Gesetze der Schwerkraft. Räder und Felgen bestaunte der Augenzeuge und wunderte sich, daß sie sich zusammen mit dem »lebenden Wesen« vom Boden erhoben. Das haben Helikopter so an sich, daß sie das Fahrgestell beim Flug mitnehmen.

Lokalreporter Hesekiel vernahm einen niegehörten Krach. Um vorstellbar zu machen, wie lärmvoll es zuging, fällt ihm nur ein, das »Getöse eines Heerlagers« und das »Rauschen vieler Wasser« beizuziehen. Darunter konnten sich die Leute etwas vorstellen. Genau hat er hingeschaut, sogar den Piloten sah er auf »etwas wie einem Thron« sitzen.

Nun, der modernen technischen Textübertragung mangelt es nicht an handfesten Vergleichen. Mir war klar, daß Hesekiel keine Vision hatte, vielmehr eine technische Realität beschrieb. Ich bezog für meine Kühnheit arge Kritikerprügel, ich konnte meine Behauptungen nicht beweisen und »Kritiker sind blutrünstige Leute, die es nicht bis zum Henker gebracht haben« (Bernard Shaw). Beweisen konnte es ein Toptechniker, der auszog, meine Vermutungen als puren Unsinn zu entlarven.

## Ein Ingenieur als Bibel-Exeget

Es war ein Novum in der mehrtausendjährigen Geschichte der Bibelexegese, daß sich ein Ingenieur kritisch mit den Texten auseinandersetzte. Josef F. Blumrich heißt der Ingenieur, ehemaliger Leiter der Gruppe für Konstruktionsforschung bei der NASA in Huntsville, Alabama, Inhaber zahlreicher Patente für den Bau von Großraketen, Träger der *Exceptional-Service-Medaille* der NASA. In seinem Buch »Da tat sich der Himmel auf« (1) lieferte er den ingenieurmäßigen Beweis für die ehemalige Existenz des Raumschiffs des Propheten Hesekiel. Im Vorwort schreibt Blumrich, eigentlich habe er die »Unhaltbarkeit« meiner Behauptungen beweisen wollen, doch: »Kaum jemals war eine absolute Niederlage so reich belohnt, so faszinierend und erfreulich.« Die Resultate von Blumrichs technischen Untersuchungen:

*»Man kann das allgemeine Aussehen der von Ezechiel beschriebenen Raumschiffe aus seinem Bericht herauslesen. Man kann dann, und zwar als Ingenieur, völlig unabhängig vom Bericht, ein Fluggerät solcher Charakteristik nachrechnen und rekonstruieren. Wenn man dann feststellt, daß das Resultat nicht nur technisch möglich ist, sondern sogar in jeder Hinsicht sehr sinnvoll und wohldurchdacht, und ferner im Ezechiel-Bericht Details und Vorgänge beschrieben findet, die sich mit dem technischen Ergebnis ohne Widerspruch decken, dann kann man nicht mehr nur von Indizien sprechen. Ich habe gefunden, daß Ezechiels Raumschiff sehr glaubhafte Dimensionen hat:*

| | | |
|---|---|---|
| *Spezifischer Impuls* | $I_{sp}$ | *= 2 080 sec* |
| *Konstruktionsgewicht* | $W_0$ | *= 63 300 kg* |
| *Treibstoff für den Rückflug* | $W_9$ | *= 36 700 kg* |
| *Rotordurchmesser* | $D_r$ | *= 18 m* |
| *Rotorantriebsleistung (total)* | $N$ | *= 70 000 PS* |
| *Durchmesser des Hauptkörpers* | $D$ | *= 18 m* |

*Die gewonnenen Ergebnisse zeigen uns ein Raumfahrzeug,*

*das nicht nur technisch ohne Frage möglich ist, es ist auch in seinen Funktionen und für seine Mission sehr sinnvoll angelegt. Wir sind überrascht, einen Stand der Technik vorzufinden, der in keiner Weise phantastisch ist, vielmehr selbst im extremsten Fall schon beinahe im Bereich unserer heutigen Möglichkeiten liegt, also unserer Zeit nur um ein Geringes voraus ist. Außerdem zeigen die Ergebnisse ein Raumschiff, das in Verbindung mit einem Mutterraumschiff benutzt wurde, welches sich in einer Umlaufbahn um die Erde befand. Phantastisch bleibt nur, daß ein solches Raumschiff bereits vor mehr als 2500 Jahren greifbare Wirklichkeit war.«*

Großartiges Nebenprodukt der Blumrichschen Forschungen war ein nach den Beschreibungen Hesekiels konstruiertes, nach allen Richtungen drehbares Rad, für das der Ingenieur am 5. Februar 1974 das UNITED STATES PATENT No. 3.789.947 bekam, auch eine späte Anerkennung für den exakten Reporter Hesekiel.

So falsch wie es meine Kritiker gern hätten, lag ich mit meiner tollkühnen technischen Interpretation also nicht.

## Evergreen Hesekiel!

Meine erste Beschäftigung mit Hesekiel-Texten liegt nun über 15 Jahre zurück. Der alte Herr ließ mir keine Ruhe. Schließlich besteht sein Buch nicht nur aus den vier Kapiteln, die mich zu meinen Raumschiff-Spekulationen animierten; es umfaßt 48 Kapitel – randvoll mit Sprüchen, Drohungen, Geboten, Prophezeiungen und genauen Berichten. Sie stecken voller Merkwürdigkeiten.

Im Laufe der Jahrhunderte mußte das Buch Hesekiel zahllose Interpretationen ertragen. In einer 1981 erschienenen Arbeit (2) werden 270 Abhandlungen über den Propheten bibliographiert, zitiert und verarbeitet. 272 Gelehrtenköpfe widmeten Jahre ihres Lebens den alten Texten. Wenn bei den oft rabulistischen Exegesen auch wenig Neues herauskam –

alle tragen theologische Scheuklappen –, beweisen sie immerhin das bis heute wache Interesse an Hesekiel. Kein Wunder, weil in den Texten eine Zeitbombe tickt, die zu Spuren führen soll, die der »Herr« absichtsvoll legte. Geheimnisse haben eine unerhörte Anziehungskraft.

Brandneu sind meine Recherchen auf ein Bauwerk hin, die einem Heinrich Schliemann unserer Tage Grabungstips vermitteln könnten, die ebenso präzise sind wie sich die Homersche Dichtung einst als Wegweiser zu Troja erwiesen hat.

## Menschensohn, öffne Augen und Ohren

Die Fundgrube decke ich mit dem Hesekiel-Kapitel 40 auf und schließe sie mit dem 48sten Kapitel. Ich nehme mir die Freiheit, nur die für meine Betrachtung wichtigen Passagen zu exzerpieren wie ich darin die für die Verfolgung der Story bedeutsamen Stellen im Druck hervorhebe. Dieses Verfahren ist nicht unredlich: jedermann hat eine Bibel zur Hand und kann den ungekürzten Text zu Rate ziehen. Ich kenne hochwissenschaftliche Bücher, die Zitate benutzen, deren Quellen dem Leser nicht zugänglich sind.
Hesekiel berichtet:

*Im fünfundzwanzigsten Jahr unserer Verbannung, am Anfang des Jahres, am zehnten Tag des Monats, im vierzehnten Jahr nach der Einnahme der Stadt, kam die Hand des Herrn über mich, und er führte mich in Gottesgesichten in das Land Israels und ließ mich nieder auf einem* sehr hohen Berg; *auf dem stand mir gegenüber etwas* wie der Bau einer Stadt.

*Dorthin führte er mich. Und siehe, da war ein* Mann, der war anzusehen wie Erz, *und er hatte eine leinene Schnur in der Hand und eine Meßrute; und er stand am Tor. Und der Mann sprach zu mir:* Menschensohn, *schaue mit deinen Augen und höre mit deinen Ohren, und achte auf alles, was ich dir zeigen werde;* denn dazu bist du hierher gebracht worden, daß man es dir zeige . . .

*Und siehe, es war eine Mauer außerhalb um das ganze Gebäude herum; die Meßrute aber, die der Mann in der Hand hatte, war sechs Ellen lang, die Elle eine Handbreite länger als die Elle gerechnet. Damit maß er die Mauer; die Breite betrug eine Rute, die Höhe auch eine Rute.*

*Danach trat er in den Torbau, dessen Front* gegen Osten *gerichtet war, in dem er auf seinen* sieben Stufen *emporstieg ... Danach maß er die Breite des Vorhofes von der inneren Front des unteren Tores bis zur äußeren Front des inneren Tores: Das waren hundert Ellen. Dann führte er mich* gegen Norden, *und siehe, da war am äußeren Vorhof ein Tor, dessen Front* gegen Norden *gerichtet war ... dann führte er mich gegen Süden und siehe, da war ein Tor* gegen Süden *gerichtet ... Dann führte er mich zu dem Tor, das* gegen Osten *gerichtet war, und er maß das Tor, und es hatte dieselben Maße ...*

*Und er maß den Vorhof: Der war ein Viereck von hundert Ellen Länge und hundert Ellen Breite ... Dann maß er die Mauer des Hauses, die war sechs Ellen dick und die Breite des Seitenbaus rings um das Haus betrug vier Ellen, die Seitengemächer aber reihten sich eins ans andere, je dreißig in drei Stockwerken ...*

*Und rings um das Tempelhaus her war ein erhöhtes Pflaster sichtbar. Und er maß die Länge des Westbaus vor dem abgesperrten Platz, auf der Rückseite desselben, samt den Galerien zu beiden Seiten; sie betrug hundert Ellen ...*

*Inwendig waren* die Wände ringsum mit Holz verkleidet *und vom Boden bis an die Fenster, von den* Seitenwänden des Einganges *bis zum inneren Hause und auch* draußen waren an der ganzen Wand ringsum, innen und außen, Bildwerke angebracht*; Cherube und Palmbäume, je ein Palmbaum zwischen zwei Cheruben, und jeder* Cherub mit zwei Gesichtern ...

*Als er nun den inneren Bau ganz vermessen hatte, führte er mich hinaus durch das Tor, das nach Osten gerichtet war, und maß den ganzen Umfang. Er maß die Ostseite mit der Meßrute: 500 Ellen nach der Meßrute, dann wandte er sich nach Norden und maß die Nordseite: 500 Ellen nach der Meß-*

*rute ... Und ringsum ging eine Mauer, 500 Ellen lang und 500 Ellen breit, um das Heilige vom Nichtheiligen zu trennen ...*

*Dann führte er mich zum Tor, das nach Osten gerichtet war, und siehe, da kam die Herrlichkeit des Gottes Israel* von Osten her, *und es rauschte wie das* Rauschen großer Wasser, *und das Land* leuchtete *von seiner Herrlichkeit und die Erscheinung, die ich schaute, war wie die Erscheinung, die ich geschaut hatte, als er kam, die Stadt zu verderben, und der Anblick des* Wagens, *den ich sah, war* wie der Anblick, den ich am Flusse Chebar gehabt hatte ...

*Danach führte er mich wieder an den Eingang des Tempels, da sah ich Wasser unter der Schwelle des Hauses hervorquellen* nach Osten hin; die vordere Seite des Tempels war ja nach Osten gerichtet, *und das Wasser floß unterhalb der* südlichen Seitenwand *des Tempels hinab ...*

Da sprach er zu mir: Dieses Wasser fließt hinaus in den östlichen Landstrich, strömt dann hinab in die Städte und ergießt sich ins Meer, in die salzige Flut, und die Flut wird gesund. Und alle lebenden Wesen, alles, was dort wimmelt, wohin immer der Fluß kommt, das wird leben, und die Fische werden zahlreich sein ...

Und an diesem Fluß, auf seinen beiden Ufern, werden allerlei Bäume mit eßbaren Früchten wachsen; ihre Blätter werden nicht verwelken, und ihre Früchte werden nicht alle werden. Je in ihrem Monat werden sie frische Früchte bringen; denn ihr Wasser quillt aus dem Heiligtum hervor ...

## Was Spezialisten entgangen ist

Pauschal wird der erste Teil des Buches als »Gotteserscheinung« bezeichnet. Visionen von höchst eigenartigen »Wagen«, die leuchtend und funkensprühend herniederkamen, spielten in der mythologischen Literatur des alten Israel eine Rolle. Selbst Eva, Adams Frau, soll einen Himmelswagen (3) gesehen haben:

*»Da blickte Eva gegen Himmel und sah einen Lichtwagen kommen, gezogen von vier glänzenden Adlern, deren Herrlichkeit kein vom Mutterleibe Geborener auszusprechen noch ihr Antlitz anzusehen vermochte, und Engel gingen dem Wagen voran.«*

Die Himmelsfahrzeuge, die durch die Überlieferungen fliegen, passen in keinen Hangar! Prophet Henoch schildert »feurige Himmelswagen«, Elias verschwand in einem solchen Modell – »von feurigen Pferden gezogen« – gen Himmel. Da die Ausdeuter des Alten Testaments ihre Blicke stur auf israelitische Überlieferungen fixierten, entging ihnen, daß Himmelswagen – beispielsweise – auch durch die buddhistische Mythologie (4) brummen: Der »große Lehrer« Padmasambhava benutzte ein solches Gefährt. Auch Ardschuna, Held des indischen Epos Mahabharata (5), fährt frischfröhlich mit einem Himmelswagen ins Weltall.

Bei den Göttern aller Mythen, Religionen und Sekten in aller Welt: Warum darf es solche »Himmelswagen« nicht gegeben haben?! Warum drückt man sich um eine plausible Erklärung des Phänomens?

Drei Ansichten aus der Fachwelt mögen die wichtigsten Interpretationen abdecken: Der Theologe Professor J. Lindblom (6) sieht in den Vorkommnissen »halluzinatorische Erlebnisse« – sein Schweizer Kollege Othmar Keel (7) erkennt »Erscheinungen«, während Professor W. Beyerlin (8) sie als rituelle Teile des israelitischen Festkultes verstanden wissen möchte. Nur der Theologe Fritz Dummermuth (9) räumt ein, daß ». . . die in Frage stehenden Berichte sich bei genauem Hinsehen schlecht mit Naturerscheinungen meteorologischer oder vulkanischer Art zur Deckung bringen lassen«, und Dummermuth vermerkt in einem späteren Aufsatz in der »Zeitschrift der Theologischen Fakultät Basel« (10) sogar: »Es wäre an der Zeit, die Dinge unter einem neuen Sehwinkel anzugehen, soll die Bibelforschung hier weiterkommen.«

Bravo! Ein Schritt in die richtige Richtung wäre getan, wenn es zu einem internationalen Typenvergleich der Himmelskarossen käme, wenn sich Kenner des Alten Testaments zuvorderst mit Gelehrten für indische Mythologie um den beliebten runden Tisch versammeln würden, um ihre Dokumente darauf auszupacken.

Es ist witzlos, ein globales Auftreten von »Himmelswagen« auf ein spezifisch lokales Ereignis im israelitischen Raum zu reduzieren. Weil es nicht stimmt!

### Copyright-Fragen

In den vergangenen Jahrhunderten ließ man der Gestalt des Propheten verblüffende Wandlungen angedeihen: Aus dem Propheten, dessen Wort nicht anzutasten war, entstand der »Visionär«, über den »Träumer« und »Phantasten« wurde er zum »Kataleptiker«, ein Schizophrener mit Starrkrämpfen.

Man war und ist erfindungsreich und scheut keine Finte, um sich vor dem Unerklärbaren zu drücken.

Das Buch Hesekiel wurde seziert. Semantiker stellten fest, daß Stil und Wortwahl auf mehr als einen Autor schließen ließen. Kurzerhand wurde der Prophet zum »Pseudo-Hesekiel« (11) erklärt, dessen Buch erst um 200 v.Chr. aus verschiedenen anderen Texten kompiliert worden sei. Vor 100 Jahren schrieb der Theologe Rudolf Smend (1851–1913), Hesekiel-Forscher von Rang (12):

*»Daß die Schilderung auf einem visionären Erlebnis beruht und die Vision keineswegs nur Form der schriftstellerischen Darstellung ist, wird nicht bezweifelt werden dürfen.«*

Inzwischen ist die Mehrheit der Theologen der Ansicht, das Buch Hesekiel habe nicht den Propheten zum Autor, es sei vielmehr das Gemeinschaftswerk von Redakteuren, die ältere Texte – darunter möglicherweise solche vom Propheten selbst – mit weiteren, zeitgebundenen Zusätzen mixten.

Dieser Auffassung neige ich auch zu: »Hesekiel« ist kein

Original mehr. Ganz praktische Fragestellungen machen die Autorschaft unerheblich; es ist egal, ob Hesekiel Visionen widerfuhren oder ob das nach ihm benannte Buch aus alten und beigefügten Überlieferungen entstanden ist. Meine Fragen gehen an den Nerv des Berichts:

- Falls Hesekiel eine Vision hatte, was bezweckte sein Gott damit?
- Gab es die Vision nicht, welche Textteile sind als Beschreibungen von Realitäten, welche als Phantasie-Produkte zu werten?
- Stellen sich die Schilderungen als Phantasmagorien heraus, können wir sie unter Science-fiction ablegen ...
- Erweisen sich die Reportagen als Berichte von Wirklichkeiten, wo müßte dann der im Detail beschriebene Tempel zu finden sein?
- Die Frage erheischt Antwort, wie Hesekiel – oder Mister X – zu diesem Tempel hingelangte und wieder nach Jerusalem zurückkam.

Der Berichterstatter des Hesekiel-Buches schreibt in der Ich-Form: »... ich sah ... ich erlebte ... ich hörte ... ich wurde gebracht ...« – Seit eh und je bekundet die Ich-Form Augenzeugenschaft oder Bekennermut. Hat, wer auch immer hinter dem Ich stand, gelogen? Angegeben, um sich interessant zu machen?

Fakten belegen, daß die Hesekiel-Berichte ins 6. Jahrhundert v. Chr. zu datieren sind, ob sie dem Propheten (der zu dieser Zeit gelebt hat) oder seinen Schülern zugeschrieben werden. Es war die Zeit orthodox-strengen Glaubens. Kein Schreiber hätte es gewagt, den großen Gott als Kronzeugen herbeizurufen, keiner hätte es riskiert, dem großen Gott Worte in den Mund zu legen, die nicht der Wahrheit entsprachen:

*»Du sollst den Namen des Herrn, deines Gottes, nicht mißbrauchen; denn der Herr wird den nicht ungestraft lassen, der seinen Namen mißbraucht.«* 2. Buch Mose, Kapitel 20, Vers 7

Wenn aber im Namen Hesekiels Lügen aufgetischt werden, warum steht er dann als Prophet noch im Buch der Bücher? Auch wenn Hesekiel nicht der (Allein-)Autor gewesen ist, der Originalbericht wurde in der Ich-Form niedergeschrieben!

### Was ging im Kopf des Propheten vor?

Getreu dem Grundsatz: »Im Zweifelsfalle zugunsten des Angeklagten«, halte ich mich an Hesekiel als Schilderer von Realitäten.

Im Text sagte er, die Hand des Herrn habe ihn auf einem *sehr hohen Berg* niedergelassen. In Israel gibt es keinen sehr hohen Berg.

Interpretationen, Hesekiel habe den Salomo-Tempel zu Jerusalem beschrieben, können nicht stimmen, weil der Salomo-Tempel nicht auf einem *sehr hohen Berg* liegt. Es gibt auch in und bei Jerusalem keine Erhebung, die einem *sehr hohen Berg* nahekommt, es gibt nur einige Hügel. Zudem: Hesekiel wuchs in Jerusalem auf, er kannte die Hügel mit Namen. Hätte der Herr ihn auf einen der Hügel versetzt, hätte er bei der Genauigkeit seiner Buchführung gesagt, auf welchem Hügel er abgesetzt wurde.

Von dem *sehr hohen Berg* aus bemerkte Hesekiel *mir gegenüber etwas wie der Bau einer Stadt.* Wäre es Jerusalem gewesen, hätte er seine Vaterstadt erkannt und beim Namen genannt.

Es gibt keinen Zweifel: Jerusalem und sein Salomo-Tempel waren nicht gemeint.

*Und siehe, da war ein Mann, der war anzusehen wie Erz . . .* Daß Hesekiel die unbekannte Gestalt sofort als *Mann* identifiziert, muß er – da Geschlechtsmerkmale sich nicht anboten – dem Gesichtsausdruck entnommen haben oder aber dem Umstand, daß die damals noch nicht emanzipierten Frauen keine Befehle zu erteilen pflegten.

Dieser Mann war anzusehen *wie Erz.* Halten zu Gnaden, verehrte Exegeten, warum dämmert nicht der Gedanke, daß dieser Mann einen Raumfahrerdreß trug, der dem Berichterstatter wie eine Rüstung zu glitzern schien?

Als *Menschensohn* redete der Fremdling den Propheten an. Interessant, denn diese Anrede läßt den Rückschluß zu, daß der *Mann wie Erz* selbst kein Mensch war, dem auch der Name des Angesprochenen unbekannt war. *Menschensohn* bleibt die stereotype Anrede. Wenn ich auf dem Mars unter den kleinen grünen Männchen lande und sich eins davon vor mir in den Sand wirft, könnte ich auch nicht sagen: »Friedrich Müller, erhebe dich!« Ich müßte dem grünen Männchen zurufen: »Marswesen, erhebe dich!« Die unpersönliche Anrede *Menschensohn* scheint mir ein gutes Indiz dafür zu sein, daß es sich bei dem fremden Herrn keinesfalls um den zeitlosen, allmächtigen Gott gehandelt hat: Der hätte Hesekiels Namen gekannt.

Skeptiker können fragen, wieso Außerirdische – wie ich annehme – die Sprache Hesekiels beherrschten. Wie der Mensch zu jeder Zeit die fremden Sprachen frisch entdeckten Völker sehr bald lernte, mußten Extraterrestrier ihre Zielgruppen lediglich eine Weile observieren , um die unbekannten Idiome zu beherrschen.

## Die springenden Punkte

Jetzt wird es spannend!

Der *Mann wie Erz* fordert den Propheten auf, genau zu beobachten, was er nun sehen werde, *denn dazu bist du hierhergebracht worden, daß man es dir zeige.*

In diesem Satz steckt der Code für eine tolle Geschichte.

Vergessen wir die Mitwirkung von Außerirdischen, dann ließ der große, allmächtige Gott unseren Hesekiel auf den *hohen Berg* transportieren und vor seinen Augen einen *Mann wie Erz* mit der Meßrute den Tempel vermessen, damit Hesekiel sich die Maße einpräge. Die genauen Angaben beweisen, daß der Prophet den Auftrag sehr ernst genommen hat. Was war der Zweck der Belehrung?

Theologen sind der Auffassung, Gott habe Hesekiel eine Vision des Tempels vermittelt, damit er ihn in der Zukunft hätte bauen können. Aber: Der Hesekiel-Tempel wurde nie gebaut. Wenn Gott seinem Auserwählten ein Phantom vorgaukelte, kannte er die Zukunft nicht, war demnach nicht allwissend.

Der Haken steckt in diesem Faktum: In der Urform des Hesekiel-Textes existierte keine grammatikalische Zukunftsform! Das Hebräische war in der Schrift eine reine Konsonantensprache – ohne Vokale. Um die Textlektüre zu erleichtern, wurden Vokale durch kleine Punkte zwischen den Konsonanten angedeutet. Im Urtext gab es das *Imperfekt* (unabgeschlossene Vergangenheit) oder *Perfekt* (vollendete Gegenwart), doch das *Futurum* (Zukunftsform) existierte nicht. Die je nach dem Sinn des Textes in ein grammatikalisches Korsett gezwängten Aussagen lassen Theologiestudenten Klagelieder anstimmen: Aus dem *Perfectum consecutivum* (13), Aufeinanderfolge der Zeiten, wird – nach Bedarf – das *Futurum.* Genaugenommen, läßt sich Hesekiels Urtext in die Vergangenheit, die Gegenwart oder die Zukunft übersetzen – nach dem Motto: Wie hätten Sie's denn gern? Es war ein Tempel – es ist ein Tempel – es wird ein Tempel sein.

Da die Gelehrten an der Version einer Vision kleben, wird der von Hesekiel mit genauen Maßen zur Kenntnis genommene Tempelbau natürlich in die Zukunft projiziert. Das *Perfektum consecutivum* machts möglich.

Gehen wir davon aus, daß Hesekiel (oder Mister X) zu einem Tempel gebracht, der vor seinen aufmerksamen Augen vermessen wurde, dann bohrt die Frage: Welchen Sinn verfolgte die präzise Vermessung? Der Text selbst beantwortet diese Frage: Der Prophet sollte sich alles merken, weil er dazu hergebracht wurde.

In meiner Zürcher Bibel, aus der ich zu zitieren pflege, steht präzise:

*»Denn dazu bist du hierhergebracht worden.«*

In der Göttinger Übersetzung (14) lautet dieselbe Passage:

*»Denn um es dir zu zeigen, bin ich hergekommen.«*

Welten liegen zwischen diesen Übersetzungen!

»Dazu bist du hierhergebracht worden«, bedeutet, daß Hesekiel nach einer Reise am Tatort anlangte. »Um es dir zu zeigen, bin ich hergekommen« will sagen, daß der *Mann in Erz* den Propheten aufgesucht hat. Diese Übersetzung wurde wohl von dem Theologenwunsch nach einer Vision beflügelt. Im Kontext verliert sie aber das Ziel: Hesekiel wurde auf einen *hohen Berg* gebracht und entdeckte etwas *wie den Bau einer Stadt,* er ist also mit einer neuen Situation konfrontiert worden. Er empfing den Auftrag, sich genauestens Daten zu merken, die der *Mann in Erz* von Räumen und Mauern nahm.

Die wache Aufmerksamkeit, mit der Hesekiel die Daten registrierte, läßt die Annahme zu, daß er sie vor Ort notiert hat. Damit erreichte die *Hand des Herrn* durch den Sendboten, den *Mann in Erz,* das Klassenziel: Ein bis zu diesem Moment unbekannter Tempel ging in die Annalen der Überlieferung ein! Die Daten eines realen Tempelbaus – keines visionären Phantoms! – würden künftig die Intelligenzen über Jahrtausende beschäftigen.

Die Fremden, meine Außerirdischen – um endlich die Katze wieder aus dem Sack zu lassen – witterten, daß heilige Überlieferungen nie verlorengehen, daß sie – abgeschrieben, vervielfältigt oder gedruckt – Kriege und Naturkatastrophen überdauern würden. Sie wußten, daß sich an dem in die alten Texte eingefügten rätselhaften Ereignis Priester und Textdeuter die Zähne ausbeißen würden. Sie wußten, daß in irgendeiner Zukunft auch die feurigen, gen Himmel fahrenden Wagen *technisch* erklärt werden könnten, ohne den Glauben an Wunder strapazieren zu müssen.

Überzeugt, daß im Buch Hesekiel – gleich, ob vom Propheten selbst oder anderen Autoren – reale Maße eines realen Tempels festgeschrieben wurden, müßte sich dieses, schon seiner Größe wegen unübersehbare Bauwerk mindestens in Rudimenten heute noch finden lassen.

Auf geht's zur Schnitzeljagd!

## Lage und Grundriß

Die Front des bei Hesekiel beschriebenen Tempels ist *gegen Osten* ausgerichtet. Gemäß der untadeligen Zürcher Bibel vermißt der *Mann in Erz* zunächst eine Mauer, andere Übersetzungen sprechen pauschal von »Bau« oder »Bauwerk«.

Der *Mann in Erz* benutzt eine besondere Meßrute, die *sechs Ellen lang, die Elle eine Handbreit länger als die Elle gerechnet* wurde. Lustig. Durch eine visionäre Schau wäre doch – wenn schon – die handelsübliche Elle gegeistert. Nein, die wird bei der Vermessung nicht benutzt, es ist eine Spezialanfertigung. – Und so wird die Fachwelt (15) mit derart hochnotpeinlichen Ungereimtheiten fertig:

*»Bei einem ›geistlichen Bau‹ ist es von geringer Bedeutung, zu wissen, ob hier die ›gewöhnliche‹ babylonische Elle (458 Millimeter) oder die bei den Israeliten gebräuchlichere ›königliche‹ ägyptische Elle (525 Millimeter) gemeint ist . . . Die Schilderung soll nur versinnbildlichen, daß der heilige Ort sich von jedem anderen unterscheidet.«*

Richtig. Wenn schon Vision, dann ist egal, was für eine Meßrute verwendet wurde. Aber: Es war keine Vision.

Im Text ersteht ein viereckiger Bau, der nach der Windrose ausgerichtet ist. Der *Mann in Erz* vermißt einen viereckigen Vorhof mit *hundert Ellen Länge und hundert Ellen Breite.* Hesekiel beobachtet an den Wänden des Eingangs, *und auch draußen, an der ganzen Wand ringsum . . . innen und außen Bildwerke,* und zwar Cherube und Palmbäume und: *jeder Cherub mit zwei Gesichtern.* Ein Cherub (Cherubim) wird als halb tier-, halb menschengestaltiges, götterähnliches Mischwesen definiert. Stellten die doppelgesichtigen Wesen fliegende Götterboten dar? Fliegende Wesen wie jene Adler, die

Eva gesehen hat, als sie den Himmelswagen beschrieb? Handelte es sich um fliegende Jaguare, um mechanische Gebilde? Die Fragezeichen bleiben stehen, nur: Mit Fliegen haben Cherube immer zu tun.

Zur Gesamtanlage steht im Buch ein wichtiger Hinweis: An der *südlichen Seitenwand* des Tempels fließt ein Wasser, ein Fluß, *hinaus in den östlichen Landstrich* und ergießt sich ins *Meer.*

Für eine Vision bemerkenswert konkrete Angaben!

Ebenso präzise Angaben werden über die Struktur des Baukomplexes gegeben:

*Gegenüber den zwanzig Ellen, die zum inneren Vorhof gehören, und gegenüber dem Steinpflaster, das zum äußeren Vorhof gehörte, lief eine Galerie neben der anderen her in drei Stockwerken. Vor den Zellen war ein Gang, zehn Ellen breit und hundert Ellen lang, und ihre Türen lagen gen Norden zu. Die obersten Zellen aber waren, weil ihnen die Galerien Raum wegnahmen, im Vergleich mit den untersten und mittleren verkürzt.*

Die Göttinger Bibel spricht davon, daß *Felsvorsprünge* in die Stockwerke hineinragten, daß sich die Stockwerke *in drei Stufen* aufbauten und darum *im Vergleich zu den unteren und mittleren verkürzt* waren. Darum *war terrassiert bei den unteren und mittleren von der Erde an,* ja und *und quer zu dem Pflaster, das zum äußeren Vorhof gehört, war Böschung vor Böschung in drei Stufen.*

Dazu der lakonische Kommentar der Göttinger Bibel:

*»Die Vorstellung scheint zu sein, daß das ganze Gebäude mit Rücksicht auf das unebene Gelände in drei Abteilungen zerfiel, von denen jede ein Stück unterhalb der benachbarten von Boden aufstieg.«*

Dem gläubigsten unter allen gläubigen Theologen müßten doch Zweifel aufkommen, ob man stur auf einer Vision bestehen kann. Würde der allmächtige Gott das Wunschbild eines künftig in Israel zu bauenden Tempels nicht lediglich mit einem glanzvoll leuchtenden Bild signalisiert haben? Hätte er eine Vision vom Wunschbau mit der Angabe seiner Lage in den Himmelsrichtungen befrachtet? Wären in einer Erscheinung derart profane Angaben wie Maße der Räume und Gänge, wie der Lage des Baues an Böschungen im unebenen Gelände vermittelt worden wie ein Bach erwähnt, der gen Osten ins Meer abfließt? Die Theologen (16) selbst widersprechen der Unterstellung, Hesekiel könnte den Tempel zu Jerusalem beschrieben haben:

*»Aus der Schrift wissen wir nichts von einer solchen Tempelquelle. Denn die sanften Wasser von Siloah – Jesaja 8.6 – können schwerlich damit identifiziert werden; sie flossen auch in einer ganz anderen Richtung.«*

Dieses Baches aber hat sich Hesekiel besonders genau angenommen:

*Und alle lebenden Wesen, alles, was dort wimmelt, wohin immer der Fluß kommt, das wird leben, und die Fische werden sehr zahlreich sein ... Und an diesem Fluß, auf seinen beiden Ufern, werden allerlei Bäume mit eßbaren Früchten wachsen; ihre Blätter werden nicht verwelken, und ihre Früchte werden nicht alle werden. Je in ihrem Monat werden sie frische Früchte bringen ...*

Ab Jerusalem fließen weder Bach noch Fluß, an dessen Ufern es von »Leben wimmelt«. Phantastisch, was theologische Interpreten in heiligem Eifer aus dem Fluß gemacht haben. Da auch im Toten Meer buchstäblich alles tot ist, und beim besten Willen von Fischreichtum keine Rede sein kann, wurde der von Hesekiel beschriebene Fluß zur *Zukunftsvision!*

## Arge Tricks

Um dem Fluß – der in Jerusalem nicht existierte – wenigstens visionäres Leben einzuhauchen, bedienten sich Übersetzer und Exegeten zweier Tricks: Im Hesekiel-Text steht kein Sterbenswörtchen vom »Toten Meer« – also schmuggelte man es in die Übersetzung (16) ein:

*»Übrigens ist ›das Meer‹ gleich in der Übersetzung als ›das Tote‹ zu bezeichnen, da diese Beziehung wohl dem jüdischen, aber nicht dem deutschen Leser klar ist, und eine Übersetzung wenig Wert hat, wenn ihr Sinn erst durch eine Anmerkung erschlossen werden muß.«*

Kommt der zweite Trick!

Nachdem »das Meer« mit willkürlicher Textergänzung einen Namen bekam, wird es samt Fluß per Wunder zum ökologischen Zukunftsereignis manipuliert:

Erster Kommentar (14):

»Und nun sieht Ezechiel ein zweites Wunder: In der vorher offenbar kahlen Umgebung des Wasserlaufes stehen unzählige Bäume und verwandeln die unfruchtbare Wüstenlandschaft in ein in schmuckem Grün leuchtendes Gefilde ... bis hinunter in die Jordansenke strömt der Fluß in gleicher Kraft, um sich in die Salzwasser des Toten Meeres zu ergießen ... Diese Wunderwirkungen des vom Tempel herabströmenden Wassers lassen jeden Zweifel schwinden, aus welcher Erzählungsart unser Kapitel seine Bilder und Farben schöpft; es ist der Paradiesstrom, dessen Wasser die Gottesstadt erfreuen.«

Zweiter Kommentar (17):

»Es wäre ein verkehrtes Beginnen, an solchen Phantasien wissenschaftliche Kritik zu vergeuden. Man halte sich an die Idee einer Verklärung der Natur ...«

Dritter Kommentar (12):

»Hiernach ist die Erwartung Ezechiels, daß in Zukunft die Quelle des Tempels zu einem wasserreichen Strome werden, die öde Ostmark Juda bewässern und selbst das Tote Meer gesund machen werde, sehr verständlich. Wenn einmal der wahre Gottesdienst im Tempel statthat, dann muß die öde Umgebung des Tempels sich in einen Fruchtgarten verwandeln.«

Vierter Kommentar (18):
»...beschreibt den Strom lebendigen Wassers, der vom Heiligtum ausgehend das Land fruchtbar und das Tote Meer gesund macht.«

Fünfter Kommentar (16):
»Warum überhaupt bei solchen Visionen nach natürlichen Anknüpfungen von so zweifelhaftem Wert suchen? Für uns Christen jedenfalls, wenn wir nicht bloß nüchterne Textkritiker sind, hat dieser heilige Strom die Bedeutung einer von Gott eingegebenen Weissagung ... wir erkennen in ihm und der von ihm ausgehenden Wirkung ein liebliches Sinnbild der Segnungen des heiligen Geistes.«

Vision. Weissagung. Erleuchtung. – Im Sinne der Kommentare hat Hesekiel einen Fruchtgarten versprochen, der Judäa bewässern und das Tote Meer gesund machen würde. Nichts davon ist eingetreten. Israel wartet immer noch auf den Paradiesstrom mit den lieblichen Segnungen des heiligen Geistes.

Kritik ist, heißt es, nicht zu vergeuden, das Ganze als eine Verklärung der Natur hinzunehmen.

Hätte Schliemann in dieser Weise seinen Homer behandelt, wäre Troja vermutlich bis heute nicht entdeckt worden.

## Rekonstruktion der »Vision«

Zusammen mit seinem Mitarbeiter Charles Chipiez legte der Archäologe Georges Perrot (1832–1914) im Jahre 1889 eine zeichnerische Rekonstruktion des Tempels anhand des Hesekiel-Textes vor; die beiden Wissenschaftler entnahmen dem Buch der Könige zusätzliche Beschreibungen.

Die exakte Rekonstruktion stieß bei den Maßeinheiten auf Schwierigkeiten. Welche Elle hat der *Mann in Erz* verwendet? Die babylonische Elle mit 45,8 Zentimeter Länge oder die ägyptische mit 52,5 Zentimetern? Oder war die Elle auf andere Maße geeicht? Direktgenommen unerheblich, denn aus den Maßen wuchs allemal ein Riesenbau empor.

Perrot stolperte über eine Sache, die ihm bei gründlichem Nachdenken keine Überraschung hätte bieten müssen:

*»Wenn man den Ezechiel-Text genauer studiert, wird man feststellen, daß der Tempel selbst weniger ausführlich beschrieben wird als die Höfe und Vorhöfe, die ihn umgeben. Diese Außenbezirke sollten eigentlich für den Propheten nicht so wichtig sein wie das Heiligtum selbst. Auf den ersten Anhieb überrascht diese Disproportion, doch hat es sicherlich seinen Grund.«*

Die Autoren verfielen einer paradoxen Logik: Vermutlich, sagten sie, sei Hesekiel auf das Heiligtum nicht ausführlich eingegangen, weil es den Israeliten ohnehin bekannt gewesen wäre. – Umgekehrt wird ein Schuh daraus: Die Israeliten kamen in der Mehrzahl kaum über Vor- und Innenhöfe hinaus, kannten sie also besser als das Heiligtum, das nicht jedermann betreten durfte. Weshalb also beschrieb Hesekiel die Außenbezirke derart genau?

Auch der Theologe Rudolf Smend wagte im vorigen Jahrhundert eine zeichnerische Rekonstruktion (12) und wunderte sich, daß bei der Vermessung des Tempels »mit zwei Ausnahmen, die eigentlich keine sind (Ez. 40,5 und 41,8), nur Längen und Breiten berücksichtigt werden.«

Mich wundert diese Fehlanzeige nicht. Der *Mann in Erz* war sich darüber klar, daß in Jahrtausenden von der Höhe nicht mehr viel zeugen würde. Wichtig waren nur die Maße der Grundmauern, die das Erdreich schützte. Die Tatsache aber, daß Hesekiel keine Höhenmaße notierte, widerlegt zugleich den Theologenwunsch, der Prophet habe in Halluzinationen einen künftig zu errichtenden Bau beschrieben: Für einen futuristischen Bau wären die Höhenmaße unerläßlich gewesen. Könnten die Interpreten aus ihrem Schatten treten und akzeptieren, daß ein realer Bau mit seinen Maßen von Hesekiel festgehalten wurde, wären die Rätsel gelöst.

Versuche von Rekonstruktionen verhedderten sich immer wieder im Netz gläubiger Annahmen, der Salomo-Tempel zu Jerusalem wäre zwingendes Vorbild gewesen. Aus diesem Irrtum ergeben sich Unstimmigkeiten, die Rudolf Smend offen zugab:

*»Die übrigen Verse können unmöglich heißen ›in den Pfeilern der Tore‹, und übrigens wäre es sachlich ein Unding ... Auch wäre in diesem Fall der Ausdruck widersinnig, da Tür und Halle dann selbstverständlich zusammenfielen ... daß an allen Toren eine solche Kammer war, scheint deshalb von vornherein unmöglich, weil die Schlachttische (für die kultische Tötung lebender Tiere, EvD), von denen sie nicht getrennt werden kann, nur in einem und zwar im Osttor standen ... wenn dagegen die Brand-, Sünd- und Schuldopfer an der Nordseite des Altars geschlachtet werden sollten, so steht unsere Stelle damit eben in Widerspruch.«*

Bei der irrigen Ausgangsposition mußte freilich an »Hesekiel« emsig herumgefeilt werden, bis er sich ins Schema des salomonischen Tempels einfügte.

Wie Smend erstaunte sich auch der Theologe und Philosoph Otto Thenius (20) beim Versuch einer Rekonstruktion über die fehlenden Höhenangaben, bewunderte aber zugleich die nüchtern exakte Beschreibung:

*»Man beachte die völlig nüchterne, alles Schmuckes ermangelnde, die einzelnen Maße bis auf die Weite der Türen und Stärke der Mauern darbietende Beschreibung, und berücksichtige, daß nach dieser Beschreibung ein durch seine Verhältnisse*

*sich empfehlender Grundriß, und zwar eben nur ein Grundriß, gezeichnet werden kann. Auf die Frage nämlich, warum Ezechiel beim Tempelhause selbst keine einzige Höhenangabe darbiete, findet man bei Annahme eines Phantasiegebildes gar keine Antwort . . .«*

Eben drum! Es war ja kein Phantasiegebilde.

Auch der Theologe Eduard Reuss (1804–1891), führender Vertreter der historisch-kritischen Theologie, hatte Schwierigkeiten mit der Rekonstruktion:

*». . . Es bleiben unüberwindliche Schwierigkeiten in Betreff anderer Elemente . . . die 60 Ellen hohen Pfeiler sind uns verdächtig . . . um die 25 Ellen der ganzen Breite zu finden, muß man wohl zu den Maßen des Ganges und der Wachtstuben noch die Dicke seiner Hinterwand rechnen, die hier nicht erwähnt ist . . . was heißt das: Türe gegen Türe, oder: von einer Türe zur anderen? Sind Türen zu denken in der Hinterwand der Wachtstuben nach dem Hofe zu?«*

Zwei Dinge traf der Theologe Thenius auf den Punkt genau: Anhand des Hesekiel-Textes kann ein Grundriß gezeichnet werden und: Bei Annahme eines Phantasiegebildes findet die Frage nach den fehlenden Höhenangaben keine Antwort.

Insgesamt stehen die Rekonstruktionsversuche auf wackligen Füßen. Maße und Annahmen – beispielsweise an welchen Mauern Altare und Waschbecken gestanden haben sollen – wurden aus anderen biblischen Quellen dem salomonischen Tempel angepaßt.

Trotz einiger Widersprüche liefert »Hesekiel« recht brauchbare Daten, die eine Vorstellung von dem geben, was ihm auf dem *hohen Berg* gezeigt wurde.

## Meine Hypothesen

I. Den von Hesekiel beschriebenen Tempel hat es gegeben.
Hesekiels – und/oder seiner Mitautoren – Beschreibungen

resultieren nicht aus einer Vision. Es wurde kein architektonischer Plan für einen in der Zukunft zu errichtenden Tempel in einer Erscheinung projiziert.

In einer Vision wären reale Angaben über das Gelände, in dem der Tempel entstehen soll, widersinnig, tektonische Hinweise auf »Böschungen« oder »Felsen«, die in den futuristischen Tempel eindringen werden, absurd. Abwegig wäre ebenso die genaue Lokalisierung eines Baches »an der Südseite« gewesen. Ins Groteske scheint sich mir eine Vision zu steigern, die es riskiert, an diesen Bach oder Fluß auch noch unerhört trächtige Bäume mit üppigen Früchten zu pflanzen, Bäume mit Blättern, die nicht welken. Und das alles im Raume Jerusalem! – Übrigens stimmt es nicht, daß der Prophet selbst das alles registriert habe, der *Mann in Erz* wußte davon. Woher?

Daß im Bibeltext das Futurum bei der Beschreibung verwendet wurde – »...an beiden Ufern *werden* allerlei Bäume mit eßbaren Früchten wachsen; ihre Blätter *werden* nicht verwelken, und ihre Früchte *werden* nicht alle *werden*...« – stand im grammatikalischen Ermessen des Übersetzers. Er hätte genausogut formulieren können: »... an beiden Ufern *wachsen* allerlei Bäume ... ihre Blätter *verwelken* nicht ...«

Gegen die Annahme einer Vision spricht die Spezialelle, die der *Mann in Erz* benutzte. Hesekiel war Prediger und Prophet, kein Architekt. Aus seinem eigenen Bewußtsein oder Unterbewußtsein konnte er die präzisen Maßangaben nicht »schöpfen«, ihm wäre sogar die handwerkliche Technik des Maßnehmens fremd gewesen. Ohne den *Mann in Erz* hätte es die Tempelmaße nicht gegeben.

Die Ich-Form des Hesekiel-Berichts spricht für eine Augenzeugenschaft. Wer seine Aussagen als realen Report ablehnt, stempelt das ganze Buch zu einer phantastischen Lüge.

Wie wollen die beflissenen Exegeten dieses brisante Vakuum füllen?

Im Buch Hesekiel wird weder bei der allgemeinen Tempelbeschreibung noch bei der Abschilderung des Heiligtums die

Bundeslade erwähnt. Wäre der Salomo-Tempel zu Jerusalem Gegenstand des Berichts gewesen, wäre das wichtigste aller Heiligtümer, die Bundeslade, mit Sicherheit nicht vergessen worden.

II. Hesekiel beschrieb die Tempelanlage von Chavín de Huantar in den peruanischen Anden.

Bescheidener als jene, die alles genau zu wissen vorgeben – als ob sie anno 573 v.Chr. dabeigewesen wären, als der Prophet seine »Vision« gehabt haben soll –, summiere ich mehr als ein Dutzend »Zufälle« und überlasse dem kritischen Leser sein Urteil.

1. Zufall: Hesekiel wurde mit einem *Himmelswagen* auf einen *sehr hohen Berg* gebracht, der ihm unbekannt war. – Chavín de Huantar liegt auf einem solchen Berg, und es war Hesekiel bis zu seinem Eintreffen unbekannt.

2. Zufall: Hesekiel sah unter sich etwas wie den *Bau einer Stadt*. – Es gilt als archäologisch erwiesen, daß bei Chavín de Huantar einst eine ausgedehnte Stadtsiedlung gelegen hat.

3. Zufall: Hesekiel beschrieb einen Tempel, dessen Hauptfront samt dem Haupttor gegen Osten lag. – So in Chavín de Huantar.

4. Zufall: Hesekiels Gesamtanlage hatte einen dreistufigen Aufbau in drei übereinanderliegenden Terrassen – wie in Chavín de Huantar.

5. Zufall: Im Hesekiel-Bericht war der äußere Vorhof durch drei Tore – nach Norden, Süden, Osten – ausgerichtet, zu erreichen. Wie in Chavín de Huantar. Nach Westen liegt nämlich der Block des »Castillo«.

6. Zufall: Der vom *Mann in Erz* vermessene »innere Hof« ergab ein Quadrat mit Seitenlängen von rund 50 Metern. – Meine israelischen Freunde und ich vermaßen in Chavín de Huantar 49,70 Meter.

7\. Zufall: Vom »inneren Hof« des Hesekiel-Reports führten vier Treppen in die vier Himmelsrichtungen. – Genauso wie in Chavín de Huantar.

8\. Zufall: Der *Mann in Erz* maß die Höhe der Pfeiler zwischen den Tornischen mit fünf Ellen. Das ergäbe nach der babylonischen Elle 2,29 Meter Höhe, nach der ägyptischen 2,62 Meter. – Meine israelischen Freunde und ich lasen 2,30 Meter vom Meßband ab.

9\. Zufall: Hesekiel sah ringsum an den Innen- und Außenwänden Bildwerke, vornehmlich Cheruben. – Wie in Chavín de Huantar.

10\. Zufall: Laut Hesekiel floß eine Quelle an der Südwand des Tempels. – Im heutigen Chavín de Huantar fließt das Bächlein von Süden her, tangiert die Anlage aber an der Südostecke.

11\. Zufall: Das »Wasser« des Hesekiel-Berichts mauserte sich zum Fluß, der in die östlichen Landstriche eilte. – Tatsächlich fließt in Chavín de Huantar die kleine Mosna zuerst östlich bis zum Ort Huycaybamba, wo sie sich in den Rio Marañon ergießt. Der Marañon fließt anfänglich in nördlicher Richtung, *wendet sich dann aber über mehrere tausend Kilometer kompaßgenau in östliche Richtung ins Becken des Amazonas, der in den Atlantischen Ozean mündet, ins Meer.*

12\. Zufall: Der *Mann in Erz* schilderte dem Propheten: Das Gebiet, in das der Fluß gelange, wimmle von Leben, im Wasser seien Fische jeder Menge. – Diese Beschreibung trifft in vorzüglicher Weise auf den Rio Marañon und den Amazonas mit dem größten Stromgebiet der Erde zu.

13\. Zufall: Der *Mann in Erz* rühmte gegenüber Hesekiel die außerordentliche Fruchtbarkeit dieser Landstriche mit immergrünen Bäumen und Früchten. – Treffender ließe sich die reiche Vegetation an den Ufern des Marañon und des Amazonas nicht beschreiben.

14. Zufall: In Chavín de Huantar spielte die heilige Zahl »7« eine gleich große Rolle wie bei den Israeliten.

15. Zufall: Hesekiel zeichnete seine Erlebnisse zwischen 592 und 570 v. Chr. auf. – Chavín de Huantar wurde zwischen 800 und 500 v. Chr. erbaut! – Die schon erwähnten Spielräume bei archäologischen Datierungen vorausgesetzt, würde eine Karenz von 200 Jahren immer noch eine zeitliche Übereinstimmung zulassen, auch wenn der Originaltext 200 Jahre älter wäre, als derzeit angenommen wird.

16. Zufall: Der *Mann in Erz* sagte Hesekiel, sein Volk habe ihm hier *einen neuen Tempel* erbaut. Chavín de Huantar entstand aus dem Stand. Ohne Vorläufer.

Weit weniger »Zufälle« animierten Heinrich Schliemann, in Hissarlik graben zu lassen.

## Was es in Chavín de Huantar nicht gibt

Um korrekt zu sein, erwähne ich auch jene Hesekiel-Angaben, die sich mit Gegebenheiten in Chavín de Huantar nicht zur Deckung bringen lassen. So ist bei Hesekiel die Gesamtanlage des Tempelbezirks quadratisch. Vielleicht war auch Chavín de Huantar von quadratischer Grundform, nur müßte man dann wissen, wo die östliche Begrenzung einst gelegen hat, sie ist heute nicht mehr erkennbar. – Hesekiels Heiligtum stellte ein Quadrat mit Seitenlängen von 50 Metern dar. Diese Maße harmonieren nicht mit dem »Castillo«. Seine Maße betragen 70 × 72,90 Meter, ergeben also nur *fast* ein Quadrat. Die Crux ist, daß man nicht weiß, ob spätere Redakteure die Maße des Hesekiel-Berichts korrigiert haben ... um den salomonischen Tempel über die »Vision« stülpen zu können. Auf solche Möglichkeiten weist auch Professor Walther Eichrodt (14) hin: »Daß es aber auch hier (bei den Messungen, EvD) nicht ohne Änderung von fremder Hand abgegangen ist, darauf könnten einige stilistische Eigenheiten hinweisen ...«

Freilich ist von den bei Hesekiel erwähnten Holztäfelungen in Chavín de Huantar nichts mehr feststellbar. Binnen mindestens 2500 Jahren bleibt von Holz – auch ohne Brand – nichts mehr übrig. Auch von Palmen auf Bildwerken konnte ich nichts entdecken, es sei denn, man wollte in einigen Stilisierungen diese tropischen Gewächse erkennen. Meines Erachtens können – außer Cheruben – im Urtext auch tiermenschliche Darstellungen erwähnt worden sein, wie es sie in Chavín de Huantar gibt. Die fielen dann den Bearbeitern

Die Sonderhalle des Israelischen Museums in Jerusalem hütet einige der berühmten Schriftrollen vom Toten Meer. Der Architekt hat sie in der Form eines UFO's konzipiert. Erinnerungen an die Zukunft?

und Zensoren zum Opfer, denen solche Bildelemente nicht zeitgemäß erschienen. Unbegreifliches wurde weggelassen. Kein Wunder, daß das Buch Hesekiel abrupt endet.

Um Hesekiel wabern immer noch Merkwürdigkeiten. Vor einigen Jahren kam eine Pressemeldung auf meinen Schreibtisch: In den Höhlen von Qumran am Toten Meer wären auch Ergänzungen zum Hesekiel-Text aufgetaucht. Ich schrieb alle Adressen, die in Frage kamen, an, um an die Funde heranzukommen. Erfolglos. Selbst der Gutmeinende muß auf den Gedanken kommen, es könnten in den Texten Mitteilungen stehen, die man der Öffentlichkeit nicht zumuten will. – Einige der berühmten Schriftrollen vom Toten Meer werden in einer Sonderhalle des israelischen Museums in Jerusalem gehütet. Ich weiß nicht, weshalb der Architekt diesen *Shrine of the Book* in UFO-Form konzipierte. Vielleicht dachte er ähnlich wie ich: Erinnerungen an die Zukunft.

## Vom Orient nach Südamerika

Mir ist bewußt, daß ich trotz der grotesken Häufung von »Zufällen« keinen BEWEIS für die Richtigkeit meiner Hypothesen erbracht habe. Irgendwo auf der Welt mag es andere Tempel geben, auf die Hesekiels Beschreibung noch besser paßt als auf die Bauten in Chavín de Huantar. Mindestens hoffe ich, dazu beigetragen zu haben, Wagen- und Tempelvisionen realistischer unter die kritische Lupe zu nehmen.

Der *Mann in Erz* hatte triftige Gründe, Hesekiel nach Südamerika zu fliegen.

Irgendwann zwischen 1000 und 500 v. Chr. tauchten die Außerirdischen wieder auf. Sie lockten eine Gruppe Israeliten – die Nephiten des Buches Mormon – nach Südamerika. Sie instruierten die Auswanderer, gaben ihnen den Kompaß, beschützten sie.

Diese Gruppe wurde in Südamerika angehalten, einen Tempel nach dem Muster des Salomo-Tempels zu bauen. Unter »göttlicher« Regie gingen die Nephiten mit ihren Helfern ans Werk. Nach Fertigstellung flog einer der »Götter«, der *Mann in Erz*, mit einem Zubringerschiff nach Babylonien, landete am Fluß Chebar, dort, wo Hesekiel mit anderen Israeliten in Gefangenschaft war. Bis auf Hesekiel, den Propheten, stoben alle davon. Der *Mann in Erz* erkannte am Verhalten Hesekiels den geistigen Führer der Gruppe. Er flog mit ihm nach Chavín de Huantar und zeigte ihm den soeben von den Nephiten vollendeten Tempel.

Wozu das alles?

Um Spuren in die Zukunft zu legen! *Die Adressaten sind wir.* Die Extraterrestrier bezweckten, daß Hesekiels Nachfahren – irgendwann in der Zukunft – Zusammenhänge entdekken und erkennen würden. In die Vergangenheit deponierten sie eine Zeitbombe für die Zukunft.

Wenn in babylonischen Zeiten Außerirdische auf der Erde gewesen wären, müßten sie auch in der Literatur und Kunst dieses Raumes Spuren ihrer Anwesenheit hinterlassen haben, höre ich unken. *Aber das haben sie ja!* Wir machen den Fehler, diese Überlieferungen nicht beim Wort zu nehmen, die Bildwerke nicht durch moderne Brillen technisch zu interpretieren.

Eine lange Nacht mit mir freundschaftlich verbundenen Archäologen in meinem Hause bleibt mir unvergeßlich.

Weil mir oft im Umfeld der Archäologie nicht geheuer ist, stellte ich ketzerische Fragen. Was man mit Funden anfangen würde, fragte ich, die nicht ins Schema passen, beispielsweise mit technischen Relikten, die alle bisherigen Annahmen zu Schrott machen würden? – Technische Funde aus frühester Zeit? Die würde man für den üblen Streich eines spleenigen Kollegen halten. Und? Erwiese sich so ein Fund als »nicht irdisch« oder nicht in bereits festgelegte Kulturen passend, würde man darüber schweigen. – Über die Pointen wurde sehr gelacht, doch mir dämmerte, wie unverantwortlich selbst im Spaß solche Einstellung ist: Die vorgeblich sakrosankte Lehrmeinung darf nicht erschüttert werden.

Schon der *Mann in Erz* ahnte es, als er Hesekiel sagte:

*»Menschensohn, du wohnst inmitten eines widerspenstigen Geschlechts, das Augen hat zu sehen und doch nicht sieht und Ohren hat zu hören, und doch nicht hört.«*

PS. Zum Eingang dieses Kapitels erlöste mich Hans Selye aus einem Streßanfall. Zum Ausgang des Kapitels möchte ich den klugen Professor nochmal zitieren:

*»Theorien sind unentbehrlich. Sie reizen zum Widerspruch, aber das hat sein Gutes, weil es die schwachen Stellen in unseren Vorstellungen aufdeckt und zeigt, wo die Forschung weitergehen muß. Auch eine Theorie, die nicht auf alle bekannten Tatsachen paßt, ist wertvoll, solange sie besser paßt als irgendeine andere Vorstellung.«*

# IV
# Von Kolumbien aus gesehen: **Die Strategie der Götter**

GOTT HAT DEN MENSCHEN ERSCHAFFEN, WEIL ER VOM AFFEN ENTTÄUSCHT WAR. DANACH HAT ER AUF WEITERE EXPERIMENTE VERZICHTET.

MARK TWAIN
1835–1910

WENN SIE HERKOMMEN KANN ICH WEITERHELFEN STOP KORRESPONDENZ SINNLOS GRUSS DR MIGUEL FORERO

Dieses Telegramm setzte den Schlußpunkt hinter eine Serie von Briefen, die ich über Monate in die kolumbianische Hauptstadt Bogotá geschrieben hatte.

Anlaß für meine Korrespondenz war ein Bericht (1), den ich am 1. Februar 1981 gelesen hatte: INDIO-KULTUR IM DSCHUNGEL. Darin erfuhr ich, daß in jüngster Zeit im kolumbianischen Dschungel geheimnisvolle Städte entdeckt wurden, deren Erbauer *mehr von Beziehungen zum Weltall gewußt hätten, als wir heute wissen.* Das war nicht die Ansicht eines Reporters, sondern die des Chefausgräbers Professor Soto Holguin. Archäologen sind reserviert im Urteil, sie exponieren sich nicht gern.

Deshalb alarmierte mich die Nachricht: Träger einer ausgestorbenen Indianerkultur sollen von irdischen Beziehungen zum Kosmos mehr verstanden haben als wir ungeheuer gescheiten Kinder des zur Neige gehenden zweiten Jahrtausends neuer Zeitrechnung? Vielleicht ließ sich in Kolumbien ein neuer Baustein für meine Theorien finden.

Was waren das für Dschungelstädte und von welchen alten Indianerstämmen wurden sie erbaut? Das Grabungsgebiet sei von Militär abgeriegelt, las ich in dem Bericht. – Konnte man überhaupt hingelangen? Diese Fragen schrieb ich in beharrlicher Ausdauer im Abstand von drei Wochen immer wieder an den mir unbekannten Professor Soto Holguin von der *Universidad de los Andos*. Alle Briefe mit dem gleichen Text blieben unbeantwortet. Vielleicht hatte er was gegen mich. Schließlich wandte ich mich an Rechtsanwalt Dr. Miguel Forero, mit dem ich seit Jahren in Briefwechsel stehe. Dessen Telegramm kam prompt. Wenn Forero telegrafierte, ich solle kommen, dann mußte was dran sein. Juristen wissen im allgemeinen, was sie raten. Bogotá stand bald in meinem südamerikanischen Reiseplan. In die Rückreise von Peru legte ich einen Stop in Bogotá ein.

Forero erwartete mich mit seinem blitzgescheiten, sechzehnjährigen Sohn Juan Carlos am Flughafen. Während der halbstündigen Taxifahrt zum HILTON kam ich gleich zur Sache:

»Gibt es diese Dschungelstädte?«

»Was Sie suchen, heißt *Ciudad Perdida* – verlorene Stadt. Sie liegt im Urwald der Sierra Nevada, sechs Tagereisen von Santa Marta am Karibischen Meer entfernt.«

»Warum erfährt man nicht mehr darüber?«

»Das Grabungsgebiet ist militärisch abgeriegelt, die Archäologen wollen unter sich bleiben.«

»Haben Sie Beziehungen zu Professor Soto?«

»Noch nicht, aber ich werde sie nun herstellen.«

Dr. Miguel Forero, Rechtsanwalt in Bogotá

»Geht das schnell?«

Vier bis fünf Tage müsse ich mich gedulden, meinte Dr. Forero. Außer mit Professor Soto müsse er Kontakte zur Armee aufnehmen, denn ohne deren Erlaubnis würde ich die Ciudad Perdida nicht besuchen dürfen.

Vier, fünf Tage warten? Das ging mir gegen den Strich. Zeit ist das einzige Gut, das sich weder halten noch vermehren läßt. Mein Gesicht muß Bände über meine Verdrossenheit gesprochen haben, denn Forero grübelte, was er derweil mit mir anfangen könnte:

»San Agustin! Waren Sie schon mal in San Agustin?«

Ich war in San Agustin. »Selbstverständlich«, war ich versucht zu sagen, denn Südamerika wurde quasi zu meiner Götter-Heimat. Aber ich war nur einen Tag dort, und das war zu kurz für diesen Ort mit seinen ungelösten Rätseln der Vergangenheit. Ich griff zu. – Abends noch buchte ich einen Flug nach Pitalito, einem kleinen Städtchen, 500 Kilometer von Bogotá entfernt.

## San Agustin war mehr als Zeitvertreib

Um 14 Uhr des nächsten Tages setzte der dreistrahlige Jet der AEROPESCA auf dem 1730 Meter hoch gelegenen, frisch gerichteten Flugplatz auf. Fragt man mich nach meinem ersten Eindruck und dem besonderen Kennzeichen der Taxichauffeure von Pitalito, muß ich keinen Moment überlegen: Alle tragen wuchtige Schnauzbärte! Ich ließ mich von den werbenden Wortkaskaden der Bartträger nicht überrumpeln, ich sah mir ihre Fahrzeuge an, und so wurde Hernandez seines vertrauenerweckenden Landrovers wegen mein Fahrer.

Eine Fahrstunde ist es vom Flughafen nach San Agustin, eine herrliche Strecke durch eine grünblaue Gebirgslandschaft. Das Dörfchen liegt nur wenige Kilometer vom 1550 Kilometer langen Magdalenenstrom, dem Hauptfluß Kolumbiens, entfernt. Rechts unter sich sieht man ihn in oft beklemmender, abschüssiger Tiefe im Sonnenlicht glitzern.

Das armselige Dörfchen wäre unbekannt geblieben, hätte man nicht nach ihm der berühmten Megalithen wegen den Begriff *Kultur von San Agustin* geprägt.

Hernandez war enttäuscht, als ich mich vorm Hotel *YALCONIA* außerhalb des Dörfchens von ihm verabschiedete, hatte er sich doch wortreich während der ganzen Fahrt als der beste aller Fremdenführer angepriesen. Touristen pflegen Fremdenführer zu chartern. Hernandez verstand nicht, daß ich allein sein wollte.

### Who was who?

Der spanische Mönch Juan de Santa schrieb 1758 das Buch »Wunder der Natur« *(Maravillas de le Naturaleza)*. Darin berichtete er auch bildhaft von geheimnisvollen Steinstatuen, die im Tal von San Agustin von Indianern verehrt wurden.

99 Jahre später bereiste der italienische General Codazzi, damals Chef der Geographischen Kommission von Kolumbien, den Raum San Agustin. Als guter Zeichner skizzierte Codazzi 34 Statuen und vier Altäre. Gelernter Militär, tat er das in exakter kartographischer Weise: Er legte einen Geländeplan an und setzte die Statuen genau an ihren Standort.

1857 stand Codazzi dort, wo ich nun stand, und er rätselte, wie ich es tat. Zuerst vermutete er in den Statuen steingewordene Repräsentanten einer »transzendenten Welt«, dann bemühte er sich, die Steingesichter in die Koordinaten eines religiösen Systems einzuordnen, doch letztlich konnte er Sinn und Zweck der Anlage nicht deuten. Keine Schande, denn es gelang auch nach Codazzi niemandem.

1892. – Der berühmte deutsche Archäologe, Geologe und Forschungsreisende Alphons Stübel (1835–1904) zeichnete weitere Statuen, die 1906 in seinem Buch »Vulkanberge von

Kolumbien« veröffentlicht wurden. Damit wurde die deutsche Fachwelt aufmerksam gemacht.

1911 reiste der Heidelberger Professor Karl Theodor Stöpel an und ließ als erster Gipsabdrücke der Statuen herstellen. Stöpel stellte fest, daß die Figuren vorwiegend aus Eisensandstein, Granit beziehungsweise Vulkangestein bestanden. Mit deutscher Gründlichkeit entdeckte er – auch als erster – die unterirdischen Gänge in San Agustin (2). Darüber schrieb er:

*»Derselbe Tempel ist mit mächtigen Steinfliesen zu beiden Seiten ausgelegt und ebenso, wie der vorhergehende, mit einer großen Steinplatte bedeckt. Unter Baumwurzeln hindurchkriechend gelangte ich in das Innere und war überrascht, dort einen seitlich in südwestlicher Richtung führenden Gang vorzufinden, wahrscheinlich in der Richtung zu den anderen Tempeln, deren Lage bis jetzt noch nicht bestimmt worden ist. Ich hätte gern diesen Gang vollständig erforscht, hatte jedoch hierzu keine Zeit. Ich verfolgte ihn etwa 30 Meter, konnte jedoch meine Begleiter nicht dazu bewegen, mir weiter zu folgen. Man kann jedoch außerhalb, in der Region des undurchdringlichen Waldes, an den im Grunde befindlichen, oft mehrere Meter tiefen Löchern erkennen, daß diese Tempel unter sich unterirdisch in Verbindung standen.«*

Merkwürdig. Heute, nur rund 80 Jahre später, will man von unterirdischen Verbindungen zwischen Tempeln und Statuen nichts mehr wissen. Gerieten sie in Vergessenheit? Bargen sie Geheimnisse, die der Öffentlichkeit zu zeigen inopportun wäre? Würden die Gänge, wenn sie denn existieren, sich nicht ins Schema einpassen, an dem zur Erklärung des Mirakels von San Agustin in archäologischen Zauberwerkstätten gebastelt wird? Jedenfalls sagte mir auch die renommierte Indianerforscherin Felicitas Barreto, die einige Zeit in San Agustin verbrachte, es gäbe dort kilometerlange, künstlich angelegte, unterirdische Gänge.

Schließlich lieferte der Ethnologe Konrad Theodor Preuss (1869–1938), damals Direktor des Museums für Völkerkunde in Berlin, im Jahre 1912 die erste wissenschaftliche Bestandsaufnahme (3) von San Agustin. Er vermaß genau, was ihm unter die Augen kam, öffnete einige Gräber, durchsuchte riesige steinerne Sarkophage ... und war verblüfft, sie leer zu finden:

*»Die Himmelsrichtungen, nach denen die Schreine mit ihrer Öffnung hinweisen, sind zu mannigfaltig, als daß daraus etwas auf die Bedeutung der Figuren geschlossen werden könnte, und auch die Gräber haben nicht durchwegs dieselbe Längsrichtung, während die Lage des Kopfes der Verstorbenen nicht festzustellen ist aus dem einfachen Grunde, weil keine Spur von den Skeletten übrig geblieben ist ... Es ist anzunehmen, daß die an Zahl sehr geringen Steingräber, namentlich die mit Steinsärgen ausgestatteten, nur für bedeutende Personen bestimmt waren. Da ich in ihnen nie die geringste Spur von Skeletten gefunden habe, so muß man schließen, daß sie vollständig in Staub zerfallen sind.«*

Merkwürdig auch dies! Es gibt – wieder mal – zwei Möglichkeiten: Entweder arbeiteten die Grabräuber so sauber, daß sie »nie die geringste Spur« hinterlassen haben – oder aber es wurden in den Sarkophagen nie Tote beigesetzt.

DIE LEEREN GRABSTÄTTEN VON SAN AGUSTIN ERINNERTEN MICH an die weltberühmten Dolmen in der Bretagne in Frankreich. Dolmen sind künstlich erstellte Hügel, die durch mächtige seitliche Steinplatten und durch eine (oder mehrere) Deckenplatten markiert sind. Oft wurde über Dolmen Erde geschaufelt, so daß sie wie Erdbuckel in der Landschaft stehen. – Prähistoriker meinen, daß es sich bei Dolmen um Gräber handle, nur: Man fand keine Skelette darin.

Sind wir auf dem Holzweg? Waren, was wie Gräber anmutet, weder in der Bretagne noch in San Agustin überhaupt jemals Gräber? Bargen die Sarkophage etwas, was den damals Lebenden gefährlich erschien und darum eingebuddelt wurde? Handelte es sich um Geschenke der »Götter«, um Relikte einer unbekannten Technik? Vielleicht schätzten spätere Generationen die Gefährlichkeit der Objekte anders ein, holten sie aus der Verbannung – oder aber Grabräuber erkannten die Kostbarkeit und klauten, was in den Sarkophargen verborgen war.

Professor Preuss ernannte Statuen in San Agustin zu »Mondkönigin« und »Sonnengott«. Er war überzeugt, in vielen Figuren hätten die Steinmetzen ein »zweites Ich« darstellen wollen. Der Gedanke ist verführerisch, weil manche Statuen doppelstöckig sind: Die Hauptfigur trägt eine zweite Figur auf dem Rücken. Das Ich im Ich? Ich halte nichts davon.

## Ist Wasser der Schlüssel zum Geheimnis?

Die Sehenswürdigkeiten von San Agustin wurden in vier Hauptsektoren unterteilt:

- den Archäologischen Park mit dem »Wald der Statuen«
- die »Quelle der Fußwaschung« und den »Hügel der Fußwaschung«
- den »Hügel der Götzenbilder«, eine künstliche Hochebene in Hufeisenform
- in *El Tablon* und *La Chaquira*, zwei hoch über dem Magdalenenstrom gelegene Punkte mit Statuen und aus dem Fels gehauenen Bildern.

Abends, im Hotel, kam mir ein seltsamer Gedanke, den ich gleich anhand von Karten prüfte. Ich fand ihn bestätigt:

In ganz Südamerika ist San Agustin der einzige Platz, von dem aus Gewässer in die drei Hauptrichtungen fließen: in den Atlantik, in den Pazifik und in das Amazonasbecken.

Der Magdalenenstrom, der hier oben entspringt, endet im Atlantischen Ozean. Nur wenige Kilometer entfernt – vom 4700 Meter hohen Purace – kommen Bäche, die in den Rio Patia münden, der sich in der Bucht von Tomaco in den Pazifischen Ozean ergießt, und schließlich sind da die Flüßchen Rio Orteguaza und Caqueta, die bei San Agustin ihre Quel-

Im »Wald der Statuen« grüße ich eine Person mit angsteinflößendem Gesicht

len haben, dann in den Rio Yaro treffen, der auf brasilianischem Territorium zum Rio Japura wird und in den Amazonas fließt. Das Flußnetz stellt wahrhaftig eine erstaunliche Hydrographie dar! Machte diese Lage San Agustin zum Wallfahrtsort?

Man muß sich nur vorstellen, daß Indios aus verschiedenen Gebieten flußaufwärts liefen, um zu sehen, woher das Wasser, der Lebensspender, kam. Naturbedingt hätten sich dann Indianer aus dem Pazifischen Raum, aus dem Amazonasbecken und dem kolumbianischen Vorandengebiet im Hochtal von San Agustin treffen müssen! Erklärt dieses »Völkertreffen« die Verschiedenartigkeit der Statuen im »Wald der Statuen« von San Agustin? Hat einst jede Indiogesellschaft im Quellgebiet *ihres* Flusses auf eigene Weise *ihren* Göttern geopfert, um mit ihnen einen Sicherheitsbund für dauernden Wasserfluß zu schließen? Vielleicht legten Indios vom Amazonas ein wertvolles Geschenk in einen Sarkophag, und die Kollegen vom Pazifik stahlen es, vergruben es an anderem Ort, oder sie zerstörten es.

Das war eine spontane Idee beim abendlichen Whisky. Die nächsten Tage sollten zeigen, daß sie so dumm nicht war.

## Ein Wald voll Fragezeichen!

Ich marschiere durch den »Wald der Statuen«. Was für eine Vielfalt an Figuren! Die etwa 200 roboterhaften Skulpturen auf der Osterinsel im Stillen Ozean sind mit ihren genormt gleichen, sturen Blicken ein langweiliges Panoptikum gegen San Agustins Ideenreichtum. Bis jetzt wurden hier 328 Monumente gefunden.

Im Vorbeigehen grüße ich eine Person, die – nur 1,15 m hoch – vor einem Baumstamm hockt, mit einer breiten, schier zerquetschten Nase, einem angsteinflößenden Draculagebiß,

Diese mandeläugige Figur führt ein embryonales Etwas zum Munde

Auf einem bemoosten Hügelchen thront ein mondgesichtiger Monolith, eine durch und durch moderne Kreation
Unter einem Wellblechdächlein im heißfeuchten Dschungel scheint eine merkwürdige Type Eis zu schlecken

Auf einem bemoosten Hügelchen thront ein mondgesichtiger Monolith, eine durch und durch moderne Kreation

Unter einem Wellblechdächlein im heißfeuchten Dschungel scheint eine merkwürdige Type Eis zu schlecken

45

die Hände wie segnend erhoben über dem Relief einer Art von Stufenpyramide.

Auf einem bemoosten, aus Steinen geschichteten Hügel thront – Rest eines Körpers? – ein mondgesichtiger Monolith mit enormen Augenbrauen und einem Maul, aus dem wieder vier Draculazähne blecken, eine durchaus moderne Kreation, die in den Vorgarten des deutschen Bundeskanzleramtes passen würde.

Eine mandeläugige Figur führt ein embryonales Etwas zum Munde. Breite Nasen und Draculamäuler scheinen einem charakteristischen Vorbild nachempfunden zu sein. Hier hat das Vorbild Mode gemacht.

Im heißfeuchten Dschungel schleckt unter einem Wellblechdächlein eine gedrungene Figur Eiscreme, pardon!, sie schiebt sich einen Leckerbissen zwischen die fürchterlichen Eckzähne – von einem grimmigen Gesicht unter steinerner Mondsichel beargwöhnt.

Eine dämonische Götzenparade!

Das nächste Standbild zwingt mich, die flapsige Bemerkung von der Götzenparade auf der Stelle zurückzunehmen, denn diese Gestalt trägt die offizielle Bezeichnung: »Der Bischof«. Über vier Meter hoch, flößt das menschliche Gesicht mit seinen traurigen, großen Augen zwar Respekt ein, doch auch nach längerem Grübeln bleibt mir unerfindlich, was an dem Steinmann bischöflich sein könnte. Auch der Bischof würgt in den Händen ein Kleinstkind, dessen Kopf und Hände abwärts baumeln. Genüßlich scheint es der Wundermann demnächst zwischen seinen Hauern zermalmen zu wollen. Bischöflich?

Zehn Meter hinter dem Würdenträger lugt ein dreieckiger Schädel aus dem Gras. Riesenaugen, Riesennase, Riesenmaul und Rieseneckzähne weisen ihn als einer fremden Rasse zugehörig aus. Auch dieser Trotzkopf hat seinen Bewacher – einen adlerähnlichen Vogel. Der stolze Greifvogel

Vorhergehende Seite: »Der Bischof« in eigenartiger Umgebung

schmatzt an einer Schlange, die sich artig um den vollgefressenen Bauch ringelt ... Symbol dafür, daß fliegende Wesen auch mit dem giftigsten, an den Erdboden gebundenen Tier des Planeten fertig wurden?

Oder brachte der Adler mit der Schlange herzliche Grüsse aus Mexiko? Dort gibt es nämlich nach Erkundungen des deutschen Völkerkundlers Horst Nachtigall (4) die nämliche Darstellung:

*»Der Adler mit einer Schlange im Schnabel von San Agustin hat eine verblüffende Parallele in der mexikanischen Steinplastik. – Dupaix (Forscher des letzten Jahrhunderts, EvD) fand auf seiner zweiten mexikanischen Expedition in der Eremitage von La Soledad im Tal von Oaxaca einen etwa einen Quadratmeter großen Stein, auf dem die gleiche Szene eines Adlers, der mit Klaue und Schnabel eine Schlange gepackt hält, dargestellt ist ... Die gleiche Szene zeigt heute das mexikanische Staatswappen.«*

Dieser Greifvogel verspeist eine Schlange, die sich um seinen Bauch ringelt

Dieser dreieckige Schädel liegt nahe beim »Bischof« im Gras, bewacht von einem Greifvogel
Ein Grabhügel ist von 30 Monolithen umstellt. Im Zentrum gibt es einen Dolmen, wie er genausogut in Frankreich stehen könnte! (Leider stellten mir die Götter nicht an jedem Tag Sonne bereit, die ich zum kontrastreichen Fotografieren gebraucht hätte)

Zwei Figuren und zwei Menhire tragen das Dach, darunter steht eine plumpe Figur, die ein Halsband in Händen hält, an dem ein Totenschädel baumelt

## Querverbindungen

Gut, sehr schön und hochinteressant, doch zwischen Oaxaca in Mexiko, dem Standplatz des einen Adlers mit Schlange, und dem des anderen in San Agustin liegen rund 3000 Kilometer Luftlinie! Möglich, daß eine Kultur von der anderen beeinflußt wurde, daß Indios von dort nach hier, von hier nach dort wanderten, möglich aber auch, daß die Pendants entstanden, weil der Akt – wie ein Adler die Schlange schlägt – einst sowohl in Mexiko wie hier in Kolumbien beobachtet wurde.

Unweit des Adler-Standbildes ist ein ansehnlicher Grabhügel von über 30 Monolithen umstellt – im Zentrum ein Dolmen, wie er auch in Frankreich stehen könnte: Zwei Figuren und zwei Menhire tragen die Steinplatte des Daches. Die beiden Grabwächter tragen Keulen – oder Beile? – in den Händen, sind behelmt und über ihren Köpfen schweben Gesichter, die wie im Fluge die Deckplatte zu tragen scheinen. – Zwischen den Wächtern und den hinter ihnen postierten Menhiren hält eine plumpe Gestalt in Händen ein Halsband, an dem ein Totenschädel hängt.

In San Agustin gibt es viele dieser massigen Dolmen, gewaltige monolithische Werke aus Granit. Eine Platte, zum Beispiel, von 4,38 Meter Länge, 3,60 Meter Breite und 30 Zentimeter Dicke ruht wie schwerelos auf 2,50 Meter aus dem Boden ragenden Menhiren. Solche Gewichte heben sich nicht ohne Kran, ohne Gerüst. Die Erbauer des »Waldes der Statuen« waren wohl nicht die primitiven Indios, die wir in ihnen sehen sollen. Sie müssen – WIE DIE BAULEUTE IN STONEHENGE, ENGLAND, UND IN CARNAC, FRANKREICH – mit perfekten Techniken zu Werke gegangen sein, um in gebirgiger

In San Agustin liegen massige Dolmen und Monolithen am und im Boden. Solche Gewichte heben sich nicht ohne Kran oder Gerüst. Die Indios sind wohl nicht so primitiv gewesen, wie wir sie sehen sollen

Landschaft solche Steinmassen bewegen zu können. Ach ja, noch diese Randpointe: Im Hochtal von San Agustin gibt es kaum Granit! Importiert? Wie denn?

Oft liegen unter den Dolmen aus einem einzigen Felsblock geformte Sarkophage, riesigen gemeißelten Badewannen gleich. In einer solchen Badewanne ruht heute noch eine Steinfigur. Fragt man sich doch: Waren die Sarkophage ursprünglich Behälter für Götterfiguren und nicht für herrscherliche Leichname? Hoffte man, die Gunst der Götter zu gewinnen, indem man ihre steinernen Reproduktionen in Sarkophage einschloß? Fürchtete man ihren Zorn so sehr, daß man ihre Ebenbilder tief unter der Erde einsperrte?

## Der Kult mit dem Kult

Selbst die Kellner in den Hotels von San Agustin sind hervorragende Akquisiteure für die heimischen Sehenswürdigkeiten.

An einem Nachmittag prasselte aus schweren Wolken lauer tropischer Regen nieder; es sind keine Tropfen mehr zu erkennen, es duscht wie aus einem das Land umgreifenden Gartenschlauch. Das Wasser klatscht auf die Dolmendächer, spritzt in Fontänen hoch, wäscht die Statuen wie seit Jahrtausenden und rüttelt an den Lederblättern der Tropenbäume. Der Boden dampft.

Über aufgeweichte Schotterwege erreiche ich triefend vor Nässe das YALCONIA und setze mich ans Kaminfeuer, die knisternde Glut trocknet mich von außen, Whisky erwärmt mich von innen.

Im Fahrplan längst angekreuzt, animiert mich der Kellner unter armschwingenden Gesten, die die Weite der Anlage beschreiben, in einer atemlosen Suada, keinesfalls eine Besichtigung der »Quelle der Fußwaschung« auszulassen; das wäre

ein einziges Wunder, ein Labyrinth von Kanälen und Wasserbecken, geschmückt mit Reliefs von Tieren und Menschengesichtern, ein richtiges Rätsel sei das, und er wäre neugierig, zu erfahren, was ich dazu sagen würde.

Zunächst mal sagte ich gar nichts, denn ich war sprachlos, als ich von einem Gerüst aus Planken und Stiegen meine erstaunten Augen auf das Steinwunder unter mir richtete.

Auf etwa 300 $m^2$ Fläche trägt der abgeflachte, bräunliche Felsen ein kompliziertes Netz von handwerklich geschaffenen Kanälen unterschiedlicher Breite und schmalen Rinnen, von Vertiefungen, die sich wie Schlangen durchs Gestein ringeln, von systematisch angeordneten kleinen und größeren Becken, von Rechtecken und Rondellen. In den Fels und an die Beckenränder schmiegen sich Reliefs von Eidechsen, Salamandern und affenähnlichen Tieren.

Soweit mein Auge reichte, zählte ich drei rechteckige Hauptbecken, über 30 unverwechselbar eigenständige Gravu-

Links: Wie Badewannen sind Sarkophage aus einem Steinklotz gehauen. Fast alle wurden ohne Inhalt gefunden

Von einem Gerüst aus betrachtete ich das Steinwunder zu meinen Füßen

Eine kleine Musterkollektion der vielen Formen der »Quelle der Fußwaschung«

ren. Die labyrinthischen Kanäle, durch die das Wasser in verwirrendem Spiel geführt wird, sind nicht zu quantifizieren, doch kann man die Wasserführung beobachten: Es fließt, tropft von einem Kanal in den anderen und setzt seinen Lauf fort, sobald ein bestimmter Pegel erreicht ist. – Das größte Becken ist 3,20 Meter lang, 1,40 Meter breit und 81 Zentimeter tief.

Im Touristenführer (5), den das Nationale Kolumbianische Institut für Anthropologie herausgibt, steht:

*»Alles deutet darauf hin, daß es sich um eine geheiligte Stätte, wahrscheinlich für religiöse Zeremonien und rituelle Bäder, handelt. Man sieht drei Wasserbecken von verschiedenem Grad der Ausführung, die einer gewissen sozialen Rangordnung entsprachen: Das am schönsten geschmückte war vermutlich für Häuptlinge und Priester bestimmt, das zweite, weniger verzierte, für andere wichtige Persönlichkeiten, und das dritte und einfachste für das Volk.«*

Der deutsche Archäologe H.D. Disselhoff (6) stellt ziemlich kühn fest:

*»Es gehört nicht allzuviel Phantasie dazu, hier einen Wasser- und Fruchtbarkeitskult zu vermuten.«*

Ein wenig vorsichtiger verhält sich sein Kollege Horst Nachtigall (4) mit der Zuordnung des Labyrinths:

*»Perez de Barradas (kolumbianischer Archäologe, EvD) denkt an einen Wasser- und Fruchtbarkeitskult und glaubt, daß die Becken und Rinnen zur Aufnahme des Blutes von Menschenopfern gedient haben müssen, was sich weder beweisen noch widerlegen läßt. Die Bedeutung der Anlage ist unbekannt.«*

Das ist ein offenes Wort! Wie schnell sind Archäologen mit irgendeinem Kult zur Stelle, wenn etwas nicht zu durchschauen ist. Wie schnell führt ein stante pede getroffene Katalogbezeichnung in die Irre – wie etwa »Quelle der Fußwaschung«!

## Metall-Verarbeitungs-Kombinat im Urwald?

Für den konkreten Fall böte sich eine interdisziplinäre Zusammenarbeit an. Möglicherweise hätte ein Metallurge längst erkannt, daß sich die Anordnung der Kanäle, Rinnen und Becken vorzüglich zur Trennung und Reinigung von flüssigen, erhitzten Metallen verschiedener Art eignete. Läßt sich das ermitteln – warum nicht? –, dann fand hier in San Agustin keine Fußwaschung statt, sondern angewandte Metallurgie: Flüssigheißes Metall floß von Becken zu Becken, schwere Teile sanken auf den Grund, leichtere wurden weitertransportiert, unreine Teile und Schlacken blieben in den »Filtern« von Rondellen und Schlangenrinnen hängen – eine in den Fels konstruierte Raffinerie.

Die »Quelle der Fußwaschung« ist kein Unikat, keine Einzelanfertigung. Ich habe eine solche Anlage schon mal gesehen – rund 2800 Kilometer Luftlinie von hier entfernt im bolivianischen El Fuerte.

Der kahle Berggipfel El Fuerte liegt bei Samaipata*, einem Indianerdörfchen im bolivianischen Dschungel, fünf Autostunden von der Stadt Santa Cruz entfernt.

Die Bergspitze gleicht einer von Menschenhand geschaffenen Pyramide. Von unten nach oben verlaufen zwei parallele Linien. Spielt man das Spiel »sieht-aus-wie«, dann drängen sich Bilder von gen Himmel gerichteten Abschußrampen auf. Am oberen Ende der »Rampe«, auf der Spitze des Berges, verläuft El Fuerte flach: *Genau hier findet man die Doublette der »Quelle der Fußwaschung«* – in größeren Ausmaßen das gleiche Labyrinth von Becken, Rinnen, verbindenden Kanälen, gewundenen Schlangen und Figuren.

Einen gravierenden Unterschied gibt es zu San Agustin: In El Fuerte, auf dem höchsten Punkt des Berges, gab es keine Quelle und also keine Wasserspielereien, womit hier oben die

* Aussaat und Kosmos, 1972 – Meine Welt in Bildern, 1973

wilde Entdeckung eines Wasser- und Fruchtbarkeitskults auf bestechende Weise verblühte.

Warum schufen Indios auf diesem Berggipfel das mühevolle Werk?

Die das Problem auflösende Idee hatte nicht ich, sondern der Ingenieur Josef Blumrich, der viele Jahre Chef der Abteilung für Projektkonstruktion der NASA in Huntsville, USA, war. Mit Josef Blumrich besuchte ich vor einigen Jahren El Fuerte. Angesichts des steinernen, künstlichen Labyrinths sprach Blumrich den Gedanken einer Metallverarbeitungsanlage aus.

Die Bilder von El Fuerte und von San Agustin sprechen für sich. Ob Archäologen den Vorschlag der Metallverarbeitungsanlage akzeptieren oder sich lieber weiterhin in einen dubiosen Kult flüchten, ist letztlich so wichtig nicht. Richtig aber ist, daß die Bilder belegen, daß die Kulturen von El Fuerte und San Agustin Tangenten haben – trotz der großen räumlichen Distanz, ohne Straßen, quer durch gebirgige und tropische Urwälder. Indessen: Eine Wasserverbindung zwischen San Agustin und El Fuerte wäre denkbar. Die Indios von El Fuerte konnten den Rio Mamore hinunterfahren, der in den Rio Madeira fließt, der unterhalb der heutigen Hafenstadt Manáus in den Amazonas mündet. Bei diesem Kurs wären die kühnen Kanuten bis zum Rio Japurá hinaufgepaddelt, um an der Japurá-Quelle im Gebiet von San Agustin zu landen.

Trotz dieser theoretischen Verbindung auf dem Wasserweg reicht meine Phantasie nicht aus, mir vorzustellen, daß sie praktisch genutzt wurde: Der Amazonas hat derart viele Abzweigungen, die in die Irre führen, daß die angenommenen indianischen Wassersportler schon über allergenaueste Kartenwerke verfügt haben müßten, um ans Ziel zu gelangen. Wer hätte damals ein solches hydrographisches Kartenwerk erstellen sollen? Heute kennen wir endlich das Adernetz der

Der Berggipfel El Fuerte im bolivianischen Dschungel trägt im Großformat eine Doublette der »Quelle der Fußwaschung«

Auch in El Fuerte ein Labyrinth von Becken, Rinnen und Kanälen. War das Ganze eine Metallverarbeitungsanlage?

Flüsse im Amazonas-Gebiet – aus 300 Kilometer Höhe von Satelliten aufgenommen.

Es bleibt eine reizvolle und wichtige Aufgabe, zu ergründen, wie es zu den Doubletten von San Agustin und El Fuerte gekommen sein mag.

### Das doppelte Ich

Stunden verbrachte ich vor und über der »Quelle der Fußwaschung«, beobachtete Touristen, die das Labyrinth bestaunten und sicher mit der Überzeugung von dannen gingen, ein echtes indianisches Fußbad gesehen zu haben. Das Bächlein Quebrada de Lavapatas wird kichern und weiter neben dem Wunderwerk rieseln, von Ewigkeit zu Ewigkeit.

Über schier endlose Treppen steige ich zum »Hügel der Fußwaschung« empor. Hier oben wurden auf einem künstlich abgeflachten Plateau die ältesten archäologischen Spuren entdeckt, sie reichen bis ins Jahr 650 v. Chr. zurück. Diese Datierung wurde nach der C-14-Methode an Knochen- und Holzresten vorgenommen, die neben und bei umgestürzten Statuen im Boden lagen. Ob die Steinskulpturen in dieselbe Zeit gehören oder weit älter sind, läßt sich mit dieser Methode nicht feststellen, sie ist nur an organischen Funden anwendbar.

Hier oben, auf dem Scheitel des künstlich planierten Hügels, steht das »Doppelte Ich«, *El doble Yo*, verkörpert in einer männlichen Gestalt, die breiten Arme angewinkelt, die Hände vor der Brust verschränkt. Aus grimmigem Gesicht fletschen vier bösartige Eckzähne unter breiter Nase, aus tiefen Augenhöhlen starren stechende Blicke weit ins Tal. Den Kopf umschließt ein eng anliegender Helm.

Noch ein »Doppeltes Ich«. Wieder ein Schädel, wieder mit einem Riesenmaul ausgestattet, wieder mit einem Wesen im Gepäck

Etwa nach dem Muster der Beuteltiere, die in der Kreidezeit weltweit verbreitet waren, trägt der Steinmann ein Tier auf dem Rücken – das »doppelte Ich«. In der Archäologie wird von einem Jaguar gesprochen, den allerdings vermag ich – wie andere auch nicht, die ich befragte – überhaupt nicht zu erkennen: Auf den rechteckigen Schädel drückt ein plumper Kamm, der fast so groß wie der Kopf ist. Sieht denn auch nur von ferne ein Jaguar so aus? Selbst in ihren Stilisierungen waren die alten Steinmetzen ihrem Objekt näher. – »Vater Otto mit seinem Kind«, hörte ich einen Touristen flapsen.

Nahebei gibt es einen weiteren »Otto«, der noch unheimlicher und rätselhafter als sein prominenter Nachbar ist: Das Gesicht ist abstrakt modelliert, Schlitzaugen über breitem Mund mit den obligaten Draculazähnen. Was dieser »Otto« in der linken Hand für einen Gegenstand trägt, läßt sich nicht einmal phantasievoll deuten. Über diesem grimmigen Gesicht liegt ein zweiter »Schädel«, der aber auch alles andere sein kann.

Faszinierend ist, was auf dem Plateau zwischen den beiden »Ottos« liegt – ein aus einem Block gehauenes Monstrum, das die einschlägige Literatur als »Krokodil« betrachtet. Es ist das erste breitgewalzte Krokodil mit Flügeln, dem ich je begegnete.

Selbst wenn es stilisiert wäre – man kennt ja die feinen Charakterisierungen der alten Steinmetzen –, hätte das Krokodil eine lang gezogene Schnauze statt eines Maules, das die Skulptur in Körperbreite beherrscht. Wie wär's, wenn man das Monstrum versuchsweise mal mit modernen technischen Kenntnissen interpretieren würde? Dann würde man hinter einem weit geöffneten Luftansaugungsgerät (Nase), stromlinienartig eingebaut, zwei Aussichtsluken (Augen) für Piloten erkennen, links und rechts lädierte Flügelstummel.

Auf dem Scheitel des Bergrückens steht »Das Doppelte Ich«: eine Gestalt, die ein Tier auf dem Rücken trägt. Sie regt die Phantasie zu Spekulationen an

Frech? – Wenn die »Götter« mit einem pfeilschnellen Zubringer die Indios inspiziert hätten, könnte ich alles Verständnis für die aufgescheuchten Steinmetzen aufbringen, die dieses Himmelsvehikel als arg verkrüppeltes Krokodil darstellten. Die Papuas in Neu-Guinea würden heute noch eine landende CONCORDE als »Wesen« mit ausgestreckten Beinen verewigen, das sich mit krummem Schnabel im Sturzflug auf sein Opfer stürzt.

Was hat es mit dem »doppelten Ich« auf sich? Von Sigmund Freud und seinen Epigonen unbeleckt, darf man nicht psychologisch tiefschürfen und Schizophrenie hineingeheimnissen. Stilisiert, schufen die frühen Künstler Abbilder davon, was sie gesehen und erlebt hatten.

Als »Krokodil« bezeichnet die Fachliteratur dieses Monstrum. Ein Krokodil vermochte ich nicht zu erkennen

Mein steinerner steinalter Schriftstellerkollege

## Besonderes Kennzeichen: Dracula-Eckzähne

Auf der anderen Seite des *Alto de Lavapatas* blinzelte die untergehende Sonne aus tief in den Tälern hängenden weißgrauen Wolken, vergoldete mit ihren warmen Strahlen Rasen und Bäume um mich herum, die Berge leuchteten am Horizont in der unwirklichen Bläue der nahenden Nacht.

Als wollte er mich auf gewerkschaftlich festgesetzte Arbeitszeiten aufmerksam machen, stand unvermutet ein Schriftstellerkollege im Weg, in Stein gehauen selbstverständlich. Er läßt sich per Stereomusik aus Kopfhörern animieren. Ob sein dermaleinst lebendiges Vorbild Schreibimpulse vom unbekannten großen Bruder empfing? Fabelhaft. Linkshändig greift mein einsamer Kollege einen Gänsekiel, ein altertümliches Schreibgerät. Oder ein Messer, das er dann allerdings mit der Klinge nach oben verkehrt herum in der Hand hält. Was sonst könnte es sein? Ein Skalpell? Eine Flöte? Ein Blasrohr? Und was zeigt die Rechte? Einen Radiergummi, sofern ich beim Beruferaten richtig liege. Gehe ich richtig in der Annahme, mein Herr, daß Sie Anweisungen von den Himmlischen empfangen haben? Das Modell dieser Figur muß die meiste Zeit sitzend verbracht haben: Seine kurzen Beine scheinen verkümmert zu sein.

Wieder blecken schiefe Eckzähne aus dem unschönen Mund. Die hier oben schier rassetypischen Hauer weisen auf Vorbilder hin, die nicht von dieser Welt waren, denn soweit mir die Evolution des *Homo* vertraut ist, trugen unsere Vorfahren zu keiner Zeit Beißer, wie sie den Löwen alle Ehre machten und gut zu Gesicht ständen. Der fremde Kollege trägt vor seinen Basedow-Augen Brillengläser. Zusammen mit den Kopfhörern und dem Rex-Harrison-Hütchen auf dem dicken Schädel ist es schon ein seltsamer Zwerg.

Die Künstler, die hier oben meißelten, verstanden eine Menge von darstellender Kunst, sie beherrschten ihr Handwerk perfekt. Überall in San Agustin sieht man es. Sie markierten feine Unterschiede zwischen Menschen und menschenähnlichen Wesen, die meist mit vier monströsen Dracula-Zähnen versehen sind. Die Menschen haben sich wohl vor ihnen gefürchtet, sie hinterließen unvergeßliche Erinnerungen, und darum kehrten sie mit ihren besonderen Kennzeichen ständig wieder. Der kleine Kollege mit seinen Hauern war zweifelsfrei auch nicht von dieser Welt. Kopfhörer und Schreibgeräte sind seltsame Attribute dieses Liliputaners unter den Riesen, aber Schriftsteller sind ja immer bescheiden, auch wenn sie vorgeben, ihre Botschaften »von oben« zu empfangen.

Der allabendliche Regen riß mich aus meinem Gedankenaustausch mit dem Berufskollegen. Ich hastete über die endlose, nun glitschige Treppe hinunter, einen Bambushain hinauf, vorbei an Götzen und Göttern, die mir aus tropfenden

Augen neidisch nachschauten; sie mußten in der Wasserflut ausharren, ich konnte zum Kamin im YALCONIA flüchten. Sie standen draußen als Mitglieder einer Mannschaft von unverstandenen Zeugen der grauen Vergangenheit.

## Idol – Trugbild – Götzenbild

Pedro, ein einheimischer Touristenführer, überredete mich, die Woche in San Agustin mit einem Besuch des *Altos de los Idolos*, des »Hügels der Götzenbilder«, abzuschließen. Eigentlich wollte ich zurückfliegen, doch Pedros Begeisterung verlockte mich.

In aller Herrgottsfrühe fuhr Pedro mich im Landrover hinunter zum Magdalenenstrom und von dort aus zum »Hügel der Götzenbilder« hinauf. Dort oben betritt man eine von Menschen geschaffene Hochebene in Hufeisenform, der abgeräumte Bergschutt liegt am Hang.

Mit großer Wahrscheinlichkeit handelte es sich um eine Begräbnisstätte: Horizontale Steinkistengräber, mit wuchtigen Platten ausgelegt, sprechen dafür wie auch vertikale, zylindrische Schachtgräber und die mächtigen granitenen Dolmen. Pedro übertrieb nicht: Das muß man gesehen haben.

Ich weiß nicht, ob ich ein überempfindliches Sensorium habe, jedenfalls erregen mich Rätsel wie diese, sie erfüllen mich mit ehrfürchtigem Staunen, ich spüre den selbstgewählten Auftrag, ein Quentchen zur Lösung der Rätsel beizutragen. Wenn ich hier auf dem Hochplateau Dolmen und Menhire sehe, SEHE ICH ZUGLEICH DIE DOLMEN UND MENHIRE IN DER FRANZÖSISCHEN BRETAGNE.

Ist es denn nicht erregend, daß wir immer noch nicht wissen, weshalb und wozu in unbekannter Zeit solche monumentalen Anlagen gebaut wurden? Alle, die recherchierten, stehen, ja, leiden unter dem Vorurteil, erst der moderne

Mensch verfüge über eine technische Hochkultur. Aus dieser Sicht werden dann die Steinbildwerke der Vorvorderen als primitive Ausdrucksformen abgewertet. Wer weiß denn, was unsere Nachkommen von den Skulpturen eines Henry Moore halten werden? Vielleicht auch für den Ausdruck primitiver Kunst unserer Gegenwart, die einmal ferne Vergangenheit sein wird.

Zum Schutz menschlichen Lebens werden in aller Welt – von Staaten und Privatleuten – tief im Erdreich Atombunker angelegt, vordergründig aus Sorge ums Überleben, untergründig mindestens wirkt wohl auch die Hoffnung mit, Hinterlassenschaften dieser Zeit könnten späteren Generationen über unser Leben im zweiten Jahrtausend Aufschlüsse geben.

Fürchteten sich auch die Indianerstämme von San Agustin vor einer Vernichtung? Verlieh ihnen Angst die Kraft, gewaltige Bunker in den Boden zu rammen, sie mit Erdreich zuzudecken, damit ihre Zufluchten »von oben her« nicht zu erkennen waren? Wollten sie nur sich selber retten oder auch die Götter-Abbildungen und deren Wissen? Mir geht der Hochmut ab, alles zu wissen, ich frage, weil ich es nicht ertragen kann, in lauter wissenschaftlichen Tabus zu ersticken. Himmel, es muß doch erlaubt sein, zu fragen: Warum befinden sich in Europa und in Südamerika identische Bauwerke? Was trieb unsere Vorfahren zur Aktion? Mit elitärer Arroganz – unsere oft verblasene moderne Kunst sei Ausdruck der Zeit – werden Schranken der Erkenntnis vor die hochkünstlerischen Arbeiten der Steinmetzen der Frühzeit gesetzt. Doch: Wir sind nicht die Größten und gewiß nicht die Krone einer grandiosen Evolution menschlichen Geistes. Da halte ich es mit dem chinesischen Weisen Lao-tse, der um 300 v. Chr. lebte: »Sein eigenes Unwissen zu erkennen, ist der beste Teil des Wissens.« – Es ist aber auch dauernder Ansporn zum Mehr-wissen-Wollen.

Wenige Kilometer vom »Hügel der Götzenbilder« entfernt – gleich hinter dem Dörfchen Isnos – begegne ich auf dem »Hügel der Steine« *(Altos de las Piedras)* einer weiteren Ausfertigung des »doppelten Ichs«. Diese Version führte Professor Preuss schon 1913 in die Diskussion ein. Sie wurde von seinen Kollegen als Faktum übernommen, wiewohl Preuss (3) selbst sehr vorsichtig formulierte:

*»Wir kennen namentlich im mexikanischen Kulturgebiet viele aus Tierrachen herausschauende Götterköpfe, wie zum Beispiel den aus dem Kolibri-Rachen sehenden aztekischen Stammesgott Uitzilopochtilis. Dieses Tier wird dann die* Verkleidung des Gottes *genannt, und man versteht darunter seine besondere Gestalt, in der er erscheinen kann. Es wird außerdem als wesensgleich mit ihm oder als eine zweite Natur von ihm angesehen. Zweifellos muß man auch in unserem Fall (von Agustin, EvD) die zweiten Köpfe über den Figuren, seien jene nun tierisch oder menschlich, als Wesensergänzungen der Hauptdarstellung, als ihr zweites Ich, ansehen. Man könnte dabei auch an eine* himmlische Natur des Gottes *denken, da dieses Zweite Gesicht darüber erscheint.«*

Treten in San Agustin in Tierfelle gekleidete Götzengestalten auf?

## Rituelle Verkleidungen?

Es ist bekannt, daß sich Naturvölker für ihre rituellen Tänze in das Fell von Tieren hüllten, deren Kraft und Eigenschaften sie gern besessen hätten. Trifft diese Neigung für die Figuren in San Agustin zu?

Mir sind weder im Original noch in Abbildungen Götzengestalten bekannt, die in ein Tierfell gehüllt sind, sie tragen nicht einmal Tiermasken, meistens aber Helme. Die verwirrende Ornamentik des »Doppelten Ich« – im konkreten Fall die Figur auf dem »Hügel der Steine« – zeigt, genau betrachtet, mindestens drei Gesichter: das dritte unter dem »Rucksack« mit dem zweiten Gesicht, und die drei Gesichter bilden eine Einheit. Darf man, nachdem eine konfuse psychologische Deutung entfällt, nicht mehr weiterfragen, muß der Vorschlag von Professor Preuss unwidersprochen in den Büchern stehenbleiben? – Ich notiere ein paar Gedanken, die als Kontrastprogramm zur geltenden Meinung lediglich Alternativmöglichkeiten sein sollen:

- Die Hauptfigur stellt einen Priester dar. Über und hinter ihm kauert das göttliche Wesen, das ihn beherrscht, das ihn auf Schritt und Tritt begleitet
- Eine menschliche Gestalt mit Homunkulus symbolisiert, daß der Mensch stets die Lasten anderer mitzutragen hat
- Erst aus der Einheit von zwei Wesen entsteht ein drittes
- Die Mahnung: Mensch, sei wachsam! Achte auch auf das, was sich hinter deinem Rücken ereignet
- Versinnbildlichung der überlieferten Mythen, die Götter als behelmte Wesen beschrieben, die stets von einem zweiten Gott begleitet wurden. In den Mythen steht, daß die Götter in alle Richtungen blicken konnten.

In San Agustins Götterwald sollte man weiteren Sinn oder Unsinn hineinspekulieren, damit angesichts der ungelösten

Hoch über dem Magdalenenstrom ragt eine Gestalt aus dem Felsen: sie hat *keine* Dracula-Zähne, die Proportionen des Gesichts stehen im richtigen Verhältnis zueinander

Rätsel das Denken nicht zum Stillstand kommt. Die Wahrscheinlichkeit, daß hier Göttliches demonstriert werden sollte, ist sehr groß. Die behelmten Figuren mit ihren überdimensionierten Zähnen sollten gewiß keine Menschen darstellen: In sehr vielen Fällen tragen die Gestalten Menschlein *ohne* Dracula-Zähne in den Händen. So wurden die Vertreter zweier Welten in Stein manifestiert, meine ich.

Pedro hatte einen Freund mit zwei Pferden bestellt, auf deren Rücken wir einen steilen Maultierpfad zu *La Chaquira* hinaufritten, jenem Punkt hoch über dem Magdalenenstrom. Aus rostbraunem Felsen scheint eine menschliche Gestalt mit ausgebreiteten Armen und erhobenen Händen den Strom zu segnen. Der große Mund läßt *keine* hauerartigen Eckzähne aus den wulstigen Lippen hervorstechen. Elegante Augenbrauenlinien stehen – wie die Augen – in richtigem Verhältnis zu den Formen des Gesichts.

Letzter Zweifel ist behoben: Die Steinmetzkünstler von San Agustin wußten sehr wohl zwischen menschlichen Gesichtern und den dämonischen Fratzen der Götter und Götzen zu unterscheiden.

## Kaleidoskop der Möglichkeiten

Ein Jet der AEROPESCA flog mich nach Bogotá zurück, Zeit, die Gedanken spielen zu lassen.

Über 15 Jahre bin ich nun schon der Prügelknabe sich wissenschaftlich gerierender Herren, und ich fühle mich gesund, wohl und munter dabei. Was tue ich, außer daß ich der Phantasie Raum schaffe? Sie wird in unseren Zeitläuften meist in dunkle Verliese eingesperrt. Ängstliche Gemüter scheuen sich, zu äußern, was sie heimlich denken.

Wir leben in einer grauen Zeit, die die Menschen in einer Einheitssoße verrührt. Paradiesvögel macht man zu Spatzen, weil die in der Mehrzahl sind. Was in »König Nobels Hofstaat« (10), was an Universitäten gilt, wird zur geistigen Einheitswährung gemacht, und die ist international im Verkehr. Spekulationen über das Mögliche und Noch-denkbare werden abgewürgt. Die ganz Eingebildeten tun so, als ob sie in vor- und frühgeschichtlichen Zeiten selbst bei den Ereignissen dabeigewesen wären, so ehern tönen ihre Interpretationen, obwohl diese nicht einen Deut mehr sein können als subjektive Meinungen. In der unfruchtbaren Einödlandschaft vermisse ich interdisziplinäre Zusammenarbeit von Archäologen, Ethnologen und Technikern aller Couleur. Zwischen den abgezirkelten Wissensgebieten bin ich unverdrossen als Grenzgänger unterwegs, verbrenne mir die Finger, reiße die Fenster auf, um frischen Wind einzulassen. Ich weiß, daß ich lästig bin, doch sollten mir manche Kritiker dankbar dafür sein, daß sie sich mit ihren Elaboraten an meinen Erfolgen hochrangeln konnten.

Immer wieder muß daran erinnert werden, daß bahnbrechende und menschheitsverändernde Entdeckungen von kundigen Laien gemacht wurden. Das phantasiebegabte Gehirn denkt sich etwas aus, der Wissenschaftler stellt fest, daß es nicht möglich ist . . . und der Ingenieur realisiert es. Wer sich an Phantasie nicht mehr ergötzen kann, ist zum sturen, eintönigen Trott von der Wiege bis zur Bahre verurteilt.

Meine Phantasie bewegt sich im noch denkbaren Rahmen, ich bin für neue Möglichkeiten stets offen, erfreue mich an erfrischenden Kombinationen und bin dankbar für Korrekturen von Irrwegen. Ich bin gegen jedwede Gleichmacherei, insonderheit der des Denkens. Ich halte es für blanke Diktatur, wenn eine akkreditierte Fernseh-Persönlichkeit es zuwege bringen kann, daß nicht genehme Ansichten vom Bildschirm verbannt bleiben. Zu unseren verbrieften Freiheiten sollte auch diese gehören: die Freiheit, zu phantasieren.

Außerhalb der exakten Wissenschaften gibt es keine – wortwörtlich keine – wissenschaftlichen Anschauungen, die als Tatsachen respektiert werden müßten. – Aus meinem

Handgepäck klaube ich den international beachteten Aufsatz von Martin Knapp: »Im finstern 20. Jahrhundert« (7) und lese ihn:

*»Mit Sicherheit darf man annehmen: Viele kaum bestrittene ›Wahrheiten‹ der heutigen Wissenschaft werden sich über kurz oder lang als bloße Behauptungen, halbwahre Theorien, stümperhafte Meinungen oder engstirnige Dogmen herausstellen. Es ist nicht einzusehen, weshalb gerade heute erstmals das Gegenwarts-›Wissen‹ fehlerfrei oder auch nur fehlerfreier als früher sein müsse. Wie zu allen Zeiten pflegen die Menschen sich und ihre Leistungen als wichtig und richtig anzusehen. Dabei blickt jede Generation auf mehr Irrtümer der Vergangenheit zurück als die vorangegangene. Die letzte Generation könnte deshalb um so besser und um so leichter den Schluß ziehen, wie viele Fehler in der Gegenwart verborgen sein werden.*

*Mit Überzeugung schreibt ein Lehrbuchautor dem anderen ab; zitieren sich die Experten gegenseitig, stützen sie ihre Erkenntnisse auf den Fehlleistungen anderer ab; nicht immer überprüfen sie mit den neuesten Methoden oder spüren Widersprüchen zu Ergebnissen anderer Gebiete nach. Nicht zuletzt übernehmen die Studenten aus prüfungstaktischem Opportunismus die Thesen ihrer Lehrer – oft für ihr ganzes Leben. Die Überheblichkeit, mit der manche Forscher, Techniker und Wissenschaftler bloße Thesen und Behauptungen als endgültige Wahrheit darstellen und verbreiten, wirkt lächerlich und unvorsichtig.«*

## Mañana

Am Flughafen erwartete mich Dr. Forero mit einem so bedripsten Gesicht, daß nur schlechte Nachrichten daraus kommen konnten. Ich machte mich auf Ärger gefaßt.

Forero berichtete, er würde mir abends einen Oberst der kolumbianischen Luftwaffe ins HILTON bringen, der Oberst kenne meine Bücher und möchte sich mit mir unterhalten.

»Muß das sein?« fragte ich.

»Sie wollen die Ciudad Perdida sehen, oder? Wollen Sie fünf Tage lang auf einem Esel hinreiten und sich auch noch eine ortskundige Begleitung engagieren? Mit der Luftwaffe geht's einfacher – mit Helikopter!«

Das Ziel lockte, ich war zu dem Gespräch bereit. Recht hat Dr. Forero gehabt, als er telegrafierte, mein Hiersein wäre notwendig. Brieflich konnten sich solche Kontakte nicht ergeben.

»Und was ist mit Professor Soto?«

Den habe er nicht auftreiben können, sagte Forero, weil sich der Chefausgräber just dort aufhielt, wohin ich mich sehnte. Sein Büro in der Universität wisse nicht, wann er wieder nach Bogotá käme.

Abends empfing ich Oberst Baer-Ruiz. Er ist deutscher Abstammung und ein Mann von spontan gewinnendem Eindruck. Bei Whisky unterhielten wir uns stundenlang über meine Theorien und speziell über mein Anliegen, in die »verlorene Stadt« im Dschungel zu kommen, ja, ich gestand, daß ich auf Hilfe der Luftwaffe hoffte. Behutsam ließ ich das Wort »Helikopter« in die Unterhaltung tropfen. – Oberst Baer-Ruiz wußte von der archäologischen Entdeckung, doch nicht recht, wo sie zu finden sein würde. Er bat um einige Tage Geduld, dann würde ich von ihm hören.

Einige Tage Geduld! In Südamerika geht es gemächlicher zu als bei uns zuhaus. »Mañana«, Morgen!, ist die Losung. Ich konnte nur warten, warten auf die Nachricht von Oberst Baer-Ruiz und auf ein Lebenszeichen von Professor Soto.

Langsam kroch der Tag dahin. Abends folgte ich einer Einladung in den Rotary-Club zum Nachtessen, ein Glücksfall, denn dort lernte ich den Agrarwissenschaftler Dr. Jairo Gallego kennen, klein, lebendig und quirlig wie ich. An dem Abend ahnte ich noch nicht, auf welche Fährten mich der neue Bekannte setzen würde. Als ich ihm von der Ungeduld meines Wartens erzählte, fragte er:

»Kennen Sie die *Piedras de Leyva*?«

Davon hatte ich weder gehört noch gelesen, aber die Schilderung von vorgeschichtlichen Bauwerken und daß man damit archäologisch nichts anzufangen wisse, machte mich neugierig, zumal ich an die Tage nutzlosen Wartens dachte. Lieber die Welt und ihre Rätsel kennenlernen:

*Viel zu spät begreifen viele*
*die versäumten Lebensziele.*
*Drum, Mensch, sei bei Zeiten weise,*
*höchste Zeit ist's: reise, reise!* J. W. Goethe

## Fahrt nach Villa de Leyva

Es läßt sich darüber streiten, ob fünf Uhr späte Nacht oder früher Morgen ist, eine unchristliche Zeit ist es auf jeden Fall. Wie immer, wenn mich Reisetermine um diese Zeit aus dem Bett zwingen, wunderte ich mich auch an diesem 19. Mai 1981 in der Drei-Millionen-Stadt Bogotá über die stattliche Zahl an Spätheimkehrern oder Frühaufstehern, die durch die Carrera No 7 vorm HILTON heimwärts oder zur Arbeit eilten. Mich fröstelte gleich, als ich mit meinen Metallkoffern, vollgepackt mit Kameras und Meßbändern, durch die Schwingtüren vom Foyer aus an die frische Luft gewirbelt wurde. Kolumbiens Hauptstadt liegt 2645 Meter ü. M., und da sind die Nächte in jeder Jahreszeit kalt.

Einen kleinen schwarzen Fiat umstanden vier Männer – Dr. Forero und sein Sohn Carlos, Dr. Gallego und Carlos Esqualanta, ein Student der Archäologie.

Die von mir befürchtete hautnahe Enge unserer Equipe im kleinen Fiat erwies sich als vorteilhaft: Ich wärmte mich auf, wurde munter und fragte, wie lange die Fahrt nach Villa de Leyva dauern würde.

Dr. Gallego, der am Steuer seines Wagens saß, rief mir vergnügt über die Schulter auf den Rücksitz zu:

»Etwa sieben Stunden!«

Plötzlich empfand ich die Enge bedrückend und spürte jetzt schon von ungefähr, wie mir in zwei Stunden zuerst Füße und Schenkel, dann das Kreuz lahm werden würden. Im Rückspiegel mußte Gallego mein erschrockenes Gesicht gesehen haben, denn er klaubte zwei Orangen aus der Tasche:

»Frühstücken Sie erst mal! Die Fahrt vergeht Ihnen wie im Fluge, ich muß sie beruflich öfter machen.«

Der Fiat rumorte vor sich hin, aus dem Radio quollen melancholische Weisen, ein Sound aus Chorgesang, Gitarre, Trompete und einem jaulenden Tenorsaxophon, offenbar alles bekannte Melodien, denn nach den beiden Akademikern stimmten auch die beiden jungen Leute mit ein. Man sang sich über die Fahrzeit. Als ein politischer Kommentar heruntergeschnarrt wurde, bediente Dr. Gallego den bei ähnlichem Angebot in allen Weltsprachen oft und gern benutzten Abstellknopf.

Ich wischte ein Guckloch in die naßblinde Scheibe. In grellfarbigen Pullovern stehen Mädchen und Buben am Straßenrand, sie bieten bunt bemalte, selbstgebrannte Keramiken an, Trinkgefäße, Becher, Schalen. Die etwa einen halben Meter hohen, aus Steinen aufgeschichteten Türmchen lassen mich fragen, ob es sich dabei um simple Verkehrszeichen handle.

Dr. Gallego sagt, daß in Häusern, vor denen Türmchen stehen, *Chicha* ausgeschenkt wird. Chicha ist ein bierähnliches, dem Federweißen vergleichbares Getränk, das südamerikanische Indianer unter diversen Markenzeichen und aus unterschiedlichen Naturprodukten brauen. Hier, bei den Andenindianern, wird es aus Zuckerrohr oder Mais gegoren, bei den südamerikanischen Waldindianern aus Maniok, dem eiweißhaltigen Milchgewächs der Regenwälder; sie nennen ihre Chicha *Kashiri.*

Die Chicha-Herstellung im Familienbetrieb ist einfach: Zuckerrohrstengel werden mittels Stein- oder Holzwalzen zerquetscht, der Brei wird in Krügen aufgefangen, auf offenem Feuer oder auf glühendheißen Steinen erwärmt, dann in einen Trog gekippt, in dem sich ein Chicharest vom letzten Brautag befindet. Der Säurerest bewirkt rasche Gärung. Indianerfrauen rühren die Masse zusammen, fügen eine kleine Menge Wasser hinzu, decken den Trog mit Blättern vom Bananenstrauch ab. Bereits nach 24 Stunden ist die Chicha trinkbar: Die Umwandlung des Zuckers in Alkohol geschieht derart rasch, daß das Gebräu binnen zwei Tagen zur Branntweindestillation geeignet wäre. Ja, mit der Chicha ist es wie mit dem Federweißen: trinken, sobald das Getränk »reif« ist. Einen Tag zu spät – und Moctezumas Rache ist gewiß!

Ab der Provinzhauptstadt Tunja, 2820 m ü. M., führte unsere Straße ins Gebirge, in eine urweltliche Landschaft mit rostbraunen und roten Bergen, hinter denen im Dunst in der Ferne blau und violett schimmernd andere Andengipfel zu ahnen sind. Mich erinnerte der Blick ans Hochtal von Kaschmir.

Die Täler werden von dunkelgrünen Rabatten der Kartoffelplantagen durchzogen. – Dr. Gallego sagte mir, daß in La Paz, Bolivien, der höchsten Hauptstadt der Welt, 4000 m ü. M., auf dem Markt von Aymarafrauen zweihundert Kartoffelsorten zum Kauf angeboten werden, in den Anden gezüchtet. Archäologisch nachweisbar, pflanzten Indianer bereits in vorchristlicher Zeit – zur sog. Nazca-Zeit um 200 v. Chr. – Kartoffeln an und brachten es auf – nachgewiesen! – 625 Arten. Pizarro, der spanische Eroberer, führte um 1550 die Kartoffel nach Europa ein. Dachte ich mir: Ohne die indianische Agrarkultur wären wir alle längst verhungert.

Die Sonne blendete, stand fast im Zenit.

Mit berstendem Aufheulen des Motors überholte uns in einer Kurve zentimeternah ein Rennwagen, der von acht weiteren in einer offenbar spontan entfesselten Privatrallye verfolgt wurde. Gallego reagierte, wie ich es auch hätte: Er hielt an, bis die »Schönen Wilden« – ich dachte sofort an die riskanten Verfolgungsjagden in dem blendenden Film mit

Yves Montand und Cathérine Deneuve – ihren südamerikanischen Temperamentsausbruch ausgetobt hatten.

Niemand hatte ein Wort gesagt. Dr. Gallego legte den ersten Gang ein und schlug vor, in der *Hospedería Duruelo* zu Mittag zu essen. Im ersten Stock des weitläufigen, schneeweißen Klosterbaus mit seinen Säulengalerien richteten Karmeliter-Schwestern im Refektorium ein Fremden zugängliches Restaurant ein, ein nobelfestlicher Raum mit aus Ebenholz geschnitzten und lederbespannten Stühlen an blendendweiß gedeckten Tischen, auf denen aus Schalen Orchideen in allen Farben des Regenbogens leuchteten. Orchideen sind hierzulande keine teuren Schickeria-Pflanzen, sie gedeihen quasi wie bei uns zuhaus die Gänseblümchen.

Nach kurzem Tischgebet servierten die Schwestern – schwarze Kleider, weiße Häubchen – geräuschlos das kolumbianische Nationalgericht *Ajiaco*, geräuschlos, weil sie auf Samtpantoffeln »schwebten«, Engel wohltuender Atzung. Ajiaco ist eine eingedickte Gemüsesuppe aus Kartoffelwürfelchen, Erbsen, Mais, Avocado, Reis und geschnetzeltem Hühnerfleisch. Als Getränke boten die Engel der frommen Denkungsart frische Milch und *Guayaba*-Saft an. Die Guayaba ist eine vitaminreiche, mandarinengroße, hellbraune Frucht, von der die Kolumbianer behaupten, ein Glas des herbsüßen Saftes enthielte den Nährwert von zehn Bananen. – Freilich gab es nach dem Mahl Kaffee von der Schwärze einer mondlosen Nacht. Kaffee gibt es, wo man geht und steht, gar sitzt. Kolumbianer müssen Pferdeherzen haben. Ihnen schmeckt Kaffee nicht nur zu jeder Tageszeit und Gelegenheit, sie sind auch stolz auf ihn, weil er der einzige Kaffee auf der Welt sein soll, der ohne jedweden chemischen Zusatz hergestellt und exportiert wird. Jedenfalls hilft er auch müden Männern auf den Maulesel.

**Vor den Leyva-Steinen**

»Wie weit ist es denn noch bis zu euren Steinhaufen?« fragte Juan Carlos, als wir uns wieder in die enge Fiat-Blechhülse gezwängt hatten. – »Nur noch ein paar Kilometer«, tröstete Papa Forero.

Tatsächlich führte uns bald ein holpriger Naturpfad zu den Steinen von Leyva. Sie liegen oder stehen in einem rechtwinkligen Aushub. Weder Ziegel noch Mauerreste deuten auf ein Gebäude hin, zu dem die Klötze einstmals gehört haben könnten, obwohl Zahl und Ausmaße der Relikte durchaus Teile eines gigantischen Bauwerks gewesen sein können. Das Rechteck, vor dem wir standen, maß ich mit 34,40 × 11,60 Meter aus.

An der östlichen Längsseite haben 24 Säulen »überlebt«, die längste von ihnen ragt 3,40 Meter aus dem Boden. Die Abstände zwischen den noch vorhandenen Säulen lassen

24 Säulen haben die Zeiten »überlebt«. Die längste ragt über drei Meter empor, andere vergammeln im Boden

eine Hochrechnung auf 42 Säulen an der Längsseite zu Zeiten des Neubaus zu. – Im Zentrum der Anlage vergammeln einige teilweise runde, zerbrochene Säulen, die bei einer Länge von 6,80 Meter und einem Umfang von 2,75 Meter ehemals vermutlich ihre anderen Kollegen überragten.

»Was war denn früher das Zeug hier?« wollte Teenager Juan Carlos wissen, der mir einen Kamerakoffer nachtrug. – »Gib mir, bitte, den Kompaß . . .« – Meine grauen Zellen entwickelten scharf ein Bild, das ich gesehen hatte!

Was mir schwante, bewies die Kompaßnadel: Das Rechteck ist nach den vier Sektoren der Windrose ausgerichtet, die Längsachse verläuft ostwestlich, die Querachse nordsüdlich.

## Gedankenflug nach Frankreich ...

Die Menhire, die unbehauenen Steine des Kromlechs* von Crucuno in der Bretagne in Frankreich gelten in der Archäologie als Sensation, als Wunder, als Rätsel ... weil sie rechteckig ausgerichtet sind. Bis zu dieser Entdeckung hatten megalithische Steinsetzungen rund zu sein wie beispielsweise in Stonehenge, Avebury und Rollright auf der britischen Insel. Steinsetzungen im Rund ließen sich so angenehm leicht als Kalender interpretieren. Dann kam es zu der ärgerlichen Entdeckung des rechteckigen Kromlechs von Crucuno, der seit Olims Zeiten nahe dem gleichnamigen Dörfchen auf der Halbinsel Bretagne lauert. Die vorprogrammierten Deutungen begannen zu wackeln.

Steine sind da, sie lassen sich nicht verheimlichen: Auf einer Länge von 34,20 Meter und einer Breite von 25,70 Meter erheben sich in Crucuno 22 Menhire; andere liegen gestürzt am Boden, sind ramponiert, vielleicht wurden einige sogar fortgeschleppt. Fernand Niel (8) wies überzeugend nach, daß auch das Crucuno-Rechteck einen Kalender darstellt: Über die Diagonalen lassen sich Sommer- und Wintersonnenwende, über die Längsachse Tag- und Nachtgleichen ablesen. – Das Rechteck der Leyva-Steine, vor denen ich stand, ist – wie in der Bretagne – ostwestlich justiert.

Anerkannter Spezialist für megalithische Anlagen, verifizierte Fernand Niel, daß Länge, Breite und Diagonalen des Crucuno-Rechtecks in einem Verhältnis von 3:4:5 stehen. Dieses Verhältnis gilt als pythagoräisches oder ägyptisches rechtwinkliges Dreieck – im alten Ägypten war es ein geometrisches Maß.

Weil der rechtwinklige Kromlech von Leyva schmaler ist als der von Crucuno, ergeben sich andere Winkel und Diago-

* Aus dem Keltischen: Steinkreise

nalen, doch scheint in Kolumbien die Zahl der Säulenmenhire größer gewesen zu sein als in der Bretagne.

Hier in Leyva standen 24 Menhire an einer Längsseite. Wohlbehalten, grüßen in der Bretagne deren 22. Hier, an dem gottverlassenen Platz, müssen ergo an den vier Seiten einst 76 Menhire Wache gestanden haben – 24 an den Längsseiten, 14 an den Breitseiten. Wie viele Säulen das Zentrum markierten, läßt sich nicht einmal mehr ahnen.

Mein spekulatives Gehirn rotierte.

Je mehr Menhire »gepflanzt« wurden, um so mehr Winkelberechnungen ergaben sich, desto komplizierter wurde die Anlage für mathematische Aufgaben. Eine Vielzahl von Menhiren ergab auch mehr Ziellinien und Kombinationen untereinander: Mehr und genauer ließen sich Sterne anvisieren. Denn: Daß die Anordnung der Leyva-Steine – wie in Crucuno – mit Himmelsbeobachtungen zu tun hatte, bietet sich an. Warum sonst richtete man die vier Steinreihen genau nach den vier Himmelsrichtungen ein?

Den Kolumbianern verüble ich nicht, daß sie nie versuchten, die Rätselnuß von Leyva zu knacken, sie wissen nichts vom Pendant in der französischen Bretagne. Wir kommunizieren rund um den Globus, doch 10 000 Kilometer Entfernung sind für archäologische Forschung immer noch eine unüberbrückbare Kluft. Eigentlich sollten Archäologen dankbar sein, sich wenigstens an meinen nicht unbeträchtlichen Reisespesen beteiligen, wenn ich sie gratis auf solche Querverbindungen hinweise. Sie sind weder dankbar noch sehe ich Reisespesen. Sei's drum. Vielleicht erfahren meine Enkel, daß der Opa anno dunnemals ganz vernünftige Hinweise gegeben hatte.

»Erich, was war das früher?« fragte mein junger Freund Juan Carlos, und auch Forero-Vater und Gallego sahen mich an, als wäre ich ein Hellseher, der aus dem Stand eine auch nur vage Erklärung geben könnte. Ich sagte, daß ich eine Ähnlichkeit mit einem berühmten Kromlech in Frankreich erkenne und schlug vor, den Umkreis zu inspizieren, vielleicht fänden wir andere in Steinen überlieferte Informationen.

Knapp einen Kilometer weit weg lag ein erigierter, von einem Baum durchwachsener Penis von 5,80 Meter Länge am Boden und nahebei ein weiterer Lustbringer von stattlichen 8,12 Meter Länge.

Wer Humor hat und ein bißchen frech ist, könnte behaupten, hier hätten einst emanzipierte Frauen den männlichen Steinmetzen das Werkzeug aus der Hand genommen, um das seit Adams Zeiten gepflegte, von Sigmund Freud bis Shere Hite zum Traumsymbol gemachte männliche Geschlechtsattribut in seinem imposantesten Zustand als Warnung zu verewigen. Für das geometrische Rechteck boten die Lustsymbole jedenfalls keine Aufschlüsse an.

Ob sie an einen Fruchtbarkeitskult erinnern? Penisse dieses Formats erlauben diesmal einen Gedanken an den dazugehörigen Kult. Ob sich – in unmittelbarer Nähe des Kalenders – Tage fixieren ließen, an denen Kinder gezeugt oder

In vielen Ländern war der Phallus beliebtes Objekt steinkünstlerischer Darstellung, doch selten findet er sich in so pompösen Formen wie hier

Ein erigierter Phallus von 5,80 Meter Länge. Erinnerung an einen Fruchtbarkeitskult?

verhindert werden konnten? Schlichen die Knaus-Ogino's der Steinzeit vorbei und verkündeten schon damals die frohe Botschaft von der zeitlich begrenzten Fruchtbarkeit der Frau? Roms Segen hätten sie posthum. – Oder wandelten hier gar Riesen, die sich exorbitanter Apparate bedienten und erfreuten? Alles darf vorgeschlagen werden.

Ich wußte nicht die winzigste plausible Erklärung, konnte nur darauf hinweisen, daß der Phallus in vielen Ländern beliebtes Objekt steinkünstlerischer Darstellung gewesen ist. Vielleicht hatten die Steinzeitler nur diese eine Freizeitbeschäftigung, vielleicht regten sie allerorts dieselben Psychologen – auch ohne Couch! – zu den so oft gleichen Darstellungen an. Falls Archäologen ihren keuschen Blick von solchen Trouvaillen abwenden, könnten sich ihrer vielleicht die Sexologen annehmen. Ein Bestseller »Das sexuelle Leben der Steinzeitler« bietet sich an. Frau Shere Hite, machen Sie sich auf den Weg! Sie werden begeistert sein.

Die beiden erwähnten, nach der Windrose ausgerichteten Kromlechs stehen als Beispiele für viele derartige Anlagen in allen Kontinenten. Die Deutung als Kalenderwerke ist naheliegend, doch unbefriedigend. Es hätte simplere Methoden gegeben, den Frühjahrsbeginn zu bestimmen und den Herbst zu prophezeien.

Irgend etwas ist uns allen bisher entgangen. Was übersehen wir, um den Steinzeitlern auf die Schliche zu kommen? Grobe Ansagen der Jahreszeiten brauchte man für den Akkerbau auf unserem Planeten nie, weil sie – mit nur geringen Verschiebungen – im Rhythmus auftraten. Jetzt, immer schon. Ein präziserer Kalender wäre für von den Sternen abgeleitete Horoskope nützlich und brauchbar gewesen. – Im Ernst: Determinierten die Kromlechs Daten für Priesterweihen, für rituale Feste, für sternenbezogene Kulte? Wurden solche Tage von Vorgängen am Fixsternhimmel abgeleitet? Waren es Denkmäler für Besucher, die vom Himmel kamen und wieder dorthin verschwanden? Ist in solchem Sinne der Phallus Symbol für Leben, das aus dem All kam? – Die Kalender-Erklärung mag ins Arsenal der Lösungen eines steinernen Rätsels gehören, der Weisheit letzter Schluß ist sie meines Erachtens nicht.

## »Arbeitsbesuche«

Arbeitsbesuche. Eine alberne Vokabel, die seit einiger Zeit die Regierenden benutzen, wenn sie sich zu berufsmäßigen Verhandlungen treffen. Essen diese Herren tageszeitentsprechend, dann betätigen sie sich bei »Arbeitsessen«. Gehen sie ihrem Job schon morgens nach, dann palavern sie beim »Arbeitsfrühstück«. Jüngst meinte ein Radiokommentator sogar, man habe sich zu einem »Arbeitsdrink« getroffen. So gesehen, absolviere ich auf meinen Reisen ständig Arbeitsfrühstücke, Arbeitsessen und auch Arbeitsdrinks.

Am Abend nach der Leyva-Exkursion war ich mit Schweizern, die in Bogotá leben, zu einer »Arbeitsbegegnung« verabredet. In diesem Kreis lernte ich meinen Landsmann, den Welschschweizer Raphy Lattion, kennen. Lattion ist Professor für Musik am Schweizer Kollegium der Hauptstadt. Er las meine Bücher, drum stellte er gleich nach dem Kennenlernen die Frage, ob ich die »genetische Scheibe« schon gesehen hätte. Mit dem Stichwort »genetisch« fielen mir gleich die Phalusse in Leyva ein.

»Nein, was ist das?« erkundigte ich mich.

Professor Lattion erklärte, daß es sich um einen Fund mit merkwürdigen Reliefs auf beiden Seiten einer Platte handle: Eine Bilderfolge stelle die Entstehung von Leben vom Spermafaden bis zum Fötus dar, die andere Seite zeige die Zellbefruchtung und Entwicklung bis zum Frosch.

»Wie alt ist die Scheibe?«

Nachdenkend atmete Lattion tief durch:

»Einige Tausend Jahre bestimmt . . .«

Meine Augen müssen Zweifel signalisiert haben, denn den vorgeschichtlichen Bewohnern Kolumbiens sind – da sie nicht mit Mikroskopen ausgestattet waren – Spermafäden unbekannt gewesen. – Mein grauhaariger Landsmann fügte schnell hinzu:

»Sie können sich die Scheibe ja ansehen! Sie gehört dem Vater eines ehemaligen Schülers – Professor Jaime Gutierrez. Wollen Sie ihn treffen?«

»Bitte, vereinbaren Sie eine Begegnung.«

Nächste Seite: Professor Gutierrez erwartete mich

## Die Genetische Scheibe

Selbst gern auf die Minute pünktlich, freute es mich, daß Professor Gutierrez mich vor seinem Bungalow in der Carrera 9B, No 126, erwartete. – Mehr noch als sein sportlich legerer Dreß fielen mir seine kräftigen, nervigen, durchgearbeiteten Hände auf: Sie ließen auf eine manuelle Tätigkeit schließen. Ich sagte das. In die dunklen Augen im bärtigen Gesicht des großen, schlanken Mannes kroch ein gutmütiges Lächeln. Ja, nickte er, er wäre Industriezeichner, ein Fach, das er an drei Universitäten Bogotás lehre.

Die technisch-künstlerische Tätigkeit infizierte die ganze Familie! Im großen Wohnraum waren seine Frau, seine vier Söhne, seine Tochter, alle über 18 Jahre alt, samt Freunden und Freundinnen bei handwerklicher Tätigkeit. Die Söhne wirkten wie Che-Guevara-Kopien: die Gesichter nach Art des Bartes des kubanischen Arztes und Guerillaführers bewachsen, die schirmlose Mütze auf den Köpfen. Sie teilten, wie Gespräche ergaben, nur die äußerlichen Attribute des Revolutionärs.

Alle, Mädchen und Jungen, und teilweise auch deren Mütter, betrieben ihre Hobbys: Sie modellierten oder malten, stellten feingliedrige Mobiles her, der Älteste fertigte in einer Dunkelkammer Vergrößerungen seiner Fotos an. Im Stile alter Hinterglasmalereien bemalte Frau Gutierrez mit feinem Pinsel Glasscheiben. – Südamerikanisches Familienleben, wie wir es uns nach den täglichen Unruhemeldungen aus diesem südlichsten Teil der Neuen Welt kaum noch vorstellen können. Die Medien decken diesen großen Teil der schweigenden Mehrheit zu.

Das war mein erster Eindruck, der zweite waren die mit archäologischen Funden überladenen Regale an allen vier Wänden, hier und in anderen Räumen. – Gutierrez löste Professor Lattion und mich aus dem Familienclan, führte uns in sein spartanisch eingerichtetes Arbeitszimmer: ein Schreibpult, ein Stuhl, ein Reißbrett und Regale, voll mit Keramiken und besonderen Steinen. Wahllos griff der Hausherr eine handspannengroße, amulettartige Arbeit heraus. Sie war von eingravierten Schriftzeichen übersät.

GLOZEL! schoß es mir ins Gehirn.

## Die Kabalen von Glozel

Zwischen Lyon und dem weltbekannten Badeort Vichy in Frankreich liegt im Departement Allier der kleine Ort Glozel, ein Weiler wie hundert andere. Dieser wurde berühmt – durch Funde, die dort ans Licht kamen, und durch Intrigen, die sich darum rankten. Fast ein Krimi.

Zeichnungen auf den Glozel-Steinen

Am 1. März 1924 pflügte der junge Bauer Emile Fradin seinen Acker. Er ärgerte sich. Steine schlugen Scharten in die Pflugschar. Also sammelte er sie ein und häufelte sie am Akkerrand. Während er hin- und herging, die Steine in den Händen trug, empfand er einen als leichtgewichtiger unter den anderen. Mit dem Handballen entfernte er oberflächlich den Lehm und sah Schriftzeichen eingeritzt wie T-H-O-U-X, ein wilder Buchstabensalat. Emile Fradin schob den Fund in die Rocktasche und wusch ihn daheim blank. Es kam eine Tonscherbe zum Vorschein. Zwar konnte er keine Gravur entziffern, doch nahm er sich vor, die Tonscherben aus den Steinhaufen auszusortieren, weil diese Überbleibsel vielleicht aus einer früheren Zeit sein könnten. So klug war der einfache Bauer Emile Fradin. Das Entdecken von aberhundert Täfelchen und gravierten Steinen lohnte seine Mühen.

Die Funde von Glozel sprachen sich bis Vichy herum. Der Badearzt Dr. Antonin Morlet hörte davon. Zusammen mit Fradin fand er weitere Steine und Täfelchen mit Gravuren; einige davon schickte er nach Paris ans *Musée des Beaux-Arts*, das Museum der Schönen Künste.

Dort ließ man sich viel Zeit. Erst nach Jahren bequemte sich der damalige Museumsdirektor Dr. Capitan zu einem Besuch in Glozel, wo er – ganz von akademischer Majestät durchdrungen – die Fundstätten abschritt. Stolz, als erster seinen Fachkollegen über die seltsam beschrifteten Steine und Täfelchen berichten zu können, verfaßte er einen Bericht, der nie veröffentlicht wurde. Aus purer Eitelkeit nicht veröffentlicht wurde.

Inzwischen hatte nämlich Dr. med. Morlet eine Abhandlung geschrieben. Empörend, wie einer von der medizinischen Fakultät dem Archäologen ins Handwerk pfuschen konnte! Um doch noch an der Entdeckung zu partizipieren, versuchte der Museumsdirektor einen Kuhhandel. Der Arzt

Nächste Seite: Bauer Emile Fradin

hatte in seiner Schrift vollkommen korrekt auch den Namen von Emile Fradin genannt; er lehnte das Ansinnen von Dr. Capitan ab, den Namen des Bauern wegzulassen und durch den mit akademischen Weihen versehenen Namen »Dr. Capitan« zu ersetzten.

Es ist verbrieft, und darum soll es hier stehen, daß dieser Dr. Capitan von Stund an alles tat, um die Funde von Glozel zu mißkreditieren. Als der Bauer Fradin dann noch so unverfroren war, seine Bodenschätze in einer Scheuer des elterlichen Hofes auszustellen und gegen ein kleines Entree zu zeigen, da verdonnerten die hochfeinen, amtlich bestallten Archäologen in Paris den braven Fradin in üblicher und übler Eintracht zum Fälscher.

Aber harte Beweise sind eben doch nicht aus der Welt zu schaffen.

Eine Kommission aus schwedischen und französischen Kriminalisten marschierte 1928 (!) über jungfräulichen Boden in Glozel, Boden, den Emile Fradin nicht beackert hatte. Die Kommission fand Knochenreste, die nach 12000 v. Chr. datiert wurden. Die Sammlung von Glozel vermehrte sich um mehrere tausend interessanter Steine und einige Tontäfelchen, auch um urnenähnliche Gefäße.

Man sollte meinen, nun hätten sich die Archäologen der Funde angenommen, geprüft, ihre Echtheit attestiert, den Ruf des Bauern Fradin wiederhergestellt. Irrtum. Die Kamarilla hielt wie Pech und Schwefel zusammen: Dr. Capitan hatte die Glozel-Steine als Fälschungen abqualifiziert. Seine Meinung wurde in Büchern tabuisiert und damit zur Lehrmeinung der Kathederfürsten. Wie hieß es in den endsechziger Jahren? Unter den Talaren, Mief von tausend Jahren! Man riecht ihn vielerorts.

Die Wahrheit wird sich durchsetzen. In jüngster Zeit nahm sich der Schweizer Dr. Hans-Rudolf Hitz die Schriftzeichen der Glozel-Steine vor, bemühte sich gründlich um Entzifferung (9). Das Resultat ist so erstaunlich wie ermutigend: Die

Zeichen erweisen sich nicht nur als deutbare Schriftsymbole, sondern auch als mathematische Zahlenreihen!

Ich fragte Professor Gutierrez, ob er je von Glozel gehört habe. Natürlich nicht, woher sollte er auch? Drum erzählte ich ihm, welchen Gedanken ich eben nachgehangen hatte und fragte ihn, woher denn die Steine seiner Sammlung stammten.

### Die Steine von Sutatausa

Vor gut siebzehn Jahren, sagte Professor Gutierrez, habe er sich mit Bernardo Rincon unterhalten, der Schmied von Beruf sei und bei Sutatausa, vierzig Meilen nordwestlich von Bogotá, eine Finca, einen kleinen Bauernhof, besitze. Sein Bekannter habe ihm damals einige mit Figuren und Schriftzeichen gravierte Steine gezeigt und gefragt, von welchem Alter sie sein könnten. Gutierrez, der es nicht beurteilen konnte, bat einen befreundeten Geologen, das Alter einiger Steine grob zu schätzen, mindestens zu beurteilen, ob sie alt oder jüngeren Datums seien. Der Geologe versicherte, daß die Steine – einschließlich der Gravuren – einige tausend Jahre alt seien, weil sich unter dem Mikroskop deutliche Spuren von Auswaschungen durch Wasser feststellen ließen. Wenn ich Zeit und Lust hätte, ermunterte mich Gutierrez, könnte ich auf der Finca selbst solche Steine aus dem Boden »pflücken«.

Glozel und Kolumbien! Will man uns glauben machen, es wäre weltweit eine Mafia von Fälschern am Werk gewesen, um mit einer Lawine von Steinen die Archäologen an ihren werten Nasen herumzuführen?

Wäre nicht eher zu prüfen – statt es sich so schrecklich einfach zu machen –, ob es irgendwann einen Lehrmeister gegeben hat, der nach einheitlichem Schema die Steinmetzen anlernte? Stammten die Darstellungen – sollte man doch fragen

Zwei Beispiele aus der Gutierrez-Sammlung: gravierte Steine aus Sutatauso bei Bogotá

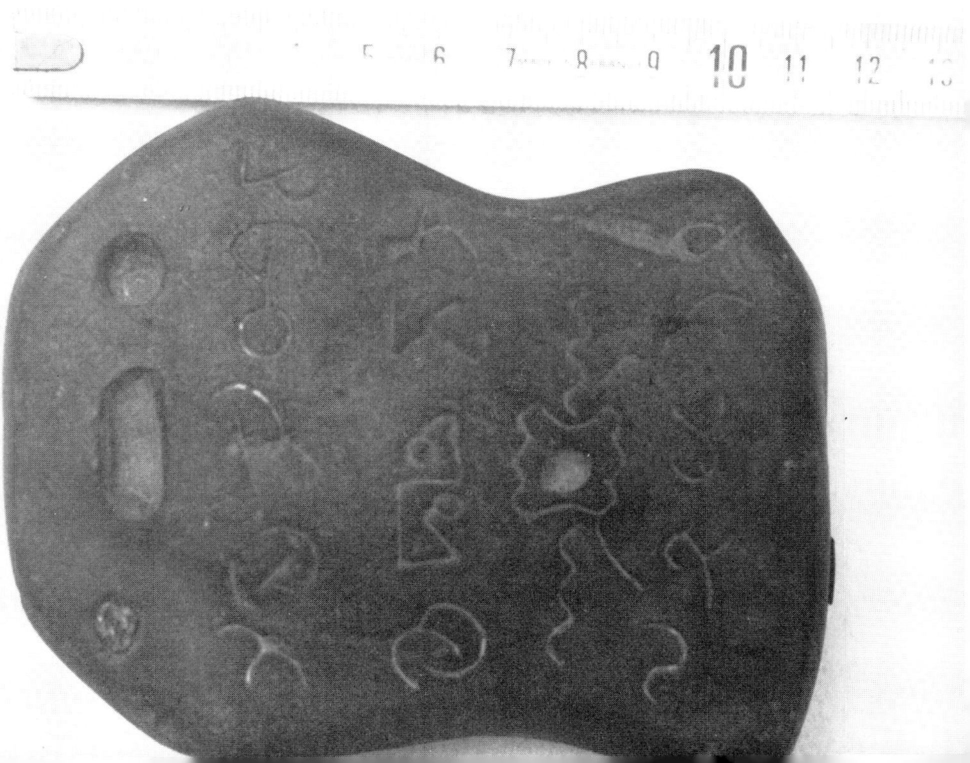

– aus dem gleichen Lehrbuch für Bild- und Schriftzeichen? Es kann doch eigentlich niemand so töricht sein, ernsthaft anzunehmen, es wären irgendwann – gestern und auch heute noch – Verrückte unterwegs gewesen, die zuerst in mühevoller Arbeit Steine aller Größen und Härtegrade sammelten, um sie dann mit Stichel und Meißel zu ziselieren und hernach tief in die Böden zu säen? Wer Schabernack treiben will, macht es sich einfacher. Überschätzen Archäologen nicht ihre anerkannte Wichtigkeit, wenn sie unterstellen, der ganze Aufwand gälte einer Fälschung, um sie in die Irre zu führen?

Wer sich nicht selbst zum Verfälscher von Gegebenheiten machen will, steht vor verwirrenden Fragen wie: Gab es ein Zentrum, von dem aus die Steinritzungen vorgegeben und veranlaßt wurden? Wurde »befohlen«, Steine in großer Zahl mit Botschaften, mit Nachrichten zu spicken, um die Wahrscheinlichkeit zu erhöhen, daß sie noch nach Jahrtausenden gefunden würden?

Den Steinen von Glozel wurde ein Alter von 12 000 Jahren v. Chr. attestiert. Keine Tempelruine aus der Maya- oder Inkazeit, aus dem alten Ägypten oder Babylon weist ein ähnlich hohes Alter auf. Die Steine müssen zu einer rätselhaften Epoche gehören, die weit zurück vor allem liegt, was bisher zum Betätigungsfeld der Archäologie gehört. Traut sie sich nicht, die weißen Flecke in der Menschheitsgeschichte zu betreten?

Die bisherigen Funde offenbaren massierte Steinansammlungen an bestimmten Punkten der Welt. Da dieses Phänomen bisher noch nicht systematisch angegangen wurde, darf man die Zufallsentdeckungen nur als Anfang, nicht als Ende nehmen. Erst nach einer weltweiten Exploration wird man wissen, ob die Steinplantagen auf heilige Orte schließen lassen, an denen Gläubige die kostbaren Steine deponierten wie heutzutage Votivtafeln an Wallfahrtsorten. Vielleicht hatten die Steine – je nach Reichtum und Inhalt der Gravuren – einen bestimmten Handels- und Tauschwert. Hatten Kaufleute

sie im Gepäck, um mit ihnen Aufträge an Lieferanten vertragswert gültig zu machen? Waren es Amulette, schriftliche Mitteilungen für Mitglieder einer Sippe? Jede Deutung hat eine Chance – nur die der Fälschung nicht. Geben wir doch zu, daß wir noch nie so wenig von so vielem wußten wie heute.

## Die genetische Scheibe

Professor Gutierrez legte mir eine rußschwarze Scheibe in die Hand, ungefähr zwei Kilo schwer mit einem Durchmesser von 22 Zentimeter und einem Loch in der Mitte wie bei einer Schallplatte.

»Woher haben Sie die Scheibe?«

»Durch einen Glücksfall bekam ich sie. Man weiß hier, daß ich prä- oder frühhistorische Fundstücke sammle. Da tauchte vor einigen Jahren ein Guaquero, ein Schatzsucher, bei mir auf.« – Gutierrez schmunzelte: ». . . anderswo würde man ihn vielleicht als Grabräuber bezeichnen. Er bot mir die Scheibe für einen kleinen Betrag an.«

»Wissen Sie, wo der Mann sie gefunden hat?«

»Guaqueros haben so ihre Geheimnisse. Der Mann schwor, daß sie nicht aus einem Grab stammte, er hätte, sagte er, auf seiner Finca eine Wasserleitung in den Boden verlegt, da habe er sie gefunden. Der Mann wohnt am Rande von Bogotá.«

»Und das Ding soll alt und echt sein?«

Gutierrez blies den wohlriechenden Rauch seiner schwarzen Zigarre durch die Nüstern:

»Der Blinde fühlt es, der Sehende sieht es, Geologen versicherten es: Diese feine Steinmetzarbeit ist Jahrtausende alt! Sehen Sie hier! Die Scheibe ist durch das Gewicht des Erdreichs – wer weiß, was alles darüber hinwegging? – mit den

Vorhergehende Seite: Die Genetische Scheibe

Geologen sagen, die Scheibe sei Jahrtausende alt. Durch das Gewicht des Erdreichs sei sie gepreßt worden, habe sie sich an den Rändern aufgestülpt

Zeiten eingedrückt, gepreßt worden, die Figuren wurden ein bißchen verzerrt, an den Rändern wurden sie sogar aufgestülpt, die Symmetrie der Darstellung der Schlange hat sich verzogen. An manchen Stellen blätterten die Reliefs ab, wurden durch fließendes Wasser erodiert. Was ich ahnte, ja, instinktiv wußte, bestätigten mir zwei befreundete Geologen von der Technischen Universität: Die Scheibe ist Jahrtausende alt, wie viele Jahrtausende weiß ich nicht. Jedenfalls gratulierte man mir zu dem Prachtstück.«

Auf der Vorderseite verlaufen am Scheibenrand zwölf durch lotrechte Striche getrennte Ornamente. Zur Scheibenmitte fügen sich sechs, durch einen Pfeil unterbrochene Sektoren aneinander. Direkt unterhalb des Pfeils sind ein Fötus,

Vorderseite der Genetischen Scheibe

ein weibliches und ein männliches Lebewesen graviert, deutlich erkennbar an Vagina und Penis.

»Ihre Interpretation, Herr Professor?«

»Zuerst dachte ich an einen Kalender – wegen der zwölf Rauten, vielleicht mit Tierkreiszeichen. Doch was sollten in diesem Zusammenhang die beiden Lebewesen mit ihren markanten Geschlechtsmerkmalen? Über alles mag man rätseln

– Vagina und Penis sind unverkennbar. An der Universität diskutierte ich mit Biologen . . .«

»Was sagten die?«

»Sie waren es, die die *genetische Scheibe* ins Gespräch brachten. Sie sahen die Darstellungen aus ihrer Materie heraus. Schaun sie: Direkt unter dem Pfeil hocken zwei Frösche, sagen die Biologen. Rechts neben dem Froschmann beginnt eine Linie, die das Loch in der Mitte halb umläuft und dann in dem Pfeil endet. Die Linie mit dem Pfeil wiese auf die Bedeutung der ›Cartoons‹ am Scheibenrand hin, sagten meine Kollegen, sie stellten sozusagen die Verbindung zu Vagina und Penis her, zum Zeugungsakt also. – So, und nun verfolgen Sie mal die sechs Felder links vom Pfeil:

1. Feld = Spermafaden – 2. Feld = männliche und weibliche Eizelle – 3. Feld = das befruchtete Ei – 4. Feld = der Fötus – 5. Feld = das Embryo – 6. Feld = das wachsende Embryo.

Die Felder rechts vom Pfeil habe ich nicht so eindeutig begriffen. Die Biologen meinen, sie könnten möglicherweise eine evolutionäre Entwicklung andeuten – vielleicht so:

1. Feld = Zellteilung – 2. Feld = ein Wasserwesen – 3. Feld = ein Lurch, ein Kriechtier, ein Salamander? – 4. Feld = vielleicht ein Vogel – 5. Feld = eine Zwischenstufe der Entwicklung zum Menschen? – 6. Feld = ziemlich eindeutig der Mensch. Ja, und die sechs Sektoren, die zur Scheibenmitte verlaufen, könnten in drei Feldern linksseitig die Zellvermehrung darstellen, meinten die Biologen, und rechtsseitig Weibchen und Männchen – Vagina und Penis. Und danach eine schwangere Frau, an den Brüsten kenntlich.«

## Laut nachgedacht

»Ungeheuer«, sagte ich und schaute in die mich beobachtenden Gesichter von Gutierrez und Lattion.

»Das sagen alle, die die Scheibe sehen!« nickte Gutierrez,

Rückseite der Genetischen Scheibe

und Lattion fragte: »Und was halten Sie davon?« – Aufmerksame Blicke durch eine Lupe bestätigten, was die Geologen feststellten. Ich dachte laut nach:

»Die billigste Erklärung, die einer Fälschung, können wir vergessen. Ich gebe zu, daß mich die grafische, quasi moderne Darstellung eines Pfeils irritierte, aber Pfeile gehören ja in den Fundus aller Felsbildkunst. Ich sah Pfeile in Sete Cidades in Brasilien, in den Tälern der Hopi-Indianer, USA, in der Höhle von La Pileta in Spanien und im Val Camonica in Italien. Pfeile sind stilisierte Speere, und die gab es seit Urzeiten.

Was können die Reliefs besagen? Die Bilder sind zu fremdartig, als daß sie in einer uns bisher zugänglichen Epoche angesiedelt werden könnten. Das absolut moderne Begriffsvermögen erlaubt die Annahme, daß die Scheibe aus einer Zivilisation überliefert ist, die unseren Wissensstand erreicht hatte.

Die Künstler, die diese Darstellungen schufen, verfügten über Kenntnisse, die ihrer Zeit um Jahrtausende vorausgriffen, sie besaßen ein *Know-how*, das den frühen Völkern nicht zugestanden wird. Sie verfügten weder über Mikroskope – die ihnen Spermafäden oder Zellteilungen hätten sichtbar machen können – noch hatten sie eine Ahnung von der Evolution, die sie darstellten. Hatten sie Lehrmeister, die sie kundig machten? Was meinen Sie?«

Gutierrez zupfte nachdenklich an seinem Bart:

»Als Lehrmittel könnte ich mir diese Scheibe durchaus vorstellen. Mit dem Loch in der Mitte wäre sie sogar sehr praktisch: Nach Bedarf lassen sich die Darstellungen ins Blickfeld drehen ...«

»Die verständliche Klarheit eines Lehrmittels könnte ich nur auf der Vorderseite erkennen, die Rückseite ist doch ziemlich verwirrend ...« unterbrach ich.

Professor Gutierrez, den die Scheibe seit Jahren beschäftigt, meinte, auch auf der Rückseite ließe sich doch einiges ablesen, sobald man sie gegen den Uhrzeigersinn drehe, etwa dies:

Uhrzeiger auf acht Uhr: das Pärchen mit einer links neben dem Kopf des Männchens symbolisierten Vagina – Sieben Uhr: Samenfäden dringen in die Vagina ein – Sechs Uhr: kniende Frau mit einem unbefruchteten Ei vor dem Leib, darüber schwebt ein Samenfaden – Fünf Uhr: Samenfäden (durch Punkte angedeutete Chromosomen?), die zu zwei Eiern führen, ein Ei ist leer = unbefruchtet, das andere ist befruchtet – Vier Uhr: der Fötus – Es folgen unverständliche Zeichen, doch die Uhrzeigerposition ein Uhr ist wieder klar: Zwillinge im Mutterleib.

»Ein bißchen müssen Dozenten ja auch zu tun haben – zu erklären!« lachte Professor Lattion.

## Wischi-waschi-Wuschologie

Eigentlich gehört so ein Stück hinter Glas in ein Museum, dachte ich bei mir, fragte dann:

»Was sagen denn Archäologen?«

Mit seinem »Lieblingskind«. konsultierte Gutierrez mehrere Fachleute, auch Kolumbiens führenden Archäologen Soto Holguin. Der habe die Scheibe lange betrachtet, doch letztlich gestanden, daß er damit nichts anzufangen wisse.

»Sehen Sie, Erich«, zeigte Gutierrez Verständnis, »so ein Ding wie dieses paßt in kein Schema, in keine bisher bekannte Kultur. Wo sollte diese Scheibe in einem Museum deponiert werden? Was für ein Etikett sollte man für Besucher draufkleben? Alter und Zeichen des Steins würden ja eine ganz neue Sicht der menschlichen Frühgeschichte nötig machen. Bei Akzeptanz solcher Funde könnten unsere frühen Vorfahren nicht mehr als primitive, behaarte Wilde gelten! Es braucht Zeit, bis ein Einbruch in das bestehende Denkgebäude gelingt, ja, wir alle brauchen viel Geduld!«

Wird wohl so sein. Da ich dies niederschreibe, fällt mir ein Wort von Professor Hermann Oberth ein, dem unbestrittenen »Vater der Raumfahrt«:

»Es gibt Wissenschaftler, die benehmen sich wie ausgestopfte Gänse. Neue Ideen und Gedanken lehnen sie einfach als Unsinn ab.« – Ja, auch das ist so.

Ungeprüft, wäre Professor Hermann Oberths Feststellung hinzuzufügen. Rütteln an tradierten Lehrmeinungen ist nicht gefragt. Ehedem galten Kirchen als dogmatisch, Wissenschaften als dynamisch. Die Säulen der Weisheit haben ihre

Standorte vertauscht. Heute sagt die Kirche, daß außerirdisches, ja, außerirdisch-menschliches Leben möglich sei … und es schockiert die Gläubigen nicht. Die Kirche ist längst dynamisch geworden, sie ist nicht mehr dogmatisch. Die Wissenschaft wurde dogmatisch und unduldsam, von der geltenden Norm abweichende Meinungen erträgt sie nicht, allenfalls in letzter, höchster Not. Außenseiteransichten dürfen nur außerhalb von »König Nobels Hofstaat« (10) diskutiert werden. Dabei vermehren sich Institute und Lehrstühle für alle möglichen …ologien wie die Kaninchen im grünen Klee. Der Chemiker Professor Max Thürkauf, Basel, macht sich denn auch rechtens über die »Wischi-waschi-Wuschologie« an den Hochschulen lustig.

## Mutiger Fred Hoyle

Männer, die Mut haben, erfreuen mein Herz.

Professor Fred Hoyle – seiner wissenschaftlichen Verdienste wegen von der Queen zum »Sir« geadelt – gilt als führender Astrophysiker Großbritanniens, er hat eine Professur in Manchester und eine Gastprofessur am Technischen Institut Caltec in Kalifornien, er arbeitet an den Observatorien von Mount Palomar und Mount Wilson. Hoyle entwikkelte durch Modifizierung der Gleichungen der allgemeinen Relativitätstheorie eine Theorie für ein homogenes, isotropes Modell des Universums mit kontinuierlicher Entstehung von Materie.

So viel zur wissenschaftlichen Qualifikation von Sir Fred.

Seit langem vertritt Hoyle die Ansicht, daß Leben mit kometenartigem Material aus dem Weltall auf der Erde eintraf. Im Januar 1982 ging er entscheidende Schritte weiter: Er stellte Darwins Evolutionslehre wie auch die Theorie, Leben könne durch Zufall entstanden sein, in Frage.

Ich schmunzle, ach was!, ich kenne mich kaum vor Vergnügen!

Als ich 1977 in meinem Buch BEWEISE justament diese Achillesfersen der gültigen Lehrmeinung anpiekste, wurde ich verhöhnt, allein stand ich auf weiter Flur im Regen. Darum muß ich einfach Sir Freds Gedankengänge aus seinem Londoner Vortrag nach dem ddp-Bericht vom 12. 1. 1982 zitieren und »vereinnahmen«.

Der Mensch, trug Professor Hoyle vor, sei das »Wiederauftauchen« einer früheren »Intelligenz«, die sich einer Umweltkatastrophe von kosmologischen Ausmaßen gegenübergesehen habe. Diese »Intelligenz« habe sich in eine Art von »Baukasten« zerlegt, dessen existenzielle »Bausteine« sich im Weltall verteilt hätten. In diesem Baukasten waren – so Hoyle – alle biologischen Grundstoffe, aus denen Leben, wie wir es kennen, zusammengestellt ist. Als der »Baukausten« die Erde als passende Umwelt erreichte, habe er sich entwikkelt – gefördert durch weiteres genetisches Material, wie es immer noch aus dem Raum eintreffe.

Mit dieser Annahme wären, sagte Hoyle, die Schwierigkeiten der darwinistischen Evolutionslehre zu umgehen, sie erkläre auch, weshalb hinter den Strukturen des Lebens ein intelligenter Plan stehen müsse. Diese Strukturen seien nämlich so komplex, daß sie nicht – wie orthodoxe Wissenschaftler meinen – durch Zufall entstanden sein könnten.

Mit diesem mutigen Statement, nach ddp zitiert, lehnt Sir Fred zugleich die Theorie ab, wonach Leben aus einer »uranfänglichen Suppe« entstand, die durch Zufallsprozesse die genau geordneten Ketten von Aminosäuren geschaffen haben, von denen alles Leben abhängt. – Hoyle lehnt auch Darwins Theorie von der natürlichen Zuchtwahl ab, die auf zufälligen Mutationen der Gene beruht und höher entwickelte Pflanzen und Tiere schafft. Hoyle vertritt die Auffassung, daß ja die schädlichen Mutationen weitaus häufiger seien als die wohltätigen, und daß daher der Prozeß »bergab« laufen müßte, sofern Darwin recht gehabt hätte.

Hoyle erklärt, daß Mikroorganismen im ganzen Weltraum verbreitet seien und zwar in den interstellaren Gasen, sie könnten die Erde per Kometensplittern erreichen, in deren gefrorenem Material die Mikroorganismen eingeschlossen seien. Hoyles Auffassung zufolge entstand die Ordnung der Biomaterialien nicht durch Zufall, sondern durch intelligente Planung.

Mit der vorteilhaften Hilfe einer ungeheuren Technologie würde die Intelligenz eine neue materielle Struktur finden, in die der riesige Vorrat an Informationen – eben die Intelligenz – übertragen werden könnte.

Soweit das Exzerpt aus Professor Hoyles wichtigem Vortrag. Ich darf einige Anmerkungen aus meiner Sicht hinzufügen.

Meine Kritiker posaunen, Außerirdische seien niemals menschenähnlich, auf fernem Planet hätten sich Molekülketten in völlig anderen Verbindungen geordnet als auf der Erde, müßten deshalb also auch von den unseren ganz verschiedene Resultate erbracht haben.

Das muß nicht stimmen. Irgendwo im Universum bildete sich die erste intelligente Lebensform. Wann und wo das geschah, ist unerheblich, wir wissen es nicht. Diese intelligente Lebensform sandte Lebenskeime, Molekülketten oder biologisches Grundmaterial in alle Richtungen ihrer Galaxis aus – Lebensbomben (»Baukästen«) formulierte ich in »Reise nach Kiribati«. Einige Behälter ziehen durchs All, erreichen kein Ziel, stürzen in fremde Sonnen – andere geraten in den Anziehungsbereich eines *jungfräulichen* Planeten.

Was geschieht? Ist die Planetenoberfläche für das genetische Grundmaterial ungeeignet, wird es absterben, nicht »erblühen« können – ist sie aber tauglich, geht die Aussaat nach einem codierten Programm auf. Das ist etwa so, als würde der Samen eines in Europa gedeihenden Baumes nach Australien verpflanzt: Ist der Boden dort ungeeignet, wird der Samen nicht aufgehen – ist er geeignet, wächst ein Baum heran von der Art seines europäischen Ahnen – durch die in den Zellen codierte genetische Information. Ähnlich verhält es sich mit Hoyles Baukasten. Die Frage nach dem Gleichsein, dem Ähnlichsein ist damit abgehakt. Wo der kosmische Samen aufgeht, entwickelt er sich gleich, mindestens sehr ähnlich wie am Herkunftsort.

Diese Sicht schließt nicht aus, daß es im Universum »Leben« geben mag, dessen Formen und Aussehen wir uns in kühnster Phantasie nicht vorstellen können. Keine solche Lebensform wäre aber auf unserem Planeten überhaupt gediehen! Kritiker, die sich bereit zeigen, diese Theorie zu überdenken, monieren zugleich, es sei absurd, anzunehmen, menschenähnliche Wesen im Universum würden ähnlich denken und handeln wie wir.

Weil es brandaktuell und der Kern dessen ist, was ich seit mehr als 15 Jahren sage, erinnere ich in apodiktischer Kürze: Fremde, intelligente Lebensformen besuchten vor Jahrtausenden unseren Planeten. Vom damals *bereits existierenden Hominiden* nahmen sie eine einzige Zelle und veränderten sie durch genetische Manipulation – ein Vorgang, der heute bereits praktiziert wird: »Gen-Techniker können schon heute Erbanlagen gezielt verändern« (GEO, Februar 1982). Vor zwei Jahren hieß es noch, gezielte genetische Manipulationen würden – wenn überhaupt – vielleicht in 100 Jahren möglich sein.

Die genetisch manipulierte Zelle wurde von Extraterrestriern in eine Nährflüssigkeit gegeben, in der sie bis zum Ei wuchs. Das Ei wurde einem weiblichen Exemplar *gleicher Gattung* in die Gebärmutter eingesetzt. (Künstliche Befruchtungen sind bei Mensch und Tier längstens gang und gäbe!) – Das Kind, das ausgetragen wurde, hatte alle Eigenschaften der Eltern, doch durch die genetische Manipulation besaß es *zusätzlich* Eigenarten und Fähigkeiten, die die Eltern nicht hatten – die Fähigkeit zu sprechen, beispielsweise – die Begabung, Erlebtes im Gehirn zu speichern und als Erinnerung jederzeit abrufen zu können, beispielsweise.

Das Thema sei brandaktuell, sagte ich. Darum:

In den USA werden derzeit vor hohen Gerichten Prozesse

ausgefochten: Evolutionisten und Fundamentalisten sind die Kontrahenten. Die Evolutionisten (vorwiegend von wissenschaftlicher Seite) möchten bestätigt haben, Leben auf der Erde sei per Zufall entstanden und habe sich dann nach evolutionärem Prinzip (Darwin) weiterentwickelt. – Die Fundamentalisten (vorwiegend orthodox Gläubige) möchten den biblischen Schöpfungsakt bestätigt wissen: Gott schuf den Menschen »nach seinem Ebenbild«.

Außer, daß eine prozessuale Klärung jedes Gericht überfordert, vertritt jede Seite nur die halbe Wahrheit: Zögen die Kontrahenten das außerirdische Element in Betracht, wäre der Streit beendet beziehungsweise gar nicht erst aufgekommen. Die Evolutionisten haben insofern recht, als es Evolution, Mutation und Selektion gibt, doch klären sich die Zentralprobleme nicht: Wie entstand Leben, wie kam es zur Intelligenz? – Die Fundamentalisten haben insofern recht, als das Leben »von außen« auf die Erde gelangte und als »Gott« oder »Götter« den Hominiden nach »ihrem Ebenbild« formten und intelligent machten. Die Außerirdischen einbezogen, brauchen auch Anthropologen nicht mehr nach dem fehlenden Bindeglied *(missing link)* zu suchen: Es ist die künstliche Mutation durch Extraterrestrier.

Vielleicht enthält die genetische Scheibe, die da vor mir lag, die Informationen, nach denen wir suchen. Jedenfalls wünsche ich der Archäologie zu den nächsten zehn Weihnachtsfesten *einen* Fred Hoyle!

## Mit Juan Carlos nach Tunja

Gutierrez breitete Zeichnungen auf dem Schreibpult aus: »Für was halten Sie das?«

»Für Seiten aus dem Chemiebuch Ihres Sohnes ...«

»Das sind Felszeichnungen von den Steinen von Tunja, den *Piedras de Tunja*.«

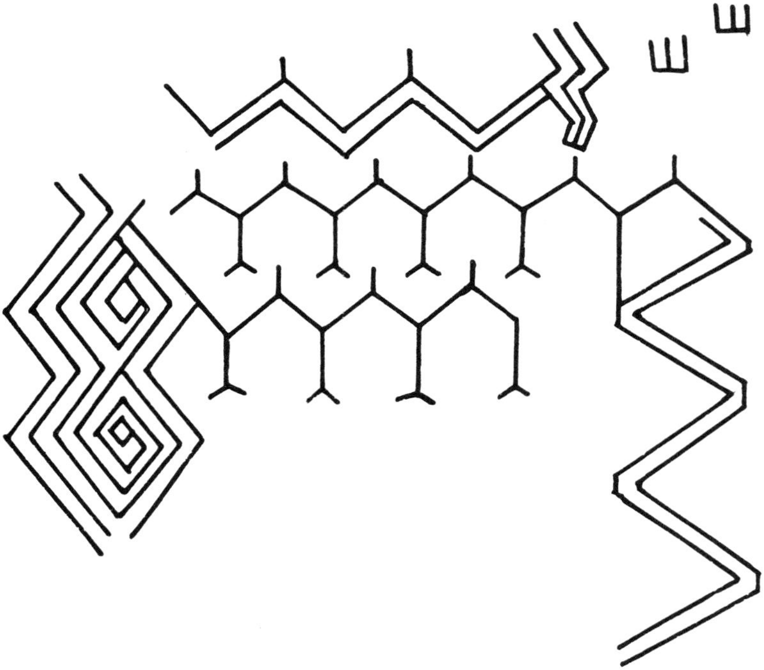

Zeichnungen von den Tunja-Steinen wie Abbildungen aus einem Lehrbuch der Chemie

»Wo kann man die sehen?«

»40 Kilometer nordwestlich von Bogotá!«

»So nahe?« – Tunja stand schon als Besuchsziel in meinem Hinterkopf, ich hatte ja immer noch einige leere Tage sinnvoll auszufüllen. Während ich die chemischen Formeln, die Molekülketten – diesen Eindruck vermittelten die Zeichnungen – studierte, kam Gutierrez mit einem Buch (11):

»Hier! Da sind die Zeichnungen gedruckt. Der Archäologe Miguel Priana schrieb schon 1926 über die Tunja-Steine. Er vermutete, es handle sich um Zeichnungen der Chibcha-Indianer, doch das glaube ich nicht. Ich kenne sehr viele Chibcha-Kunstwerke, dies ist nicht ihre Handschrift. Ich vermute, daß die Zeichnungen aus der Zeit einer Hochkultur stammen, die viel weiter zurückliegt. Die Adressaten der geheimnisvollen Botschaften könnten wir sein – sobald wir sie lesen können.«

Dr. Forero hatte Professor Soto immer noch nicht erreichen können, auch Oberst Baer-Ruiz hatte sich nicht gemeldet. Freund Forero wollte sich nach anderen Möglichkeiten umtun, die mich doch noch ans Ziel bringen könnten. Geduld müsse man haben, sagte Professor Gutierrez gestern.

Ich beschloß, nach Tunja zu fahren.

Forero schickte mir meinen jungen Freund Juan Carlos, damit er mich aus dem Gewimmel des Straßenverkehrs lotsen und nach Tunja begleiten konnte.

Dank der vom Vater gut präparierten Straßenkarte – die Route war mit allen Abzweigungen rot markiert – verließen wir die Stadt im gemieteten Chevrolet in nordwestlicher Richtung auf einer tadellosen Straße, vorbei an farbintensiv gestrichenen Häusern mit großen metallenen Fußbällen auf den Dächern. Fußballfans offenbaren schon jetzt ihre Vorfreude auf die Weltmeisterschaft 1986 in Kolumbien.

Wir fahren durch eine Landschaft, die mich an den Schweizer Kanton Appenzell erinnert, eine blitzsaubere Voralpenlandschaft. Überall wird gearbeitet, Weidezäune wer-

den gesteckt, Felder gepflügt, Früchte und Keramiken zum Kauf angeboten – nichts von der Lethargie, die ich so oft im Hochland von Mexiko und Bolivien beobachtete.

In Facatativá, einem Nest mit wenigen einstöckigen Häusern, fragte sich Juan Carlos nach den Tunja-Steinen durch. Wir wurden ans Ortende verwiesen. Als ich gleich neben der Militärschule parkte, zeigte das Tachometer 40,5 gefahrene Kilometer. Gutierrez hatte die Strecke sehr genau geschätzt.

Daß die *Piedras de Tunja* in einem von der Regierung gehüteten Schutzgebiet liegen, verkündet unübersehbar groß eine Riesentafel: *Parque Arquelógico de Facatativá.* Darauf wird vermerkt, was man alles nicht darf: kein Feuer machen – nicht mit Fahrzeugen kutschieren – Steine oder Bäume nicht (nach Touristenunsitte) mit Zeichen bemalen oder sol-

Der eigenartigste Park, durch den ich je gegangen bin

Unter meinen Füßen wieder – wie in den Sete Cidades in Brasilien – dieses graurötliche Wabenmuster, erstarrt aus glutflüssigem Fels

che mit Werkzeugen einritzen. Gepriesen sei die Regierung in Bogotá!

Eine merkwürdige Anlage. Auf gepflegten, menschenleeren Wegen – nur von einigen schwarzweiß gefleckten Kühen angestaunt – flaniert man an Kolossen, an viereckigen und rechteckigen Steinbrocken vorbei; sie lassen den Gedanken nicht aufkommen, hier habe die Natur exzentrische Spiele betrieben. Bei allem Einfallsreichtum pflegt die Natur keine linealgeraden Linien um ganze Blöcke herumlaufen zu lassen. Eher läßt der Anblick auf einen Tempelfries schließen, auf eine »Decke«, die in Vorzeiten auf starken Säulen ruhte und die irgenwann zusammenbrach.

Waren es Relikte der legendären Masma-Kultur, jener hypothetischen Kultur, die vor Jahrhunderttausenden existiert haben soll, deren Spuren in allen Erdteilen gewittert werden?

## Ein Rätsel unserer Welt: die Masma-Kultur

Der peruanische Geologe Daniel Ruzo führte den Begriff *Masma-Kultur* (12) in die Literatur ein. Er prägte den Begriff für eine angenommene, legendäre Kultur, die bisher undeutbare Spuren hinterließ. Ich sah sie in den Anden Perus in 3800 Meter Höhe, keine 50 Kilometer von der Hauptstadt Lima entfernt: Auf dem nur drei Quadratkilometer großen Plateau von Marcahuasi sind sie versammelt.

Hier oben fotografierte Daniel Ruzo erosionszerfressene Statuen von Tieren aus dem Mesozoikum – wie etwa einen Stegosaurus, der zur Gattung der Dinosaurier gehörte und in der Unteren Kreidezeit lebte. Ruzo begegnete auf seinen Exkursionen auch Reliefs von Löwen und Kamelen, die es in Südamerika nie gegeben haben soll. Der Geologe richtete seine Kamera zu unterschiedlichen Tages- und Jahreszeiten auf die gleichen eigenartigen Felsformationen von Marcahuasi und machte eine verblüffende Entdeckung: Er bannte ein Felsmassiv mit den optischen Umrissen eines Greisenkopfes auf die Platte, die aber nach dem Entwickeln das Gesicht eines jungen Mannes zeigte.

Fasziniert von Marcahuasi, bereiste Ruzo die Welt und sammelte Bildbelege für das, was er mangels anderer Begriffe Masma-Kultur taufte. – Sein aufregendes Buch wurde und wird totgeschwiegen, aber es ist ja erst 1974 erschienen.

Ruzos Fotos kamen mir beim Gang durch den Archäologischen Park in den Sinn, auch der Gedanke, der mich immer wieder erregt: Warum eigentlich weigern wir uns hartnäckig, in seltsamen und unerklärlichen Felsformationen Überreste uralter Kulturen zu erkennen? Weil man sich in der irrigen Meinung eins ist, daß Menschen zu keiner Zeit Felsmassive in Kunstwerke umgeformt haben?

Die monumentalen Steinbildwerke von Mount Rushmore kennt auch der, der noch nicht dort war, von Fotos her. Im US-Staat South Dakota, südwestlich von Rapid-City, blicken voll geziemender Würde die riesenhaften Gesichter der Präsidenten George Washington, Thomas Jefferson, Theodore Roosevelt und Abraham Lincoln aus den nackten Felsen. Gerade eben entsteht nebenan das Werk eines exzentrischen Künstlers: Mit Schlaghämmern und Tonnen von Dynamit modelliert er das Bergmassiv zur gigantischen Reiterstatue des Indianerhäuptlings Sitting Bull.

Die Präsidentenköpfe werden gehegt und gepflegt, sonst wären sie bald von Moosen überzogen, würden verwittern, in Wind und Wetter zerbröseln. Was werden in Jahrtausenden – wenn die aufwendige Instandhaltung längst aufgegeben wurde – kluge Leute in die erodierten Steinbildwerke hineingeheimnissen? Werden sie die vier Köpfe und das Reiterstandbild als »geologische Launen« der Natur interpretieren? Vermutlich. Weil ja kein vernünftiger Mensch je Gebirge zu Denkmälern umfunktioniert hat.

Unsere Zeit macht sich nicht die Mühe, die wie von Riesenfäusten in den Steinpark von Facatativá hingeworfenen

Monolithen auf ihre Herkunft und Entstehung hin zu untersuchen. Was hier rätselvoll ist, was in eine ferne Vergangenheit weist , was im graurötlichen Wabenmuster unter meinen Füßen liegt, ließe sich in vergleichender Archäologie einer Lösung zuführen:

Das gleiche Wabenmuster beschritt ich in Brasilien in Sete Cidades, den Sieben Städten zwischen dem Städtchen Piripiri und dem Rio Longe. Dort wie hier muß der Fels glutflüßig gewesen sein wie die zähe Lava bei einem Vulkanausbruch. Dort wie hier hat sich nichts bewegt. Die Hitze muß explosionsartig freigeworden und wieder abgekühlt sein, so daß sich im schnellen Abkühlen die Wabenmuster an Ort und Stelle formten. Eisen zerschmolz, oxydierte und ließ die rostrote Färbung im Wabenmuster zurück.

Facatativá und Sete Cidades wurden zu heiligen Orten der Indianer, an beiden Orten gibt es unerklärbare Felsritzungen und Felszeichnungen. Beide Orte bieten das Bild einer verheerenden Katastrophe, die Hitzeströme freisetzte, in denen Felsungetüme durch die Luft gewirbelt wurden.

## Warnungen?

In Steinbrocken unter überhängenden Felsen stichelten und hämmerten Indianer jene Zeichnungen ein, die Professor Gutierrez mir gezeigt hat. Im Archäologischen Park haben sie den besonderen Rang der »Steine von Tunja«.

Was sagen, was melden diese Gravuren, die wie chemische Formeln anmuten? Sind es Zeichen, die warnen sollen? Berichten sie von der Katastrophe, die sich hier einst ereignet hat? Sind es Markierungen, die eine Zone eingrenzen, deren Betreten gefährlich sein würde? Zu diesen Fragen muß man allerjüngste Überlegungen assoziieren.

Die amerikanische Atom-Aufsichtsbehörde NRC beauftragte eine Forschergruppe, zu erdenken, wie Jahrzehntausende nach unserer Zeit die dann lebenden Generationen gewarnt werden könnten, eine noch strahlende Atom-Müll-Deponie zu betreten.

Thomas Sebeok, Chef der Gruppe, empfiehlt, die Lagerplätze mit riesigen Warnschildern zu versehen, in die – Menschen werden in Jahrzehntausenden unsere Sprache und Schrift nicht mehr beherrschen! – eine Kommunikationsmixtur aus Symbolen, Bildern und Worten eingraviert werden soll. Überdies schlagen die Experten vor, den menschlichen Hang zum Aberglauben zu berücksichtigen: In die Tafeln sollen in zeichnerischer Form verschlüsselte Drohungen eingraviert werden, damit die künftigen Menschen glauben, ein Betreten des Geländes hätte »eine übernatürliche Rache zur Folge«. Dazu sagte der SPIEGEL (13): »Da solche Warnungen neugierige Naturen erfahrungsgemäß eher anziehen als abschrecken, empfiehlt Sebeok überdies, die Umgebung der Atomlager noch mit dem Übelgeruch langwirkender Stinkbomben zu verpesten.«

Ob Bomben produzierbar sind, die noch in fernster Zukunft ihren Inhalt übel in den Nasen stinken lassen, entzieht sich meiner Kenntnis, doch der Plan mit den Warntafeln scheint mir sehr, sehr fragwürdig zu sein. Aus welchem Material müßten sie beschaffen sein, damit sie die Jahrzehntausende überdauern? Nimmt man Gold oder Platin, werden sich bestimmt Liebhaber der edlen, dauerhaften Metalle finden. Wetten, daß die Tafeln kaum sehr lange an ihren Orten bleiben werden?

Ob auch in Facatativá der Gedanke ventiliert wurde, dem Fels Warnungen anzuvertrauen? Tunlichst an geschützten Felsdomen, ähnlich, wie Indianer ihre Informationen übermittelten? Mir schiene das die beste aller Möglichkeiten zu sein. Die Geschichte hat es bewiesen.

Unter der Drohung einer globalen Vernichtung wird viel Geld für Friedensforschung vertan, auch für illusionistische Modelle zur Rettung der Menschheit. In prähistorische Forschung wird vergleichsweise staatliches Bakschisch verteilt. Berücksichtigt man nicht, daß Gefahrensituationen, wie sie möglicherweise vor uns stehen, womöglich schon einmal, gar mehrmals überstanden, überlebt wurden? Ich fürchte, es gilt, was Montesquieu (1689–1755) feststellte: »Fast nie kommt der Mensch aus Vernunft zur Vernunft.«

## In den Fußstapfen der Götter

Als die spanischen Eroberer im April 1538 das Hochland um das heutige Bogotá eroberten, wurden die Steine von Tunja bereits als Heiligtümer verehrt. Die Spanier trafen auf Indianerstämme, die ihrer gemeinsamen Sprache wegen *Chibcha* genannt wurden; sie siedelten zwischen Nicaragua und Ecuador. Zu einer Sprachgruppe der Chibcha gehörten die *Muisca.* Diese errichteten zwar keine Monumentalbauten, doch sie beherrschten eine hochentwickelte Keramikherstellung wie die hohe Kunst der Goldverarbeitung und die Fähigkeit, erlesene Stoffe zu weben.

Warum wurden schon damals die Tunja-Steine als Heiligtümer verehrt? Hier, wo ich spazierenging, feierten die Muisca ihre Feste zu Ehren der Götter, hier opferten sie Knaben zur Besänftigung des Götterzorns. Warum gerade hier, war es kein Ort wie jeder andere? Aus Überlieferungen der Muisca läßt sich schließen, daß die Tunja-Steine schon sehr, sehr früh als heilig galten.

Aus dem Nebel der Mythologie taucht der Sonnengott *Chiminigagua* auf, *gagua* bedeutet Sonne. Der spanische Chronist Simon Pedro (14) beschrieb nach Indianererzählungen die Ankunft dieses Gottes:

*»Es war Nacht. Noch gab es irgend etwas in der Welt. Das Licht war in einem großen* Etwas-Haus *verschlossen und kam daraus hervor. Dieses Etwas-Haus ist* Chiminigagua, *und es barg das Licht in sich, damit es herauskam. Im Scheine des Lichts begannen die Dinge zu werden . . .«*

Chiminigagua, der Sonnen- oder Lichtgott, war für die

Muisca der allmächtige Herrscher des Universums, er galt ihnen als ein gutmeinender Gott, doch Tempel, in denen er wohnen sollte, bauten sie ihm nicht: Er führte ja sein Etwas-Haus mit sich. – Zwischen Chiminigagua und den Muisca pendelten »Boten«, die die Indios in nützliche Tätigkeiten einwiesen, die sie Moral und Religion lehrten und schließlich verschwanden, doch nicht, ohne ihre Wiederkehr anzukündigen.

Im Mythos der Caribes-Indianer hat diese Überlieferung ein Pendant. Die Caribes-Indianer lebten im heißfeuchten kolumbianischen Tiefland der nördlichen Andenausläufer. Mythen der Caribes-Indianer (15) überliefern, daß die Menschheit von einem gewissen Louquo abstamme, der – wie sein Muisca-Kollege – vom Himmel kam. Zuerst schuf er intelligente Menschen, die er dann im Fischfang, Hausbau und in der Anpflanzung von Maniok unterwies ... bis er – zum Gott erhoben – in den Himmel zurückkehrte.

Chiminigagua und Luoquo, der Inkagott Viracocha oder der Mayagott Kukulkan stehen im Zentrum von Überlieferungen, die Gleiches aussagen: »Götter« stiegen vom Himmel herab, erschufen Menschen, waren deren Lehrmeister und verschwanden zuletzt auf rätselhafte Weise im Irgendwo. Zurück blieben Menschenkinder, die das erlebte Wunder nicht zu begreifen vermochten.

Erst nach ihren Himmelfahrten wurden die seltsamen Figuren zu Gestirnen gemacht, wurden Sterne zu Symbolen für die entschwundenen »Götter«. Da sich die handfesten Erscheinungen spurlos von der Erde davonmachten, mußten sie wohl »dort oben« zu Hause sein, woher sie gekommen waren. Klar, daß Orte, an denen sie sichtbar und lebendig weilten, zu heiligen Stätten avancierten ... wie die Tunja-Steine im Archäologischen Park von Facatativá.

## El Dorado, das Goldland

Während der Heimfahrt fragte Juan Carlos: »Kennen Sie die Geschichte von El Dorado?«

»Vage. Ich weiß, daß ›El Dorado‹ der Vergoldete heißt, ich weiß, daß der Begriff für das sagenhafte Goldland steht...«

»Und Sie kennen den Muisca-Mythos nicht?«

»Kennst du ihn?«

»Si, si, Señor. Wir lernen die Geschichte in der Schule, schließlich hat sie sich in unserer Heimat zugetragen.«

»Erzähl sie mir...«

Juan Carlos rückte sich auf dem Beifahrersitz zurecht. Seinen lebhaften Bericht unterstrich er mit »sprechenden« Gesten, wie sie nur Südamerikaner beherrschen.

»Also. – Als im sechzehnten Jahrhundert die Spanier hier ins Hochland kamen, zeigten sie den Indianern Gold und Edelsteine, sie drangsalierten die gefangenen Indios, um rauszukriegen, wo hier oben solches Gold und solche Edelsteine zu finden seien. In großer Angst um ihr Leben und weil sie nichts vom Verbleib der Schätze wußten, erzählten sie den Eroberern die überlieferte Geschichte. Unter uns, Erich, sie richteten damit schlimme Dinge an.

Die Geschichte also, die die Indios den Spaniern erzählt haben:

Bevor ein neuer Muisca-Herrscher eingesetzt wurde, mußte der Auserwählte eine Zeitlang in einer Höhle ganz allein verbringen. Am Tag der Frühjahrssonnenwende begab er sich zum Guatavita-See, 2600 Meter hoch in den Bergen. Dort oben erwarteten ihn alle Stammesangehörigen. Am Ufer hatten sie ein Floß aus Schilf und Holz gebaut und mit Blumen und Girlanden geschmückt. In der Dunkelheit der Nacht stellten sie vier brennende Holzkohlebecken mit viel Moque (Weihrauch) auf das Floß. Weil es ein Festtag war, hatten sich die Männer mit Federn geschmückt, die Frauen trugen ihren schönsten Schmuck aus Gold, Korallen und Edelsteinen.

In dunkler Nacht wurde der künftige Herrscher nackt ausgezogen, mit harzhaltiger Erde eingerieben und dann mit einer Schicht von Goldstaub überzogen. Kein Fleck des Körpers blieb frei davon, nicht mal die Haare.

Nach dieser Prozedur wurde der Auserkorene aufs Floß geleitet, in dessen Mitte er regungslos zu stehen hatte, an die Bootsecken wurde je ein Häuptling postiert. Ich weiß nicht, ob es ein so prächtiges Bild war, wie es in unseren Schulbüchern steht, doch schön muß es schon gewesen sein! Man muß sich das mal vorstellen: dunkle Nacht, ein Floß, darauf fünf Häuptlinge, angetan mit goldenen Ketten und Ohrringen, zu ihren Füßen Berge, ja, wirklich Berge von Gold und Edelsteinen.

Und dann, wenn die Sonne über die Bergrücken kroch, wenn ihre ersten Strahlen das Floß erreichten, in diesem Augenblick wurde es mit einem Schlag rings um den Guatavita-

Das Modell des Floßes von El Dorado im Gold-Museum von Bogotá

See lebendig! Ein Riesentamtam mit Flöten, Trommeln und Gesang dröhnte um die Ufer, drang weit in die Täler.

Langsam wurde das Floß mit den fünf Männern zur Mitte des Sees gerudert. Und dann passierte es!

Der vergoldete junge Herrscher brachte dem Sonnengott seine Geschenke dar. Er warf alle Schätze von Bord aus in den See, und die vier Häuptlinge taten es ihm gleich.

Dann legte das Floß am Ufer an, der Vergoldete stieg in den See und wurde unter rituellen Gesängen abgewaschen. Nun war er der neue Herrscher der Muisca.«

»Ein schöner Mythos ...« Ich kannte ihn, ließ aber dem Burschen die Freude, ihn zu erzählen.

»Kein Mythos, Señor! Das ist so gewesen! Bei Trockenlegungen des Guatavita-Sees wurde vielfach Gold gefunden. Ehrenwort!«

Es stimmt, was Juan Carlos so hoch und heilig beteuerte.

SCHON 1545 VERSUCHTE HERNÁN PÉREZ DE QUESADA, DEN SPIEGEL DES SEES ZU SENKEN. Mit hohlen Kürbisflaschen und in hölzernen Kellen schöpften tausende Indios Wasser aus dem See. Weil Trockenzeit war und darum der Wasserspiegel niedriger als zu anderen Jahreszeiten, konnte er – wird berichtet – um drei Meter gesenkt werden, tief genug, um 4000 Goldpesos vom Grund zu klauben.

1580 war der nächste Versuch fällig. Der reiche Kaufmann Antonio de Sepúlveda heuerte 8000 Indios an, deren rabiate Schürfarbeit die Landschaft veränderte – heute noch sichtbar als Wahrzeichen des Guatavita-Sees: An der Talseite ließ Sepúlveda einen V-förmigen Einschnitt graben, durch den das Wasser langsam ablief. Ehe die künstliche Schlucht über dem ablaufenden Wasser einstürzte, war der Wasserspiegel um 20 Meter gesenkt worden. Sepúlveda konnte seiner Christlichen Majestät, König Philipp II., listenmäßig erfaßte goldene Brustschilde, Schlangen, Adler, Stäbe und einen Smaragden von der Größe eines Hühnereis nach Madrid senden. Für sich selbst behielt der Kaufmann 12000 Goldpesos zurück, starb aber dennoch in Armut. Sepúlveda bekam ein Grab in der Kirche von Guatavita, unweit des Sees, dessen Gold ihn verhexte und zur Verzweiflung brachte.

Über die Jahrhunderte lockte das Muisca-Gold. Immer wieder versuchten Abenteurer, den See zu leeren, um es zu erbeuten. Aktiengesellschaften wurden gegründet, ließen unterirdische Kanäle graben. Immer wieder wurden goldene Gegenstände ans Licht gehoben, doch ihre große Menge ist immer noch in der Tiefe des Sees verborgen. Einmal, so schien es, war der Grund erreicht, doch es war eine 20 Meter tiefe, schlammige Masse, in der die mutigsten Taucher erstickten. Pumpen aus Bogotá kamen zu spät. In der Sonnenglut verkrustete der Schlamm zu einer beinharten Fläche. Die Trockenzeit ging zu Ende. Wassermassen deckten den Schatz der Muisca wieder zu. Er wird von Kennern auf einen Wert von 100 Millionen US-Dollar geschätzt.

Ein Mythos mit greifbaren Spuren.

Wer impfte den armen Muisca ein, die Kostbarkeiten ihres Landes dem Sonnengott zu opfern? Wer regte sie an, den Stammesfürsten, jenen Mann also, der nach ihrer Überzeugung den Göttern am nächsten war, für ein Ritual zu vergolden? Hatten frühe Vorfahren eine Gestalt gesehen, die vergoldet zu sein schien? Hatten Extraterrestrier Anzüge getragen, die wie Gold blinkten? Glaubten einfältige Indios, Götter, die von der Sonne her kamen, hätten Gold und Edelsteine zum Opfer verlangt?

»Kennen Sie das *Museo del Oro?*« fragte Juan Carlos, als wir uns nach einer Fahrt durch den Hexenkessel der Dreimillionen-Stadt Bogotá vorm HILTON verabschiedeten. Ja, vor zehn Jahren war ich im Gold-Museum gewesen. Es kann stets nur Teile seiner 28 000 archäologischen Fundstücke ausstellen, ein neuerlicher Besuch könnte sich lohnen. Wir verabredeten uns für den nächsten Tag, den ich mir um die Ohren schlagen mußte, sofern mich keine neuen Nachrichten in den Dschungel führten.

## Die Schätze der Indios

Rasselndes Klingeln des Telefons rief zu unstatthaft früher Stunde aus dem Schlaf. Dr. Miguel Forero war am Apparat und ich gleich hellwach.

»Haben Sie Professor Soto erwischt?«

»Nein, wir werden ihn auch so bald nicht erwischen, aber: Würden Sie vor einigen Luftwaffenoffizieren über Ihre Theorie sprechen wollen?«

»Ach, ich tue alles, um in die Ciudad Perdida zu kommen! Der Vortrag soll mir recht sein, wenn nur einer der Herren einen Helikopter in der Tasche hat!«

»Wie verbringen Sie den Tag?«

»Ich habe mich mit Juan Carlos im Gold-Museum verabredet.«

Das Gold-Museum mit den außergewöhnlichsten Goldfunden Kolumbiens wurde 1939 von der *Banco de la Republica* gegründet und im zweiten Stock des Bankhauses in

Die Schätze des Gold-Museums sind durch mächtige Stahltüren geschützt

der Straße No 16 eingerichtet – durch mächtige Stahltüren geschützt, von bewaffneten Wächtern gehütet.

Mit Erleichterung stellte ich fest, daß – heute wie vor zehn Jahren – Fotografieren erlaubt ist. In den meisten Museen Europas, aber nicht nur dort, werden Museumswärter hysterisch, wenn sie Kameras sehen: Man muß sie abgeben. Es heißt, unterm Fotografieren würden Ausstellungsstücke leiden. Dafür hätte ich Verständnis, wenn es stets um alte Dokumente ginge, die dauernd »beblitzt« werden, doch es gibt längst hochempfindliche Filme bis 1600 ASA, mit denen man noch im Halbdunkel fotografieren kann.

Ich behaupte, daß Archäologen – in ihren Museen geht es ja hauptsächlich um »harte Ware« – aus zwei Gründen das Fotografieren verbieten lassen. Erstens sollen ihre eigenen Bildbände verkauft werden. Als Autor mit Sinn für Verkaufsförderung ausgestattet, finde ich diese Einstellung skandalös. Woher kriegen Archäologen das Geld für ihre Forschungen, woher die Museen ihre Subventionen? Aus der Tasche des Steuerzahlers. Darum halte ich es für Beutelschneiderei, wenn Fundgegenstände wie persönliches Eigentum betrachtet werden. – Zweitens will man wohl vermeiden, daß Hobby-Archäologen – mit Fotos belegt! – Gegenständen eine Deutung geben, die nicht »in den Zusammenhang« unfehlbar wissenschaftlicher Interpretation paßt. *Alle* Deutungen sind subjektiv. Indem in »König Nobels Hofstaat« nicht akkreditierte Zaungäste ferngehalten werden, ist es für Außenseiter schwer, überlieferten und tabuisierten Betrachtungsweisen eigene, neue Ansichten entgegenzusetzen. Louis Pauwels und Jacques Bergier schrieben in »Aufbruch ins Dritte Jahrtausend« (16):

*»Man sollte zusätzlich zu jenen Freiheiten, die uns durch die Verfassung garantiert sind, noch eine weitere fordern: die Freiheit, an der Wissenschaft zu zweifeln.«*

In den abgedunkelten Räumen des Museo del Oro herrscht Ruhe, dicke Spannteppiche verschlucken das Geräusch der Schritte, man flüstert, man erschrickt förmlich, wenn sich ein fremdes Gesicht im Glas einer Vitrine spiegelt. Vor den Bergen frühzeitlicher Schätze, aufgetürmt, an Schnüren zu Girlanden gebunden, wird man ehrfürchtig.

Die Wärter führten uns in einen ganz dunklen Raum, aus unsichtbaren Lautsprechern tönte leise Musik. Hinter uns schlossen sich automatisch raubsichere Stahltüren, wir suchten eine Orientierung, doch dann grellte Licht auf. Überwältigt fanden wir uns in einem Tresor voller Gold wieder. Hinter Panzerglasscheiben türmten sich rings an den Wänden – zum Greifen nah – Kunstwerke aller kolumbianischen Indianergruppen. Vergoldete, versilberte, platinveredelte Kostbarkeiten hingen von der Decke herab.

Verwirrt von der Fülle des Angebots fixierten meine Augen Einzelstücke, deren Sinngebung absolut schleierhaft ist. Damals wie heute wurde und wird Edelmetall nicht für tägliche Gebrauchsgegenstände verwendet. Es handelte sich – das steht außer Frage – um Devotionalien, um stilisierte Darstellungen wichtiger Gottheiten, wenn Künstler ehedem Figuren, Gesichter mit Helmen ins kostbare Metall hämmerten.

Da sind Seltsamkeiten aus dem Fundus der Quimbaya-Indianer. Im Museumsführer steht: »Anthropomorphische Stilisation«, menschliche Züge demnach in nichtmenschlichen Wesen. Kind unserer Zeit könnte ich einen Roboter hineinspekulieren: gespreizte »Beine«, so etwas wie ein Kopf und darüber Schalen wie die Gehäuser zweier Weckuhren. Diese »anthropomorphischen Stilisationen« gibt es in Variationen, mal mit Flügeln, mal mit Stäbchen dekoriert, doch die Weckuhren sind immer dabei und sie geben den Gegenständen einen technischen Touch.

Die Calima-Indianer sind mit wuchtigen Schädeln vertreten, die so breite knochige Nasen vorweisen, wie sie ihrer Rasse fremd sind. An den Ohren baumeln Ringe, die fast so groß wie die Köpfe selbst sind, und von den Nasen »tropfen« breite goldene Gesichtsmasken, ja, und Helme sind über die Häupter gestülpt, die in Flügel auslaufen, die mit

Ein schickes Amulett mit vielen Rätseln. Eins davon konnte ich lösen . . .

Kugeln, Scheiben, Punkten und Stäbchen dekoriert sind, doch die Weckuhren sind auch hier immer dabei. Wer oder was hier symbolisiert wurde, darüber sollte man nachdenken. Der Museumsführer macht es sich einfach, er führt diese Calima-Arbeiten als »Diademe«. Liz Taylor ist für Diademe zuständig. Man sollte sie mal fragen, ob sie sich im Stile dieser Quadratschädel aufputzen möchte.

Da ist ein schickes, rundes Amulett mit einer Figur, von der sich nicht sagen läßt, ob es sich um Männlein oder Weiblein handelt, bei genauem Hinsehen tippe ich eher auf einen Geschlechtsgenossen. Der Künstler symbolisierte vermutlich einen Lastenträger: Im Genick des dreieckigen Schädels lasten – wie auf den Füßen – Baumstämme oder Steinsäulen. Erinnerungen an Vorfahren, die in Facatativá unter der Last der Steine ächzten?

Mit Juan Carlos im Gold-Museum. Die Fülle der Schätze läßt einen nicht aus dem Staunen herauskommen

Interessant schien mir auch ein Amulett mit einer Gestalt zu sein, aus deren Schädel Strahlen schießen. Vor der Brust hängt über breitem Gurt eine Scheibe. Das Fabelwesen hockt auf einer thronähnlichen Sänfte, die von zwei embryonalen Monstern – Tieren? – getragen wird. Hier »kugelt« es, wo immer sich Raum bietet. In der Erlebniswelt der alten Künstler scheinen Kugeln eine wesentliche Rolle gespielt zu haben.

Auch auf einem Brustschild läßt sich ein herrscherliches Wesen in einer Sänfte schleppen, hier allerdings von originell stilisierten Menschlein. In den Händen hebt das Wesen zwei Gegenstände, von denen einer (links) ein Becher sein könnte, derweil die Rechte eher ein technisches Gerät schwingt. Wieder umschweben Kugeln (oder Scheiben) die Gestalt. – Das beliebte Kugelspiel der alten Indianer ließ sie sogar Figuren aus keinen anderen grafischen Zutaten als Kugeln darstellen, unterschiedlich nur in deren Größen.

Nächste Seite: Diesen »Religiösen Zierat« halte ich für Flugzeugmodelle, ich sage auch: warum. – Diese Kleinode liegen hinter so dickem Panzerglas, daß die Farbfotos mißlangen. In Gold blinken sie zum Stehlen aufreizend!

Unten: Ein stilisiertes Männlein jongliert Kugeln. Die alten Indianer waren in Kugeln und Scheiben wie vernarrt: ohne andere Zutaten stellten sie Figuren nur aus Kugeln dar. Das hatte Gründe.

Es heißt, mit Kugel oder Scheibe seien Sonne und Mond dargestellt worden. Ich traue dem Braten nicht: Auch die präkolumbischen Indianer sahen, daß es nur eine Sonne und einen Mond am Himmel gab! Weshalb dominierten die Embleme in einer Vielzahl? Als pure Ornamentik scheinen sie mir zu prononciert angebracht zu sein, nehmen sie auch zu viel Raum ein. Darf man sie als Vorstellung der Indianer von der Welt als Kugel nehmen? Galten ihnen Kugel (oder Scheibe) als Symbol des Ewigen?

Was mag im Kopf des indianischen Künstlers vorgegangen sein, als er ein Menschenwesen mit riesigen Froschaugen und mit gespreizten Spindelbeinen und Spindelarmen ins Amulett stanzte? Zwei Vögel, die das Wesen flankieren, erscheinen im Verhältnis zur Figur überdimensioniert. Die Dreiergruppe steht auf einem Fries, der von gekreuzten langen Beinen gestützt wird. Nach Art der Kornblume stilisiert, umschließen unter dem Fries zwei Balken elf Kugeln. In der unteren Etage der vierstöckigen Darstellung ist ein Kästchen eingearbeitet, auf dessen Deckel wieder zwei Kugeln liegen. – Es heißt, bei diesem Amulett handle es sich um einen Nasenring, weil das Rund nach oben hin offen ist: Dort ließe es sich in der Nase einhaken. Vielleicht stimmt's, doch dann würden die künstlerischen Darstellungen seitwärts hängen.

Ja, und dann gibt es im Gold-Museum freilich einige Flugzeugmodelle – pardon! – Insektendarstellungen. Alle Modelle sind Tiefflieger, die Flügel sind unter dem Rumpf angebracht, und alle zeichnen senkrecht aufgestellte Schwanzflossen aus. Archäologisch sind diese güldenen Kleinode als »Religiöser Zierrat«, als Attribute zu einem Fisch- oder Insektenkult, katalogisiert, »schubladisiert«, wie man bei uns zuhaus recht bildhaft sagt. Kühn! Denn von Fisch- oder Insektenkult ist bei kolumbianischen Indianern nicht die Spur zu entdecken. Die Flugzeugmodelle haben denn auch weder Fisch- noch Insektenköpfe.

Das Gold-Museum war einen neuerlichen Besuch wert. Seine abertausend Objekte regen die Phantasie an und wekken Bewunderung für die uralten indianischen Künstler, führen weit in die Welt der Rätsel und Geheimnisse zurück, jene Welt, die von den spanischen Eroberern rücksichtslos beendet wurde.

## Bogotá adieu!

Abends riß mein Geduldsfaden. – Dr. Forero ist ein liebenswürdiger, hilfsbereiter und zuverlässiger Mensch, ich zweifelte keinen Moment an seinen Aktivitäten für mein Anliegen. Beim Nachtessen offenbarte er mir, daß viele der Luftwaffenoffiziere, die Oberst Baer-Ruiz einladen wollte, derzeit an Kursen und Kommandos teilnähmen, der Oberst mir aber nicht zumuten wolle, vor einer Handvoll Leuten zu sprechen. Das Mañana geisterte durch den Raum.

Dr. Forero schlug ernsthaft vor, ich solle doch noch drei Monate im Land bleiben, im August fände ein großer UFO-Kongreß in Bogotá statt, zu dem man mich sehr gern für einen Vortrag gewinnen möchte, ja, und in dieser Zeit ließe sich mein Wunsch, in die Verlorene Stadt im Dschungel zu kommen, ganz bestimmt in zufriedenstellender Weise erfüllen. Mañana.

Eine Woche hatte ich für diesen Ausflug eingeplant, danach standen vertraglich vereinbarte Vorträge in Deutschland, Österreich und der Schweiz in meinem Programm.

»Ich fliege nach Santa Marta und versuche auf eigene Kappe in den Urwald zu kommen!« resümierte ich meine schnelle Bestandsaufnahme. – Dr. Forero warnte. Wenn Militär das Grabungsgebiet abriegle, käme kein Kolumbianer, geschweige denn ein Ausländer dorthin.

Ich bedankte mich herzlich bei Dr. Forero für alle seine Hilfen und bot ihm das Du an. »Ich weiß, daß wir uns wiedersehen.«

Am nächsten Tag flog ich in die Schweiz zurück.

# V
# Das achte Weltwunder

Die Frage heute ist, wie man die Menschheit überreden kann, in ihr eigenes Überleben einzuwilligen.

Bertrand Russell
1872–1970

Vor meiner Abreise hatte ich im HILTON für den 14. August ein Zimmer gebucht. Ende Juli bestätigte ich Dr. Forero sicherheitshalber, daß ich zum Kongreß in Bogotá sein würde, doch vor allem käme ich, um endlich Professor Soto zu treffen und die Verlorene Stadt zu besuchen.

LUFTHANSA-Flug 512 landete pünktlich um 21.40 Uhr auf der regennassen Piste in Bogotá. – Träumte ich? Waren es fast drei Monate her, seit ich hier verdrossen abgeflogen war? Die Gewißheit, nun die Verlorene Stadt sehen zu können, erfüllte mich mit unbeschreiblicher Vorfreude.

Im HILTON war meine Buchung registriert, doch ein Zimmer gäbe es nicht, beschied mich der junge Chef der Rezeption. Außer, daß es Nacht war, ich müde und fraglos keine andere Herberge zu finden wäre, versuchte ich es mit einem alten Scherz:

»Hätten Sie«, fragte ich mit dem ernstesten mir zur Verfügung stehenden Gesicht, »hätten Sie ein Zimmer für Königin Elizabeth, falls sie jetzt unerwartet kommen würde?«

Hinter der Stirn des Jünglings kämpften wilde Überlegungen:

»Nun ja«, sagte er gequält, »dann müßte man wohl eine Ausnahme machen.«

»Geben Sie mir das Zimmer der Königin! Ich verspreche Ihnen, daß sie heute Nacht nicht kommt.«

Dem Herrn im schwarzen Dreß ging jeder Humor ab, er nützte die Chance nicht, mir ein Zimmer aus der eisernen Reserve zu geben, die sich jedes Hotel dieser Kategorie hält. Nach einer letzten Frage: »Sie haben also kein Zimmer für mich?« begann ich, meinen Koffer zu öffnen, um mich auf einem Sofa in der Halle niederzulegen. Warum sollte ich für einen Fehler des Personals büßen? Ich war todmüde vom Flug und der Zeitverschiebung, ich sehnte mich nach einem Bett. Verzweifelt ob meinem angedeuteten Striptease, rief der junge Mann den Direktor herbei, und der hatte natürlich ein Zimmer für mich. Warum nicht gleich so?

Morgens um neun wurde ich aus langem und erholsamem Schlaf geweckt. Am Apparat war Dr. Forero:

»Daß du da bist! Nicht zu fassen!«

»Wir haben uns doch für heute verabredet!«

Ich war vor meinem Brief von Ende Juli eingetroffen. Eine Stunde später trafen wir uns. Außer bei drei Vorträgen im Teatro Libertador sollte ich an zwei Abenden vor Rotariern sprechen und nun auch den Vortrag halten, den Oberst Baer-Ruiz bei meinem letzten Aufenthalt geplant hatte.

»Und was ist mit Professor Soto?«

Miguel Forero war auf meine Frage vorbereitet, holte aus seiner Aktentasche die Schrift BURITACA 200 – *CIUDAD PERDIDA*, die Verlorene Stadt (1). Verfasser: Professor Soto Holguin. Ich blätterte. Von Lianen verhangene Treppen, moosbewachsene Mauern, Terrassen inmitten wuchernder Urwaldfauna.

»Fabelhaft!« staunte ich. »Und was ist mit Soto?«

»Wenn es dir paßt, kannst du ihn morgen vormittag um elf Uhr in der Universität besuchen!«

### Gespräch mit dem Chefausgräber der Verlorenen Stadt

In der Riesenstadt findet man sich leicht zurecht: Bogotá ist von einem rechtwinkligen Straßennetz überzogen. Alle Straßen, die von Norden nach Süden laufen, werden *Carreras*, manchmal etwas großspurig *Avenidas* genannt. Querstraßen, die die Carreras in rechtem Winkel schneiden, heißen *Calles*, und die sind wie die größeren Straßen von Norden Richtung Süden laufend numeriert.

Mühelos traf ich pünktlich um elf in Professor Sotos Institut an der Carrera No 1 ein. Der große, schlanke Archäologe kam mir lachend entgegen:

»Sie sind das also, der diese Bücher schreibt!«

In der Riesenstadt Bogotá findet man sich leicht zurecht – durch ein kluges Straßensystem

»Haben Sie was dagegen?« konterte ich.

»Nein, eigentlich nicht, die Wissenschaft ist allen Meinungen offen.«

Der mit seinen 38 Jahren ziemlich junge Professor läßt auch andere Ansichten als die Lehrmeinung gelten. Ich bewunderte ihn als rares Exemplar seines Berufsstandes.

Wir nahmen in einem Auditorium in schalenartigen Stühlen Platz, die rechter Hand eine Armlehne mit viel zu kleiner Schreibunterlage anbieten. Der Professor hockte lässig auf der Stuhllehne und inhalierte genüßlich eine Zigarette. Ich fragte:

»Sie nennen die verlorene Stadt BURITACA 200. Was bedeutet das?«

»Die Sierra Nevada von Santa Marta dehnt sich zwischen 32° 50′ und 74° 15′ westlich von Greenwich aus. In der Breite umfaßt das Gebiet die nördlich des Äquators gelegenen Breitengrade 10° 5′ und 11° 20′. In diesem Gebiet entspringen mehrere kleine Flüsse, von denen einige in nordwestlicher Richtung ins Karibische Meer fließen. Eines dieser Flüßchen ist der Rio Buritaca, an dessen Ufern die ›Verlorene Stadt‹ liegt. Darum BURITACA 200!«

»200! Was sagt die Zahl?«

»Es ist die zweihundertste Siedlung, sozusagen die zweihundertste Stadt, die wir bisher lokalisierten.«

»Hört sich ungeheuer an. Bedeutet es, daß das ganze Dschungelgebiet einst von Siedlungen und Stadtkulturen durchzogen war?«

»Ja, das Gebiet ist riesig. Sie können sich eine ungefähre Vorstellung davon machen, wenn ich Ihnen sage, daß wir bisher schon über 2000 Kilometer mit Steinen ausgelegte Straßen und Wege kennen. Wir graben seit 1976, ein Ende ist nicht abzusehen. Allein BURITACA 200 ist zehnmal größer als die bekannte Inkafestung Machu Picchu in Peru.«

Professor Alvaro Soto Holguin empfing mich zum ersten Gespräch in seinem Institut an der Universität

Eine Studentin servierte Kaffee. Der kolumbianische Kaffee schmeckt in der ganzen Welt gut, doch wird er nirgends so stark gebraut wie im Anbauland. Wäre interessant, zu erfahren, ob die Kolumbianer alle herzkrank sind oder ob sie durch den Kaffee kaum wissen, wo das Herz pocht. Ich fragte:

»Wann und von wem wurde die Stadt erbaut?«

»Aufgrund bisheriger Datierungen mit dem radioaktiven Kohlenstoff-Isotop C-14 schließen wir, daß BURITACA 200 etwa um 800 n. Chr. erbaut wurde. Die Erbauer waren die Tairona-Indianer, eine Untergruppe der Chibcha. Es gibt auch den Begriff Tairona-Kultur, doch eigentlich ist das eine groteske Bezeichnung, denn die Tairona nannten sich selbst nicht so. Es waren die Spanier, die den in der Sierra Nevada lebenden Indianern diesen Namen gegeben haben. Ein gar nicht so eigenartiger Name, wenn man weiß, das das Wort ›tairo‹ soviel wie ›Metall gießen‹ bedeutet, und auf anderes als Metall waren die goldgierigen Eroberer nicht aus.«

»Fanden Sie Keramiken, gar Gräber mit Mumien?«

»Wir fanden Keramiken, auch einige Metallgegenstände, ein paar Felsen mit Einritzungen entdeckten wir, schließlich auch Gräber, doch ohne Mumien. Der Dschungel ist für Mumifizierungen zu feucht.«

»Stimmt es, daß das Grabungsgebiet militärisch abgeriegelt ist?«

»Abgeriegelt? Das ist eigentlich das falsche Wort. Es sind einige Soldaten oben, die schützen unsere Leute und halten Grabräuber fern, die viel Schaden anrichten können.«

»Sie haben also nichts zu verbergen an der Fundstätte? Und: Könnten theoretisch Touristen in geordneten Gruppen BURITACA 200 besuchen?«

»Wir haben nichts zu verbergen, dennoch möchten wir keine Touristen an der Ausgrabungsstätte haben. Gern lassen wir Fachleute zu, die können nämlich aus BURITACA 200 sehr viel lernen. Das soziale und ökologische System der Anlagen ist grandios. Obschon die Indios, die Erbauer, Ackerbau betrieben, in Handel mit den Hafenstädten gestanden haben und Städte bauten, haben sie ihre Umwelt nicht zerstört.«

»Haben Sie etwas dagegen, wenn ich BURITACA 200 besuche?«

»Überhaupt nicht!«

»Und wie komme ich hin?«

»Nur per Helikopter. Der Flug ab Bogotá/Santa Marta und zurück wird etwa 8000 US-Dollars kosten. Wenn Sie aber Zeit haben und zwei Monate warten – ich habe jetzt hier meine Vorlesungen zu halten –, dann können Sie mit mir fliegen!«

## Die Geschichte der »Verlorenen Stadt«

Ein freundliches Angebot, doch wie zwei Monate im Kalender unterbringen, das Sechstel eines Jahres?! Nur nicht verzagen, redete ich mir zu.

Das erste Gespräch mit Soto Holguin war relativ kurz, doch trafen wir uns in der Folgezeit zu zwei ausführlichen Gesprächen in seiner Wohnung in einem Hochhaus an der Calles No 7. – Nach und nach fügten sich wie im Puzzle die Teile zum Bild von der Verlorenen Stadt. Hier ist ihre Geschichte:

Als die Spanier Rodrigo de Bastidas und Juan de la Cosa 1501 die Küsten Venezuelas erforschten, drangen sie auch Richtung Panama vor. Offensichtlich betrieben sie Handel mit Indianern in den Küstenregionen, denn sie deponierten das Expeditionsmitglied Juan de Buenaventura, damit er die Sprache der Indianer erlerne – Kaufleute müssen zuerst die Sprache der Geschäftspartner beherrschen, ehe sie sie übers Ohr hauen können.

Als ihre Ohren gespitzt waren, begriffen die Eroberer, daß die Indios auch Goldgegenstände zum Tausch anboten.

Der beste Kenner der Tairona-Kultur, Professor Henning Bischof (2) berichtet über die dichte Besiedlung im Raume der (heutigen) Hafenstadt Santa Marta:

*»Im 16. und frühen 17. Jahrhundert bot die Sierra Nevada ein anderes Bild ... Den gleichen Schluß lassen die Berichte über Expeditionen oder Kämpfe zu, aus denen hervorgeht, daß die Spanier über bessere Sichtmöglichkeiten verfügten, als dies in einem bewaldeten Bergland der Fall gewesen wäre. Im Grunde genügen allein die Angaben über die Dichte der indianischen Bevölkerung, um zu belegen, daß sich das Landschaftsbild erheblich gewandelt haben muß.«*

Rodrigo de Bastidas ließ sich in Santo Domingo – heute Hauptstadt der Dominikanischen Republik an der Südküste der Insel Haiti – nieder. 1524 wurde er vom spanischen König Karl I. zum Gouverneur der eben gegründeten Provinz Santa Marta ernannt. Mit einem Aufgebot von zwei-, dreihundert Mann erreichte der Gouverneur im Juni 1526 das Küstenkaff Santa Marta.

In den folgenden Jahrzehnten standen die Spanier in fast ununterbrochenen Kämpfen mit den Tairona-Indianern, die sich verzweifelt dagegen wehrten, daß die weißen Eindringlinge ihre Dörfer niederbrannten, sie ausraubten, die Männer gefangennahmen oder ermordeten. Die Conquistadores, die Eroberer, wußten sich in ihren barbarischen Methoden durch die Krone in Madrid abgesegnet: Die hatte per Dekret die Indianer zu Sklaven gemacht, für vogelfrei erklärt, sie durften umgebracht oder zu niedrigsten Diensten gezwungen werden.

Gegen die »modernen« Waffen der Spanier traten die Indios mit Wurfsteinen, Holzkeulen, Speeren und mit Pfeil und Bogen an. Es waren Giftpfeile. Das Gift gewannen sie aus zwei Quellen, die die Natur feilbot – aus dem Saft des Manzanillenbaumes, einem sehr giftigen, birnbaumähnlichen Wolfsmilchgewächs mit apfelähnlichen Früchten, die das Pfeilgift lieferten. Die Pfeile wurden in Fruchtsaft gedreht, an der Luft getrocknet und dann in Palmblätter gewickelt, damit die Bogenschützen sich nicht selbst vergifteten. Aus der Rinde der Schlingpflanze *Strychnos toxifera* zapften sie das Pacurine-Gift ab; in der modernen Medizin ist es als *Curare* bekannt, es blockiert die Übertragung der Nervenreflexe auf die Muskulatur. Dieses Pacurine war bei den Indios sehr beliebt, weil erlegtes Wild trotz des Giftes genießbar blieb, nachdem die Wundränder sauber herausgeschnitten wurden.

Tausende Spanier starben im rund 100jährigen Krieg gegen die Tairona qualvoll an vergifteten Pfeilen, doch der Blutzoll der Indianer war um ein Vielfaches höher, er ist nach zehntausenden Toten zu zählen.

Angeekelt von den Brutalitäten, berichtete der an Grausamkeiten gewöhnte Augenzeuge Juan de Castellanos (3), wie der Hauptmann Miguel Piñol Befehl gab, allen gefangenen Indios »Nasen, Ohren und Lippen abzuschneiden«. – Über 70 indianische Anführer wurden niedergemetzelt, auch Frauen und Kinder, und ein schwer verletzter Häuptlingssohn wurde hingerichtet, nicht ohne dem Heidensohn vorher noch die Taufe zu verpassen.

Am Ende hatten die Spanier einige hunderttausend Goldpesos, Edelsteine und Perlen erbeutet. Indianische Siedlungen in der Sierra Nevada waren zerstört, die wenigen überlebenden Tairona versteckten sich in verborgenen Buchten an der karibischen Küste.

Die Tairona-Kultur war verschüttet, wurde vergessen. Jahrhunderte vergingen. Der Dschungel fraß die einst blühenden Felder und Siedlungen und Städte. Nur noch gerüchteweise wurde in der Region um Santa Marta geraunt, im Dschungel, irgendwo in den dampfenden Bergen, hätte es einst ein Indianervolk gegeben, das Gold, viel Gold vor den Spaniern gerettet hätte.

Das Reich der Tairona war längst zum Habitat von Wildkatzen, Brüllaffen, Adlern, Geiern und Giftschlangen geworden, die feuchte Urwaldfauna hatte es erobert. Gold aber hat eine unwiderstehliche Faszination, und vom Goldrausch Befallene scheuen keine Gefahr.

## Sprung in die Gegenwart

Im Herbst 1940 traf der Schatzsucher und Hobby-Archäologe Florentino Sepúlveda in einer stillen Bucht am karibischen Meer, nur 20 Kilometer von Santa Marta entfernt, einen Greis aus dem Stamm der Kogi-Indianer. Im Gespräch vertraute ihm der Alte an, der ganz im Bann der Legenden seiner Vorfahren lebte, es gäbe in unmittelbarer Nachbarschaft große Städte und endlose Straßen, die einst von den Tairona angelegt worden seien.

Sepúlveda, selbst schon sechzig Jahre alt, nahm die schwärmerischen Erzählungen des steinalten Indio nicht für bare Münze, hielt sie aber doch für interessant genug, sie seinem neunzehnjährigen Sohn Julio César zu berichten.

Julio César, der von den spanischen Eroberern nicht viel mehr wußte, als daß sie scharf auf Gold gewesen waren, nahm die Geschichte ernst. Er war nämlich von der Existenz des legendären Goldlandes El Dorado überzeugt und witterte hier seine Chance, auf einen Schlag reich werden zu können: ein Sechser im Lotto der Goldsucher!

Von der Küste her folgte Julio César dem Flüßchen Buritaca. Im Frühjahr 1975 stolperte er sozusagen über eine Terrasse der Verlorenen Stadt. Überzeugt, nun fündig zu werden, wuchtete er mit dem Spaten ein Loch in die Mauer, vor der er stand. Nach schweißtreibender, stundenlanger Schufterei mußte er feststellen, daß die Mauer, auf die er eindrosch, Teil einer riesigen Treppe war. Diese Erkenntnis ernüchterte den Golddigger, er bestieg sein Pferd und kehrte in einem mühevollen Siebentageritt in die Hafen- und Badestadt Santa Marta zurück.

An einer Hotelbar tat Julio César das, was ein Grabräuber niemals tun soll: er redete. Gierig auf den großen Goldfund, allein jedoch nicht in der Lage, das Problem vor Ort zu lösen, zeigte er Kumpanen seines dunklen Gewerbes die Fundstelle im Dschungel. Neid oder Goldrausch – Julio César wurde später in der Verlorenen Stadt erschossen. Unweit der Treppe, über die er gestolpert war, schaufelten Kollegen ihm ein Grab.

Nun begann die große Jagd der Grabräuber, der Guaqueros. Sie drangen in die überwucherten, steinernen Ruinen vor. Bald tauchten auf dem Antiken-Schwarzmarkt immer häufiger Kultgegenstände der Tairona auf. Das Kolumbianische Institut für Anthropologie und Archäologie bekam Wind davon. Als ein Grabräuber den Fundort ausplauderte, wurde Militär in die Verlorene Stadt kommandiert.

Seit 1976 graben Archäologen im Dschungel der Sierra Nevada, und ein Ende der Arbeiten ist nicht abzusehen, wie Professor Soto mir sagte. Nach Abschätzung der bisher freigelegten Anlagen müssen hier einst 300 000 Indios gelebt haben. Das ist die Einwohnerzahl von Genf und Bern zusammengenommen.

## Über die Kogi von heute zu den Tairona von gestern

Wer waren diese tollen Tairona-Indianer, die zwar so gigantische Städtebauten zuwege brachten, sich aber des Häufleins spanischer Eroberer nicht erwehren konnten?

Soto sagte mir, die heutigen Kogi-Indianer an der Küste und in den Tälern der Sierra Nevada seien mit größter Wahrscheinlichkeit direkte Nachfahren der Tairona; sein Lehrer, Professor Gerardo Reichel-Dolmatoff, habe Jahre seines Lebens damit verbracht, Leben und Geschichte der Kogi zu studieren; dabei habe er zwischen den heutigen Kogi und den früheren Tairona derart viele verblüffende Übereinstimmungen festgestellt, daß man annehmen könne, daß die Kogi aus den Tairona hervorgingen.

Also müssen Tairona-Gruppen das Massaker der Spanier überlebt, ihre alten Traditionen und religiösen Bräuche bewahrt und an die folgenden Generationen weitergegeben haben. Um zu erfahren, wer die Tairona waren, mußte ich mich an die Kogi halten, die heute leben.

Der erste, der sich mit den Kogi wissenschaftlich befaßte und ausführlich über sie berichtete, war einmal mehr Professor Preuss. – Nachdem er 1913–1914 Teile von San Agustin ausgegraben hatte, nahm er sich der Überlieferungen der *Kágaba* an, wie die Kogi ehedem hießen. Preuss fand, daß die Kágaba-Kogi die Schöpfung der Urmutter Gauteóvan zuschrieben, die die Sonne und alles, was existierte, aus ihrem Menstrualblut erschaffen habe. Von Gauteóvan stammen auch die vier Urpriester ab, die Stammväter des heutigen Kogi-Priestergeschlechts.

Die Überlieferung wußte, daß die vier Urpriester den Indianern die Kultur brachten, Gesetze erließen und sie »in allen Dingen« unterwiesen. – Die Urpriester hatten ihre Heimat im Weltall, Gesetze erreichten die Kágaba »von außen her«. Es wurde überliefert, daß die Urpriester, als sie ankamen, Masken trugen und schließlich »ihre Gesichter abgenommen« hätten. Einmal unterstellt, sie wären mit einem interstellaren Flug eingetroffen, dann wären die »Gesichter« wohl Sauerstoff-Filter gewesen.

Die Priester vererbten ihr Amt den Söhnen. Sie wurden in neunjähriger Novizenzeit in Tempeln erzogen, damit das Wissen der Väter »unbefleckt« von einer Generation an die andere gelangte. – Die höchsten Priester der Kágaba-Kogi heißen *Mama* (5). Die Mama sind mehr als das, was man sich gemeinhin unter Priestern vorstellt. Der Mama ist absoluter Stammesherrscher, seine Gebote sind blind zu befolgen. Er kann ohne Grenzen strafen und loben, weil er sich in direkter Nachfolge der kosmischen Urpriester weiß. Heute noch ist der Mama davon überzeugt, durch geistige Kommunikation mit dem Kosmos in Verbindung zu stehen.

Um diesen hohepriesterlichen Grad zu erreichen, müssen Novizen sich neun Jahre lang in totaler Dunkelheit und unter strengster Bewachung einsperren lassen, um in dieser Klausur die hypersensible Spiritualität für kosmische Kontakte zu gewinnen. Die armen Knaben dürfen neun Jahre lang keine Frau berühren, nicht die geringste Arbeit tun, sie dürfen kein Salz zu sich nehmen. Nur um Mitternacht werden ihnen weiße Bohnen, Kartoffeln, Schnecken, doch nichts, was Blut enthält, in ihre Verlassenheit gereicht.

Nicht nur Urmutter Gauteóvan und die vier Priester tauchten aus dem Weltall auf. Da gab es noch den Onkel Nivaleue, der vom Himmel herabstieg und sich durch das Anlegen von großen Feldern nützlich machte. Außerdem war der Dämon Namsaui eine himmlische Gestalt. In den Mythen heißt es, daß er »in doppelter Menschengröße erscheint und die Menschen durch die Kälte, die er ausströmt, tötet, so daß nur noch Knochen übrigblieben« (4). Von Namsaui wird berichtet, daß seine Maske rot war, seine Kleidung blau gewesen sei und er über einer sehr langen Nase hervorquellende Augen gehabt habe. Namsaui war der »blitzende« Dämon, er machte den Donner und ließ Schnee vom Himmel fallen.

## Die Kágaba-Götter kamen aus dem Weltall nieder

Vor über 50 Jahren zeichnete Professor Preuss den Mythos vom Werden auf, den die Kágaba überlieferten. Aus den 30 Buchseiten exzerpiere ich nur die wichtigsten Verse, die beweisen, daß deren Götter aus dem Weltall kamen und den *homo* intelligent machten.

1. Vers: Die Mutter unseres ganzen Samens gebar uns im Anfang. Sie ist die Mutter aller Arten von Menschen und sie ist die Mutter von allen Stämmen ...

2. Vers: Sie allein ist die Mutter des Feuers, die Mutter der Sonne und der Milchstraße ...

12. Vers: Und so hat die Mutter ein Andenken in allen Tempeln hinterlassen. Zusammen mit ihren Söhnen Sintana, Seizankuan, Aluañuiko und Kultsavitabauya hinterließ sie als Andenken Gesänge und Tänze.

13. Vers: So haben es die Priester, Väter und älteren Brüder berichtet.

Dann wird von Kämpfen der vier Urpriester gegen Dämone und Tiere berichtet. »Blitze« wurden geschleudert, in »alle Himmelsrichtungen« wurde geflogen, Samen verschiedener Pflanzen zur Erde gebracht. Göttermasken wurden getragen, eine davon in einem Berg versteckt:

30. Vers: Heute setzt man diese auf, um auf die Krankheiten und auf alle Arten von Übel einzuwirken, daß die Novizen, die in den Tempeln gelernt haben, damit reden. Nachher haben es die Väter, Priester und älteren Brüder berichtet.

Habe ich richtig gelesen? Priester sollen in Urzeiten mit den »Masken« geredet haben, um durch sie auf Krankheiten »einzuwirken«? Diese Schilderungen werden erst mit modernem Verständnis logisch: die »Maske« war ein Helm mit eingebauter Funkverbindung, über den die Priester Expertenrat einholten.

In welch ferne Vorzeit der Kágaba-Kogi-Mythos zurückreicht, beweisen Kenntnisse der Sintflut:

38. Vers: Es vergingen nun Jahrhunderte, da brachte diese Welt Menschen hervor mit naturwidrigen Neigungen, derart, daß sie alle Arten Tiere auch zum Beischlaf benutzten. Die Mutter begehrte den Sohn, der Vater die Tochter, aus demselben Blut der Bruder die Schwester.

39. Vers: Das sah der Häuptling Zantana und öffnete die Pforten des Himmels, damit es vier Jahre lang regne.

40. Vers: Da die Priester bemerkten, daß er dies tun werde, baute Priester Seizankua ein Zauberschiff und setzte alle Arten Tiere und anderes hinein: Die vierfüßigen Tiere, die Vögel und alle Arten von Gewächsen setzte er hinein. Darauf trat der ältere Bruder Mulkueikai in das Zauberschiff und verschloß die Tür.

41. Vers: Nun begann roter und blauer Regen, um vier Jahre lang anzuhalten, und mit dem Regen breiteten sich auf dieser ganzen Welt überall Seen aus.

42. Vers: Der ältere Bruder Mulkueikai lag währenddessen in dem Zauberschiff, das sich dann dort auf dem Kamm der Sierra Negra niederließ. Dort ging er nur in unmittelbarer Nähe ein wenig heraus und blieb auf der Sierra Negra neun Tage.

43. Vers: Nach diesen neun Tagen vergingen neun Jahrhunderte, bis alle Seen austrockneten, wie die Priester überliefert haben.

44. Vers: Nun waren alle Bösen zugrunde gegangen, *und die Priester, die älteren Brüder, kamen alle vom Himmel herab*, worauf Mulkueikai die Tür öffnete und alle Vögel und vierfüßigen Tiere, alle Bäume und Gewächse hier auf die Erde setzte. Das vollbrachten die göttlichen, Vater Kalgusiza genannten Personen.

46. Vers: Und in allen Tempeln hinterließen sie eine Erinnerung als Denkmal.

Wie sich die Texte gleichen!

Die Kágaba-Überlieferung sprach von Sodomismus, das tat auch Mose im 1. Buch, 19, vor der Vernichtung von Sodom und Gomorra. Ein kongruenter Sintflut-Bericht steht auch im sumerischen Gilgamesch-Epos.

»Alle kamen vom Himmel herab«, überliefert der Kágaba-Mythos. In der sumerischen Königsliste ist vermerkt: »Nachdem die Flut darüber hinweggegangen war, stieg das Königtum abermals vom Himmel hernieder«; es tönt wie im Gilgamesch-Epos, das davon berichtet, wie nach der großen Flut die »Götter« auf die Erde niederkamen.

Wer hat den traurigen Mut, bei so eindeutigen Parallelen noch von zufälligen Übereinstimmungen zu faseln? Ich erwähne nur zwei mit dem Kágaba-Schöpfungsmythos identische Mythen als Beispiele, sie finden sich in uralten Überlieferungen an allen Ecken der Welt. Überall gingen erlebte Wirklichkeiten in die Mythen ein.

In einer nahtlosen Staffette gaben Priestergenerationen das alte Wissen ihrer kosmischen Lehrmeister weiter und bewahrten es. Professor Reichel-Dolmatoff (6) hat bewiesen, daß alle Handlungen der Kogi immer noch von den kosmischen Gesetzen ihrer Kágaba-Vorfahren durchdrungen sind:

*»Die Kogi sind tief religiös. Ihre Glaubensvorstellungen hängen eng mit ihrer Auffassung von* Ordnung und Geschehen im Weltall *zusammen. Die meisten Dörfer haben ein Oberhaupt, das die staatliche Autorität verkörpert, aber die wahre Entscheidungsgewalt liegt in den Händen der Mama, der einheimischen Priester. Diese Männer besitzen eine gründliche Kenntnis der Stammessitten. Sie sind nicht nur Schamanen oder Medizinmänner, sondern übernehmen auch als Priester Aufgaben, die sie nach jahrelanger Ausbildung in feierlichen Ritualen erfüllen!«*

## Kogi-Architektur und der gestirnte Himmel

Während seines langjährigen Studiums fand Reichel-Dolmatoff heraus, daß alle Kogi-Bauten nur im Kontext mit den Vorgängen im Weltall begriffen werden können.

Wurde eine Terrasse, ein Haus oder ein Tempel errichtet, geschah es nicht nur nach den urewigen Prämissen: Wo ist Wasser? Wo ist Licht? Wo ist Schatten? – nein, es wurden die kosmischen Beziehungen der Kogi zu den Gestirnen und zum Kalender »eingebaut«.

Den Kogis gilt der Kosmos als eiförmiger Raum, der durch sieben Punkte bestimmt wird: Norden – Süden – Westen – Osten – Zenit – Nadir (der dem Zenit gegenüberliegende Fußpunkt der Himmelskugel) – Mittelpunkt. Innerhalb des so definierten Raumes liegen neun Schichten, neun Welten, von denen die mittlere Schicht – die fünfte – unsere Welt darstellt. Nach diesem Muster sind alle Tempel und Zeremonienhäuser Modelle des Kogi-Kosmos.

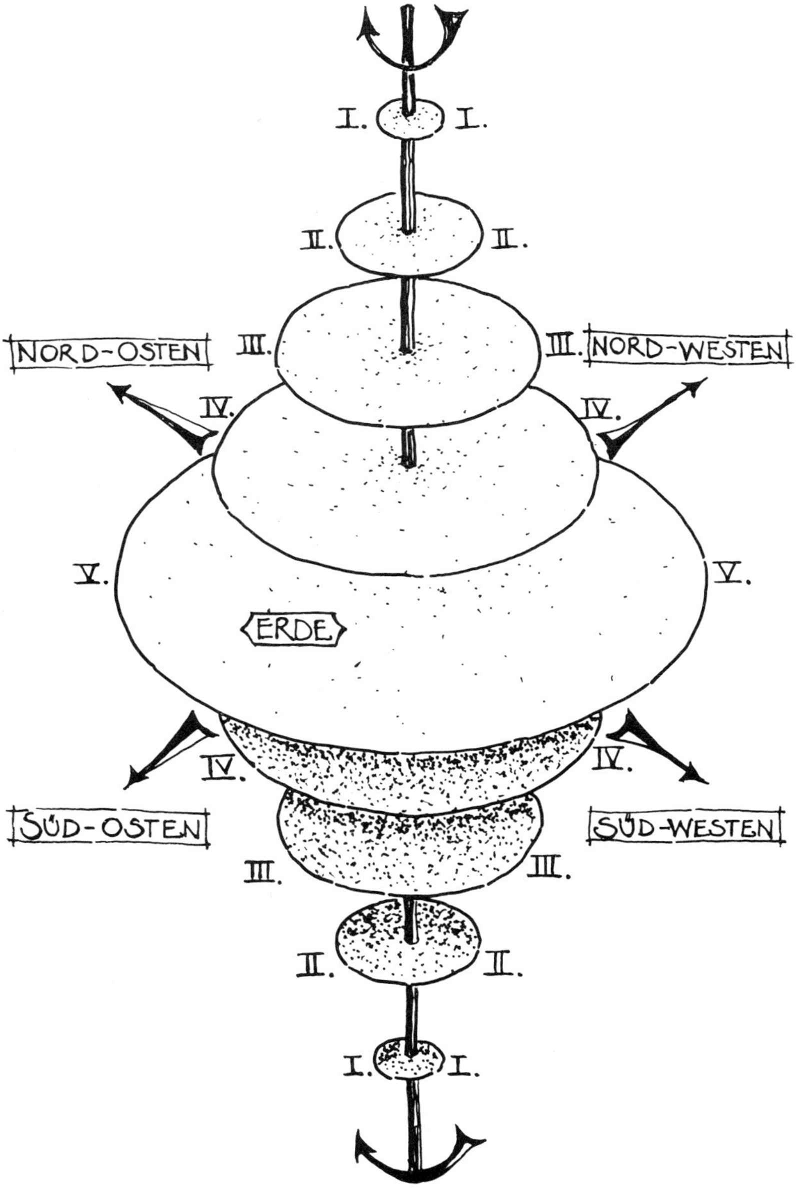


Den Kogis gilt der Kosmos als eiförmiger Raum

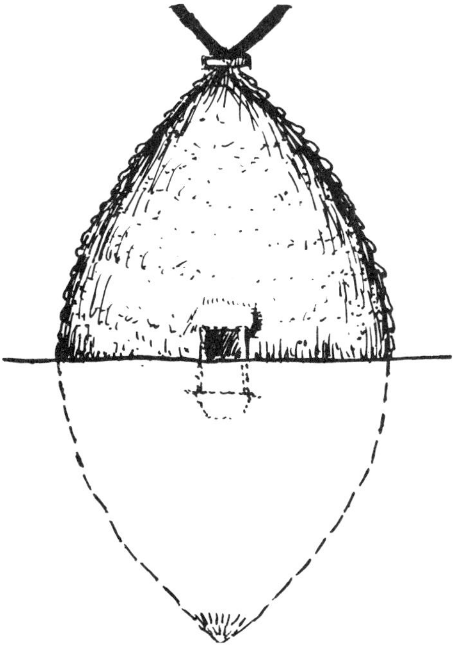

Querschnitt eines Kogi-Hauses mit der symbolischen Weiterführung in den Boden hinein

Vier kreisrunde Fächer liegen im Innern der Zeremonienhäuser übereinander. Auf dem fünften Fach, dem Erdboden, leben die Kogi – aber symbolisch führen vier weitere Fächer in den Boden hinein – als Abbild des Kosmos.

Außer religiösen Versammlungsorten sind Kogi-Tempel zugleich Observatorien: Sie sind so angelegt, daß jederzeit eine genaue Bestimmung des Kalenders möglich ist. Reichel-Dolmatoff (7) gibt dieses Beispiel:

Männer und Frauen leben getrennt. In jedem Kogi-Dorf steht ein großes, rundes Männerhaus, aus dessen Dach ein mächtiger Pfahl wie eine Fahnenstange gen Himmel ragt. Schräg gegenüber erhebt sich – zu weit sollen die Damen ja auch nicht entfernt sein! – das ebenfalls runde Frauenhaus: Aus dem Dachfirst stoßen zwei gekreuzte Balken. Zwischen Pfahl und Balken kommt es zu einem symbolischen Akt!

Genau am 21. März, dem Frühjahrsbeginn, wirft der Pfahl vom Dach des Männerhauses einen langen Schatten auf den Boden – er liegt präzise zwischen den Schatten der gekreuzten Balken des Frauenhauses: Der Phallus dringt in die Vagina ein, Symbol des Frühlings, der Samen muß in die Erde gelegt werden.

Im Innern des Tempels hängt vom Dachpfahl ein dickes Seil durch vier Schichten bis zur fünften – dem Erdboden – herab. Oberpriester Mama ist überzeugt, mittels dieses Seils direkten Kontakt zu seinen kosmischen Lehrmeistern zu haben.

Was wissen wir schon? Neunjährige Kasteiung im Dunkeln entwickelt im Menschen vielleicht telepathische Fähigkeiten, die gestatten, mit Außerirdischen in Kontakt zu kommen. Radioverbindungen von Stern zu Stern sind bekanntlich zu langsam, als daß interstellare Kommunikation möglich wäre. Der nächste Fixstern zur Erde – Alpha Centauri – ist vier Lichtjahre = $4 \times 9{,}46 \times 10^{12}$ km entfernt. Fragen von der Erde aus an Alpha Centauri, durch Radio übermittelt, würden erst in acht Jahren auf gleichem Weg Antwort bekommen. Telepathie aber ist schnell wie der Gedanke, und sie ist an physikalische Gesetze von Raum und Zeit nicht gebunden. Ob Kogi-Wissen das uns nicht Zugängliche begreifbar macht?

## Ein Mittagessen und der große Zufall

Nachdem ich meine Vorträge im Teatro Libertador absolviert, die Zeit zu Gesprächen mit Professor Soto und zu Besuchen in Bibliotheken genutzt hatte, drängte es mich, endlich die Verlorene Stadt, von deren Erbauern ich nun schon eine Menge wußte, zu sehen.

Die Rettung kam aus einer Ecke, die vor drei Monaten angepeilt wurde ... und durch einen glücklichen Zufall.

Ich war zu Gast im Offiziersclub der FAC* geladen. Im

* *Fuerza Aérea Colombiana*, kolumbianische Luftwaffe

Zentrum von Bogotá besitzt die Luftwaffe ein herrliches Refugium mit einem weitgezogenen flachen Haus in einem gepflegten Garten mit tropischen Pflanzen und einem Swimming-Pool. Diese Einladung verhieß ein Mittagsmahl.

Von 13 Uhr an brütete ich – mit Dr. Forero zur Seite – auf einem dunkelblauen Plüschsofa; meine Augen nahmen die Fotografienfront berühmter kolumbianischer Flieger ab. Weder diese Ablenkung noch ein eisgekühlter Wermut beeindruckten meinen Magen: Er knurrte bösartig, verlangte nach Füllung. – In hellblauer, schicker Uniform erschien gegen 14 Uhr der Oberst Baer-Ruiz. Erste dezente Erkundungen, wie ich in den Dschungel bei Santa Marta gelangen könnte, versickerten in Begrüßungsfloskeln mit Flugkapitänen und pensionierten Militärs, die nun in kurzer Folge eintrafen.

Als wir gegen 15 Uhr zur festlich gedeckten Tafel schritten, mischte sich mein Magen – laut wie die Stimme eines Bauchredners – in jedes Gespräch ein, während wir über Gott und die Welt und meine Bücher plauderten. »Ich kriege euch schon noch«, schwor ich mir zu und fragte nach einigen Gläsern trockenen chilenischen Weißweins vernehmlich in die verstummende Runde:

»Meine Herren, wie komme ich nach BURITACA 200?«

Die Offiziere sahen mich mit ziemlich verständnislosen Blicken an.

»Wohin wollen Sie?« vergewisserte sich ein junger Hauptmann.

Deutlich empfand ich, daß BURITACA 200 den Fliegern nicht viel mehr als ein böhmisches Dorf bedeutete. Zwar hatten sie schon von der Verlorenen Stadt gehört, doch wo sie auch nur ungefähr lag, wußte niemand. Durch Professor Soto wohl informiert, konnte der kleine Schweizer den staunenden Kolumbianern die exakte geographische Lage ihrer nationalen Attraktion angeben.

Ob es eine Chance gäbe, mit einem Hubschrauber danach zu suchen, erkundigte ich mich artig. – Jeder Offizier trug nun ein paar Brocken zu einer spanischen Wortkaskade bei, der ich nicht mehr folgen konnte. Als letzten Schluß der ermittelten Weisheit beschied mich Oberst Baer, daß über mein Anliegen nur der Kommandant der Luftwaffe – General Paredes Diago – befinden könne, der allerdings sei erst gestern von einer zehntägigen Reise aus den USA zurückgekommen und mit Terminen derart eingedeckt, daß er im Moment wohl kaum in der Lage wäre, mich zu empfangen. Mañana.

»Schade«, sagte ich und sah meine Felle davonschwimmen. Wie komme ich ohne Professor Soto und ohne zwei Monate warten zu müssen in den Urwald?

Beim obligaten Kaffee plus Brandy vernahmen meine wachsamen Ohren, daß General Paredes Diago an meinen Büchern interessiert ... und leidenschaftlicher Pfeifensammler ist.

Pfeifensammler? In meinem Gehirn blitzte ein Gedanke auf.

Seit mir ein patentiertes Modell unterkam, das lästiges Säubern mit stets schmutzigen Fingern unnötig macht, rauche ich bei der Arbeit oder beim Schachspielen eine Pfeife

Die Pfeife, die mir den Dschungel öffnete

für faule Raucher. Meine Pfeife hat nicht den abgebogenen, klassischen Pfeifenkopf! Sie birgt den Tabak in gerader Verlängerung des Mundstücks in einem mit einem Gitter verschlossenen Behälter, der sich durch leisen Druck mühelos in den Aschenbecher leeren läßt. – Ich zog ein fabrikneues Exemplar aus der Innentasche meines Jacketts:

»Kennt der Herr General diese Art von Pfeife?«

Spontan war Oberst Baer interessiert. Ich zerlegte die Pfeife in ihre Bestandteile, setzte sie wieder zusammen und bat, er möge sie dem Herrn General mit meinen besten Empfehlungen übermitteln und vielleicht erwähnen, daß er der einzige Mensch in Kolumbien sei, der mir bei der Lösung eines kleinen Problems helfen könne.

Schon früh am nächsten Morgen rief mich Oberst Baer-Ruiz an: General Paredes Diago erwarte mich um 16 Uhr im Hauptquartier der FAC. – Auch auf diesem wichtigen Gang begleitete mich Dr. Forero.

Das Hauptquartier liegt am Stadtrand von Bogotá, es ist ein modernes Gebäude aus Glas, Beton und Stahl. Mein Handgepäck wurde gefilzt, unsere Körper wurden abgetastet. Gegen Hinterlegung unserer Personalausweise heftete ein Korporal numerierte Schilder an die Brust, die einzige militärische Auszeichnung, die ich je trug.

Auf dem Weg zum Büro des Generals, vorbei an Vitrinen mit kleinen Flugzeugmodellen aller Jahrgänge, folgten uns Zivilisten abschätzende Blicke von Offizieren, die in Ledersesseln auf ihren Termin warteten. – Nur eine Viertelstunde saßen wir im Vorzimmer, und dann stand uns schon die Tür zum Allerheiligsten offen.

General Paredes Diago – fünf goldene Sterne auf den Schulterklappen – hielt meine Pfeife in der Hand, als er sich hinter seinem Schreibtisch erhob. Eben lud er zum Niedersetzen in einer Nische ein, als eine Ordonnanz Kaffee servierte. Mein armes Herz!

Wie nebenbei übergab ich dem General die mit einer Widmung versehene spanische Ausgabe meines Buches »Prophet der Vergangenheit« – *Profeta del Pasado.* Über die knappe Zeit des Generals unterrichtet, kam ich rasch zu meinem Anliegen – einem Helikopterflug nach BURITACA 200.

Einen Moment sah der General mich nachdenklich an, dann rief er mit einem Knopfdruck seinen Adjutanten herein:

»Was für eine Einheit liegt in Santa Marta?«

»Das Infanteriebataillon Cordova No 5, Herr General!« antwortete der junge Offizier – wie aus der Pistole geschossen, darf man sagen.

»Klären Sie sofort, ob das Bataillon Helikopter hat und ob übermorgen eine Maschine für eine Sonderaufgabe einsatzbereit ist.«

Irgendwo von der Decke her krächzte in unser Gespräch ein Lautsprecher. Der General rief über die Gegensprechanlage etwas zurück. Ich verstand kein Wort. Der General nickte mir zu und verschwand. Dr. Forero hob eine Faust mit senkrecht aufgestelltem Daumen: Gewonnen!

Nach wenigen Minuten kehrte der General zurück, gab mir einen Briefumschlag und wünschte mir Glück und Erfolg.

Im Taxi las ich, was der General diktiert hatte:

*FUERZA AEREA COLOMBIANA*

*Senor Teniente Coronel*

*Hector Lopez Ramirez Commandante Batallón de Infanteria No 5 Cordova Santa Marta*

*El senor ERICH VON DAENIKEN está autorizado por este Comando para efectuar un vuelo en Helicótero Hughes que se encuentra en esa Unidad, de la ciudad de Santa Marta a la ciudad perdida.*

*Cordial saludo,*

*General Raul Alberto PAREDES DIAGO*

*Comandante Fuerza Aérea*

An den befehlshabenden Obersten

Hector Lopez Ramirez

Kommandant des Infanteriebataillons No 5 Cordova Santa Marta

Herr Erich von Däniken ist durch dieses Kommando autorisiert, einen Flug mit dem Helikopter Hughes, der sich in Ihrer Einheit befindet, von Santa Marta nach der Verlorenen Stadt durchzuführen.

## Kurz vom Ziel: Wo liegt die Verlorene Stadt?

Mit der Mittagsmaschine der COLOMBIANA landete ich am nächsten Tag in Santa Marta, quartierte mich direkt am Meer im IROTAMA ein, einem Hotel, das bessere Zeiten hinter sich hat. Ich ließ das Telefon heißlaufen, aber es gelang mir nicht, zum Apparat des Obersten Ramirez durchgeschaltet zu werden. Fünf Uhr am Nachmittag, da landet man auf dem Verschiebebahnhof. Beim Militär in der ganzen Welt. Mañana.

Freitag, den 21. August, ließ ich mich um 5.30 zum Infanterie-Bataillon No 5 hinausfahren. – Zwei mit Maschinenpistolen behangene Infanteristen durchsuchten mich am Eingang – wie es sich gehört –, bevor ich mein Anliegen äußern konnte, doch der Generalsbefehl, mit dem ich wedelte, wirkte wie ein freundliches Sesam-öffne-Dich . . . bis ihn im Vorzimmer des Chefs ein Zivilist stirnrunzelnd zur Kenntnis nahm. Außerdienstplanmäßige Überraschungen waren auch in der Morgenfrühe unbeliebt. Der Zivilist verschwand wortlos im Büro nebenan.

Durch die hohe Luftfeuchtigkeit war schon zu dieser Morgenstunde kein Faden an mir mehr trocken; ich setzte mich auf eine Holzbank, fing den von der Stirn triefenden Schweiß im auch schon feuchten Taschentuch auf und wartete. Der Zivilist kehrte zurück, nahm am Schreibtisch Platz und schwieg. Endlos schien mir die Wartezeit. Wird es kurz vorm Ziel noch ein Hindernis geben?

Ich werde hier sitzen bleiben, still, aber entschlossen, nicht zu weichen, ehe der Generalsbefehl in Aktion umgesetzt wird. Basta.

Basta!, sagte auch der junge Herr in grüner Montur, der sich nach unverbindlichem Kopfnicken mit verschränkten Armen an die Wand lehnte. Auf der Klappe der rechten Brusttasche entdeckte ich – in Silberfäden gestickt: FUERZA AEREA COLOMBIANA. Ein Flieger bei der Infanterie?

Das mußte »mein« Helikopterpilot sein! Ich sprach ihn an.

Er hieße Hernando, sagte er, und er solle einen Herrn von Däniken zur Verlorenen Stadt fliegen, doch habe er keine blasse Ahnung, wo die liege, und das Wetter sei für einen Flug in der kleinen HUGHES heute nicht gerade gut; außerdem habe die Maschine nur eine Reichweite von zweieinhalb Flugstunden, mit langem Herumsuchen sei nichts drin, nach eineinviertel Stunden müsse man umkehren, falls diese verdammte Stadt bis dahin nicht gefunden wurde.

Santa Marta – Hafenstadt und Badeort an der Karibik – ist der Umschlagplatz für illegales Santa-Marta-Gold, für hochwertiges Marihuana

Hernando liebte keine rosigen Farben. Düster schilderte er, was für Schwierigkeiten sie mit den Marihuana-Pflanzern in der ganzen Gegend hätten; die fürchteten mit Recht eine Entdeckung durch die Militärflieger und scheuten sich nicht, wild auf sie zu schießen, es wäre mehr als einmal ein Flugzeug aus dem Urwald heraus abgeschossen worden, nie wieder hätte man was von den Besatzungen gehört. – Santa Marta sei eine Zentrale für Marihuana-Handel, eine Stadt, in der Leben längst nicht mehr viel gelte, seit man auf den Geschmack von Marihuana kam; in kurzer Zeit würden die Leute irre Gelder verdienen, und die trieben die Inflation im Lande hoch, die Moral käme auf den Hund, Schießereien wären an der Tagesordnung. Das »Santa-Marta-Gold« würde auf den internationalen Märkten als besonders hochwertiges Marihuana zu Höchstpreisen gehandelt.

Da die Männer ruckartig Haltung annahmen, mußte der Offizier, der hereinschaute und die Tür geöffnet hielt, mein Oberst Ramirez sein. Ich erhob mich wieselflink, nannte meinen Namen, ertrug einen kurzen musternden Blick und wurde liebenswürdig aufgefordert, im Büro Platz zu nehmen. Es wurde – selbstverständlich – Kaffee serviert, einer von der Sorte, der einen vom frühen Morgen bis zum späten Abend durch den Tag katapultiert. Hernando rapportierte seine Schwierigkeiten. Oberst Ramirez unterbrach ihn:

»Gibt es im Bataillon vielleicht jemanden, der genau weiß, wo die Verlorene Stadt liegt?«

Ramirez gab einen Befehl in die Sprechanlage, breitete militärische Plankarten auf dem Tisch aus, deutete in die saftiggrünen Quadrate:

»Dort irgendwo liegt sie!«

Auf meine Bemerkung, sie läge am Flüßchen Buritaca, graunzte Hernando, ob ich den Urwald kenne, dahinein könne er nicht landen, es bliebe mir nur, abzuspringen oder mich an einer Strickleiter abzuseilen. Das wollte ich sehr, sehr ungern und stellte sachlich und kühl fest:

»Sie werden mitten im Urwald auf Terrassen landen können, die vor mehr als tausend Jahren angelegt wurden!«

Ich wußte von Professor Soto, daß er auf diese Weise zu den Ausgrabungsstätten gelangte.

»Das glauben Sie?« sah Oberst Ramirez mich skeptisch an.

»Ich weiß es . . .«

Ein Korporal unzweifelhaft indianischer Abstammung meldete sich.

»Sie waren schon in der Verlorenen Stadt?« fragte Ramirez.

»Si! Señor Comandante!« strahlte der Indianer und schlug sich stolz auf die Brust.

»Dann begleiten Sie den Flug!«

Bis zu diesem Moment wußte ich nicht, daß auch Indianer blaß werden können. Der Korporal bekreuzigte sich, sein eben noch strahlendes Gesicht verknitterte aschgrau.

Der viersitzige HUGHES-Hubschrauber flog mich in die grüne Hölle

## Flug in den Urwald

Mit Hernando, dem Indianer und einem Flugingenieur kletterte ich in den viersitzigen Hubschrauber, der unter ohrenbetäubendem Lärm Santa Marta überquerte, dann entlang der bewaldeten Küste bis zum Einschnitt des Buritaca-Tals flog.

Die Eingeborenen tragen ihren Namen Indianer, Indios, durch einen Irrtum: Kolumbus glaubte bis zu seinem Lebensende, das Land, das er entdeckte, sei Indien gewesen und nannte darum die Bewohner Indianer. Der Indianer also neben mir rief, brüllte mir etwas zu, ich verstand nichts, nickte ihm zu und sah, wie er Hernando gestikulierend in die Flugrichtung einwies. Tiefhängende Wolken klebten an den Kronen der Urwaldriesen. Irgendwo da unten gab es die Marihuana-Farmer, doch größer als die Gefahr ihrer Flintenschüsse schien mir das Verirren: Es gab keine Orientierungspunkte. Von oben her sah die grüne Hölle wie ein gigantischer grünschwarzer Blumenkohl aus. Dicht. Undurchdringlich.

Als sich der Helikopter in eine Kurve legte, sahen wir im dichten Dschungel eine Terrasse – geeignet zum Landen

Der Helikopter legte sich schräg in eine Kurve, da sah ich es: eine Terrasse, darunter eine zweite, eine dritte. Auch Hernando erspähte dieses Wunder und warf mir einen kurzen anerkennenden Blick zu. Er setzte die HUGHES sanft auf der obersten Terrasse auf. Die Rotorblätter stoppte er nicht, sie bliesen Sturm in die stehende Luft. Hernando wollte gleich wieder starten, er traute dem Wetter nicht.

»Also dann – in fünf Stunden wieder hier!« schrie ich ihm zu und zeigte ihm meine Hand mit fünf gespreizten Fingern. – »Okay! In fünf Stunden!« brüllte er zurück und wies mit dem Daumen auf die Terrasse, auf der wir standen.

Senkrecht erhob sich der Helikopter, sein Dröhnen schien an Bäumen und in Lianen zu kleben. Als das Rumoren verklungen war, lag für Sekunden Stille über dem Dschungel, doch dann hatten sich die Tiere vom Schreck des lärmenden Besuchs erholt. Affen brüllten, Vögel plapperten und Tiere, die man nicht sah, zeterten. Und überallhin folgte mir das Summen der Moskitos, die sich als ungeheuer anhänglich erwiesen. In der Sauna des Urwalds wäre ich gern wie Adam herumgelaufen, doch die widerlichen Stechmücken erinnerten mich auf unangenehmste Weise daran, daß ich mich nicht im Paradies aufhielt. Ich las einmal, es gäbe etwa 1,5 Millionen Insektenarten. Der größte Teil davon war wohl in Buritaca vertreten.

## Freundliche Überraschung

Verloren stand ich nun in der Verlorenen Stadt, vielleicht als erster Europäer, gewiß aber hatte hier noch kein Europäer fotografiert und darüber geschrieben.

Ich bin unternehmungslustig, doch beileibe kein Held. Ungern und widerwillig gerate ich immer wieder in heikle Situationen. Hier fragte ich mich: Was ist, wenn das Wetter in fünf Stunden keine Landung zuläßt? Was ist, wenn der einzige Hubschrauber unterwegs havariert? Was ist, wenn Hernando

Kurz vor der Landung gelang mir dieser Schnappschuß der obersten Terrasse. Ob sie vor Urzeiten auch aus großer Höhe inspiziert wurde?

Der ganze steile Hang schien zu einer mehrstöckigen skurrilen Geburtstagstorte aufgetürmt zu sein

ein wichtigeres militärisches Kommando erhält? Es war keine rosige Aussicht, hier übernachten zu müssen. Was soll's? Ich schulterte meine Kameras und kletterte zur nächsten Terrasse hinunter.

Gegenüber am Steilhang klebte – zwischen Urwalddikkicht, Zedern, Nußbäumen, Eukalyptus, Avocado-Birnbäumen, Gummibäumen, Palmen, Farnen, bis zur Verfilzung von Lianen zugewachsen – eine Holzbaracke! Das mußte ein Lager der Ausgräber sein. Meine Rufe bekamen keine Antwort. Mochte der Himmel wissen, wo die Leute heute schufteten, um den gefräßigen Dschungel von den freigelegten Ruinen fernzuhalten. Bestimmt hatten sie den Helikopter gesehen und gehört.

Wie aus einer Versenkung geräuschlos emporgeschnellt, standen urplötzlich zwei Soldaten in braunrotgrün gefleckter Dschungelmontur mit Gewehr und Pistole vor mir.

*»Buenos días, Senores!«* rief ich ihnen zu, ohne daß ihre dunkelbraunen Gesichter eine Reaktion zeigten. In der Umhängetasche hatte ich vom Lufthansaflug noch zwei Zigarren in Metallhülsen bei mir, ich gab sie den Soldaten. Sie sagten: *»Gracias!«* und stapften weiter. Gesprächig waren sie nicht. Immerhin wußte ich nun, daß sich irgendwo im grünen Treibhaus Menschen aufhielten.

Langsam ging ich eine gut eineinhalb Meter breite, ins Unendliche verlaufende Treppe hinunter, drehte mich immer wieder um und wunderte mich, daß die ellipsenförmige Terrasse, auf der wir landeten, ständig im Blickfeld blieb. Je tiefer ich stand, desto deutlicher wurde, daß die oberste Plattform auf einer niedrigeren ruhte, die wiederum auf einer dritten, jene auf einer vierten und so fort. Künstliche Steinplateaus trugen den Aufbau bis zur Spitze, der ganze steile Hang war zu einer skurrilen Geburtstagstorte aufgetürmt.

Vorhergehende Seite: Vom Ende der Schlucht führt eine steile Treppe mit 50 Grad Neigung 1100 Meter hinauf zu der großen Terrasse

Litt ich unter einer Halluzination? Auf einem mit Moos überwachsenen, plattierten Weg begegneten mir zwei reizende Mädchen. Eins davon – in weiter Pluderhose und grüner Safaribluse mit streichholzlangen Struwwelpeterhaaren – kam lächelnd auf mich und drückte mir die Hand:

»My name is Sylvia. Welcome in BURITACA 200!«

Die andere Amazone – in Bluejeans, die ihre appetitlichen Formen zeichneten, mit breitem Ledergurt um die Hüften und einem breitkrempigen Strohhut auf dem Kopf – schien mir einen Deut älter als Sylvia zu sein, aber das macht bei einem Twen noch nichts aus. Margarita, so hieß die junge Dame, war Architektin von Beruf – Sylvia Archäologin – und arbeitete schon seit einem halben Jahr im Ausgräberteam.

Unbefangen baten meine kolumbianischen Urwaldengel um eine Zigarette, das einzige, was ihnen im Moment zum Glück fehle. Ich gab ihnen, was ich an Rauchbarem bei mir hatte. Diese Mädchen mit ihrem perfekten Englisch hatten mir zum Glück gefehlt. Sie führten mich nun mit sachkundigen Erläuterungen auf steinernen Wegen durch den Urwald der Urwälder, den tropischen Regenwald. Hier liegt die Luftfeuchtigkeit ständig zwischen 60 und 95 Prozent. Wenn man mit den Fingern schnipst, müßte es eigentlich zu regnen beginnen.

BURITACA 200 liegt rechts und links vom Flüßchen, das der Stadt seinen Namen gab, angeschmiegt an die Schluchten des 3055 Meter hohen Cerro Corea. Die Bauten sind in der Form mehrstöckiger Terrassen – an einer breiten Straße ausgerichtet – angeordnet. Der Haupteingang zur Stadt liegt 900 Meter hoch. Vom Ende einer Schlucht führt eine steile Treppe mit 50 Grad Neigung 1100 Meter hinauf zu den großen, planierten Terrassen. Hier oben scheint das Zentrum der Stadt gewesen zu sein: In- und übereinander verschachtelt massieren sich in luftiger Höhe gleich 26 größere und kleinere Terrassen mit Flächen zwischen 50 bis 880 Quadratmetern. Alle diese Terrassen wurden seit 1976 freigelegt, eine Mordsarbeit.

»Ich heiße Sylvia. Willkommen in Buritaca 200!« begrüßte mich eine glutäugige Schönheit.

Die Steilhänge im Buritaca-Tal wurden eingeschnitten, mit Steinen, Erde und Stützmauern unterfüllt

Unter den Grabungsfunden gibt es Steinmühlen zum Mahlen von Mais – Gebrauchsgegenstände, Schüsseln und Vasen

Was war Buritaca wirklich? Eine Priesterstadt, eine militärische Anlage?

## Was war BURITACA wirklich?

Komplizierte topographische Bedingungen waren von der Natur vorgegeben. Darum mußten die alten Architekten Meter um Meter des Berges einebnen, um Raum für die horizontalen Bauten zu schaffen. Die Steilhänge wurden eingeschnitten, mit Steinen, Erde und Stützmauern unterfüllt. Die Mauern haben Höhen von 60 Zentimetern bis zu zehn Metern! In Mauern und Terrassen integriert, entdeckten die Ausgräber Teile eines Kanalisationssystems, das den Mammutkomplex trotz ständiger Feuchtigkeit und sintflutartiger Regenfälle trocken hielt.

Margareta erklärte mir, Archäologen würden BURITACA grob in vier Sektoren einteilen. Im ersten Sektor habe man Reste von Gebrauchsgegenständen wie Steinmühlen zum Mahlen von Mais gefunden, im zweiten Keramiken wie Schüsseln, Vasen und Eßgeschirre, im dritten Zeremonialgeräte wie wunderbar gearbeitete kleine Tonflöten, im vierten schließlich Kultobjekte wie Priesterringe, Götterfigürchen und Grabbeigaben.

Trotz dieser Funde stehen die Archäologen, allen voran Chefausgräber Soto Holguin, vor einem Rätsel. Niemand weiß, was BURITACA wirklich gewesen ist – ein Heiligtum größten Ausmaßes, ausgerichtet nach dem Firmament, dem Kalender? Eine Priesterstadt, in der wie in einem kolossalen Kloster nur Geweihte lebten? Eine Schlafstadt, in der 300 000 Indios schliefen, um tagsüber anderswo zur Arbeit zu gehen? War es eine militärische Anlage, eine Festung?

## Ein ökologisches Wunder

Einig ist man sich, daß unter den Erbauern der Urwaldstädte Architekten mit Weitblick und Ingenieure mit vielfältigem Können vertreten waren. Die Konzeption verrät Weitblick, weil die Siedlungen in der Sierra Nevada nicht das Werk einer Generation gewesen sein können. Die gigantische Größe läßt darauf schließen, daß es einen Plan der Gesamtanlage gegeben hat, bevor die ersten Steinmassen bewegt wurden. Mindestens als Berater waren auch von Anfang an Astronomen dabei, weil nachgewiesen ist, daß bestimmte Terrassen nach den Gestirnen ausgerichtet sind. – Die kundige Mitwirkung von Ingenieuren erweist sich im vorbildlichen ökologischen System: Für den Feldanbau stand zwar nur wenig Fläche zur Verfügung, dennoch wurden Mais, Bohnen, Maniok und Kartoffeln für die 300 000 Indios angebaut – ohne die Umwelt zu zerstören.

Um diese Leistung in ihrer ganzen Bedeutung würdigen zu können, muß man wissen, wie es im Raume von Santa Marta bis 1975 zuging, ehe die Sierra Nevada unter staatlichen Schutz gestellt wurde. Die Bevölkerung in der Hafenstadt, dem mondänen Badeort Santa Marta, wuchs erschreckend, schwappte über die Stadtgrenzen hinaus, drängte an die Hänge der Sierra Nevada. Urwald wurde niedergebrannt, auf dem trächtigen Boden pflanzte man ein Paar Jahre lang Kaffee und Bananen an und zog bei nachlassenden Ernten weiter in den Dschungel, Zivilisationsnarben zurücklassend. Hier, in diesem Gebiet, regnet es von April bis November so gut wie jeden Tag, der Boden erodiert ohne das schützende Dach der Tropenbäume und deren Netz von Wurzeln im Erdreich; das Land trocknet aus und wird binnen weniger Jahren unfruchtbar. – Heute noch legt das Gebiet um Santa Marta trauriges Zeugnis für den Raubbau ab, den wilde Siedler hier bis 1975 betrieben haben. Ein Desaster.

Das passierte in vergleichsweise ganz kurzer Zeit. Die Tairona aber lebten fast ein Jahrtausend in ihren Städten, ohne den Urwald zu zerstören und erzeugten dennoch landwirtschaftliche Produkte in großen Mengen. Wie lösten die Tairona die ökologischen und wirtschaftlichen Probleme? Professor Soto antwortete mir auf diese Frage:

Die Tairona besiedelten den Urwald, aber sie zerstörten ihn nicht
Zuerst vermutete ich, die oberste Terrasse wäre eher zufällig durch ein Auftürmen von Steinplatten und Quadern zustande gekommen

Sylvia hob Lianenvorhänge zur Seite und öffnete die Sicht auf immer neue Überraschungen

*»Um zu leisten, was in BURITACA geleistet wurde, muß eine soziale Organisation vorhanden gewesen sein, die sich von allen anderen unterschied. Die Tairona-Indianer müssen etwas Besonderes gewußt und angewendet haben. Diese Menschen waren alles andere als primitiv, und die heutige Welt kann von ihnen nur lernen. Wir zerstören tropische Regenwälder durch Raubbau und schaffen laufend neue Umweltkrisen. Daß es auch anders geht, haben die Erbauer dieser Siedlungen bewiesen.«*

## Das achte Weltwunder

Zuerst vermutete ich, die oberste Terrasse wäre eher zufällig durch ein Auftürmen von Steinplatten zustande gekommen. Das sagte ich auch Sylvia und Margarita, aber die machten mich darauf aufmerksam, daß ich in einer absichtsvoll bizarr angelegten Landschaft stand – in einer Landschaft von Steinkreisen, geschwungenen Mauern, Ellipsen, Türmchen, Treppen und Wegen, in einem unbeschreibbaren Gewirr von Formen, wie sie Pablo Picasso in seiner kühnsten Periode bei der Auflösung des Gegenständlichen in geometrische Strukturen nicht einfielen.

Sylvia hob Lianenvorhänge zur Seite und öffnete die Sicht auf neue Überraschungen, die sich bergabwärts zum Flüßchen Buritaca dehnten und aufwärts die Steilhänge erklommen. Wohin auch der Ausflug in die unverstandene Vergangenheit führte, immer gingen wir auf künstlich geebnetem Untergrund. Die »hängenden Gärten« der Semiramis in der Königsburg zu Babylon gelten als siebentes Weltwunder. Ich plädiere dafür, BURITACA 200 zum achten Weltwunder zu erklären.

Die Mädchen beobachteten, wie ich von einem Staunen ins andere geriet. Meine Kamera machte klick. Könnte ich nicht mit Fotos belegen, was ich sah, niemand würde mir die Schilderung des einmaligen Panoramas abnehmen. Schob ich nur das Riesenblatt eines Gummibaumes aus dem Blickfeld, starrte ich auf neue gewaltige, präzise aufgetürmte Mauern und Wege. Durch die geordneten Steine zwängen sich mit der berstenden Kraft der Urwaldfauna dicke Steinnußbäume, Lorbeergewächse, Zedern und Farne in allen Grünvarianten. Es war ein Labyrinth, wie es im Lexikon steht: ein Irrgarten mit täuschenden Wegesystemen und unübersichtlichen Kreuzungen. Schaute ich nach oben, nach unten, nach rechts, nach links, stets lagen andere Plattformen um mich herum. Meinte ich, meine Füße auf Naturboden zu haben, war der Grund doch künstlich in bester Handwerkerart plattiert.

In Gedanken stellte ich mir die ferne Vergangenheit vor, als auf den höchsten Terrassen die Priester ihre Götter ehrten, als abertausende Indios sie umstanden, als von allen Plattformen Rauchopfer zum Himmel aufstiegen und sich mit den Gebeten vereinten, als die Mamas in innigem Einvernehmen mit dem Kosmos standen. – Läßt man in der Phantasie so, wie es damals gewesen ist, die Bäume verschwinden, die heute an den Hängen wachsen, dann ist das ganze Bild dieser utopischen Landschaft präsent. Mir fiel der Satz von Professor Soto ein: »Das Ganze hatte einen Plan, einen riesigen Plan, wir wissen nur noch nicht von was!«

Ein über zwei Meter hoher Stein ist in einen Plastiksack gehüllt. »Was ist das?« fragte ich. Sylvia und Margarita lösten die Schnüre und zogen die schützende Kapuze von dem Ungetüm. Da stand ein Monolith mit vielen eingeritzten, rechtwinkligen Linien. »Was ist das?« wiederholte ich.

Meine Kamera machte klick!

Oben: Durch geordnete Steine zwängt sich mit berstender Kraft die Urwaldflora
Rechts: In Buritaca wurden Millionen Kubikmeter Steine bewegt – wie? Das achte Weltwunder!
Unten: »Das Ganze hatte einen Plan, einen riesigen Plan . . .«

Sylvia antwortete:
»Die Indianer sagen, das wäre der Plan der Anlage.«
»Eine Art von Stadtplan also?«
Die Mädchen nickten, erwähnten aber sofort, daß Professor Soto Zweifel hege. Er habe den Stein verpacken lassen, um ihn vor weiterer Verwitterung zu schützen – hoffend, der Stein würde irgendwann den Wissenschaftlern doch noch sein Geheimnis preisgeben.

## Wasserkünste

Die wortwörtlich unbeschreiblichen Geräusche des Urwalds wurden plötzlich von Wasserrauschen überdeckt, doch Wasser war nirgends zu sehen. Sylvia und Margarita genossen mein Erstaunen, dann hoben sie gemeinsam eine Jalousie von Lianen beiseite: Den Steilhang stürzte ein Wasserfall herunter, wurde von einer breiten, geschickt angelegten Steinrinne aufgefangen und in einem sauberen Kanal an einer kreisrunden Plattform vorbeigeleitet.

Denkt man daran, daß dieses Gebiet mit seinem tropischen Regen trocken gehalten wurde, steigt der Respekt vor den Konstrukteuren ins Unermeßliche. Ich kenne die berühmten Reisterrassen in den Bergen der Philippinen, auch die steilen Ackerbauterrassen von Machu Picchu in Peru. Nichts davon ist mit BURITACA 200 vergleichbar.

Hier wurde nicht – wie in Tiahuanaco und Puma Punku in Bolivien oder wie in Sacsayhuaman in Peru – mit Monolithen monströsen Umfangs gearbeitet, und doch wurden Millionen Kubikmeter Steine bewegt, denn alle Berghänge erwiesen sich inzwischen als künstlich überbaut. Nach den ersten Funden begann das große Staunen, das stets am Anfang

Von diesem Stein behaupten die Indianer, er zeige den Stadtplan von Buritaca. Ob es stimmt, weiß man (noch) nicht

Letzter Schnappschuß: Sylvia, Margarita, Hernando und der Flugingenieur kurz vorm Rückflug

großer Entdeckungen steht. Aus BURITACA 200 werden wir immer wieder Neues erfahren.

Plötzlich verstummten Brüllaffen und Vögel. Von den Hängen widerhallte das Schlagen und Rauschen der Rotorblätter des Helikopters. Tatsächlich, die fünf Stunden waren vergangen.

Sylvia, Margarita und ich hasteten auf schmalen Wegen und über die Haupttreppe zur Landeterrasse zurück. Ohne die ortskundigen Mädchen hätte ich mich hoffnungslos verirrt.

Hernando unterhielt sich mit den Soldaten, die mich so in-

Über die Haupttreppe hasteten wir zur Landeterrasse zurück. – Oben hob der Helikopter ab. Der Landeplatz wurde vom Schlund des gierigen Regenwaldes verschluckt

tensiv angeschwiegen hatten. – Ich kramte alles aus den Taschen, was ich nicht dringend brauchte und gab es den hilfreichen Mädchen: eine leichte NASA-Windjacke, einen Antiinsektenspray, Pflaster für Schnellverbände, eine Dynamo-Taschenlampe, zwei Schraubenzieher und ein Meßband. Im Dschungel läßt sich mit allem etwas anfangen.

Der Helikopter hob ab, flog dicht über den Baumkronen in einer Schleife Richtung Meer zurück, unser Landeplatz entfernte sich und wurde vom Schlund des gierigen Regenwalds verschluckt.

## Die älteren und die jüngeren Brüder

Professor Soto hatte mir gesagt, die Kogi betrachteten sich selbst wie ihre Vorfahren, die Tairona, als die »älteren Brüder« unseres Planeten; alle Fremden sind für sie die »jüngeren Brüder«, denn ihre Urpriester waren es, die das Leben aus dem Kosmos in ihr Land brachten.

Die Tairona besaßen einst eine üppige Kultur. Warum kleiden sich heute die Kogi derart ärmlich? Warum haben sie aufgehört, Goldarbeiten anzufertigen, den Faden zu spinnen und kunstvolle Stoffe zu weben? Warum bemalen sie keine Keramiken mehr mit mythologischen Szenen?

Die Mama, ihre hohen Priester, die Allwissenden, sagen den Kogi, es lohne nicht mehr. Die Götter hätten den »jüngeren Brüdern« die Chance gegeben, gefährliches Spielzeug wie Kanonen, Helikopter, Flugzeuge, Autos, Unterseeboote und Raketen zu bauen, doch die »jüngeren Brüder« wüßten damit nicht umzugehen. Also würde das Spielzeug bald die Welt in Brand setzen, drum lohne es nicht mehr – obwohl die Mama – und damit alle Kogi – davon überzeugt sind, daß gerade sie nach dem Weltuntergang die menschliche Art erhalten werden.

## Wenn heilige Berge gestört werden

Ich bin das Gegenteil eines Weltuntergangspropheten. Ich bin Optimist, weil ich immer noch auf die Intelligenz des Menschen setze, die die Gefahr erkennt und behebt, in die wir uns manövriert haben. Nachdenklich stimmt mich, daß sich die Mama-Kogi-Prophezeiungen mit den Überlieferungen anderer Indianerstämme von Chile bis Kanada decken.

Im Januar 1980 gab es in Montreal ein Indianertreffen, zu dem Indiopriester aus vielen Territorien einflogen. Der Vertreter der Yanomano-Indianer aus Venezuela berichtete auf dem Kongreß (8):

*»In der Nähe des Landes, wo mein Volk lebt, gibt es einige Berge, es sind heilige Berge für uns. Wir nennen den einen den ›Bären‹, einen anderen den ›Affen‹ und einen dritten den ›Vogel‹. Schon lange bevor die Weißen kamen, sind unsere Medizinmänner manchmal zu diesen Bergen gewandert. Keinem anderen war es erlaubt, diese Gegend zu betreten. Große Kräfte stecken in diesen Bergen, und die alten Weisen unseres Volkes sprechen von gefährlichem Material, das dort liege. Unsere Tradition sagt, daß, falls diese Berge gestört werden sollten, schreckliches Unglück hereinbrechen würde. Ein gewaltiger Regen würde dann alles überfluten und unser Volk auslöschen.«*

Ja, und dann sagte der Yanomano Ungeheuerliches: japanische Wissenschaftler hätten vor einigen Jahren die heiligen Berge angebohrt ... und sie hätten Uran gefunden!

Wie konnte dieses Wissen – vor zwei Jahren bestätigt – in uralte indianische Überlieferungen geraten? Wer wußte vor einem Jahrtausend und früher, daß bestimmte Berge gefährliches Material bargen? Wer konnte vorhersagen, daß mit der Ausbeutung der heiligen Berge schreckliches Unglück heraufbeschworen würde?

Da die frühen Indianer selbst gewiß unfähig waren, Meßinstrumente herzustellen, mit dem Uran zu orten war, muß gefragt werden: Woher hatten die Indios ihre Kenntnisse?

Reichte ihre ungestörte, religiöse Sensibilität aus, die gefährliche Strahlung zu lokalisieren? Oder sahen sie in der Nähe ihrer heiligen Berge Lebewesen qualvoll verenden? Schon möglich, denn die Natur sichert ihr Uran nicht so sorgsam ab wie das moderne Kernkraftwerke mit Uranrückständen tun. Die Natur schert sich nicht um Lebende und Tote.

Doch auch für den angenommenen Fall, die Indianer hätten das Vorhandensein von gefährlichem Material in ihren Bergen – auf welchem Weg auch immer – erahnt, bleibt doch das Vorauswissen der latenten Gefahr bei einer Ausbeutung unbegreiflich. Wir sind stolz darauf, daß unsere hochtechnisierte Wissenschaft das Unsichtbare meßbar gemacht hat. Wer aber deponierte das präkognitive Wissen? Wer signalisierte den Yanomano die Gefahr, die in den Bergen eingeschlossen war?

Die Indianer selbst geben die Antwort: Es waren ihre himmlischen Lehrmeister!

Freilich kann man es sich leicht machen und diese »himmlischen Lehrmeister« als Gestalten einer überbordenden Phantasie der Vorvorderen abtun, doch dann geraten wir in eine ausweglose Sackgasse. Dann unterstellen wir den Berichterstattern aller Indianerstämme – und vice versa auch unseren biblischen Propheten –, sie hätten geschwindelt und zusammengelogen, was sie über Gespräche mit den Himmlischen berichtet haben.

Ein Prophet wie der biblische Henoch erklärte ja nicht, er hätte mit Wänden oder Traumgebilden gesprochen, oder er habe sich im Traumland der Phantasie bewegt. Henoch stellt unverschlüsselt klar, daß er mit Lehrmeistern, die vom Himmel kamen, gesprochen hat, und daß eben diese Himmlischen ihn für sein Tun instruierten. Lügen also Henoch, Mose, Gilgamesch, die Yanomano- und Hopi-Indianer, die Dogon-Neger in Zentralafrika, die altindischen Weisen, die Kogi? Haben wir es mit einer weltweiten Mafia von phantasievollen Schwätzern zu tun?

Die zweite »Lösung« für die unverstandenen mythologischen Botschaften und steinernen Zeugen der Frühzeit mittels psychologischer Interpretationen scheitert an den harten Tatsachen, die wortreiche Vernebelungsversuche nicht dulden. BURITACA 200 gibt es. Das kosmologische Modell entstammt einer noch nicht verifizierbaren grauen Vergangenheit; es war längst vorhanden, ehe die Weißen vor Jahrhunderten das Terrain okkupierten und die Indios »entdeckten«. Die hätten ja auch existiert, weiterexistiert, wenn die Weißen sie nicht aufgescheucht und malträtiert hätten!

Der Weg mag unbequem und für unsere Wissenschaftler schwer begehbar sein, doch führt kein anderer zum Ziel: Die Ur-Lehrmeister der Menschheit sind Außerirdische gewesen.

Mit der Akzeptanz dieser – für mich banalen – Erkenntnis würde die totale Geschichte der Menschheit in hellstem Licht erstrahlen. Soll man doch endlich diesen Weisheitszahn ziehen! Soll man doch endlich den Behauptungen der Kogi nachgehen, ihre Urpriester hätten in den Tempeln »Erinnerungen« zurückgelassen, die eine fortgeschrittene Menschheit verstehen würde. Vielleicht sind die Stein-Phalusse, die gen Himmel eregieren, Symbole für das Leben, das »von oben« kam. Vielleicht ist die »genetische Scheibe« ein Indiz für die Entstehung von erstem Leben. Vielleicht enthalten die Gravuren auf den Tunja-Steinen Formeln, die Aufschluß über den Aufenthalt der Außerirdischen geben. Vielleicht ist der Archäologische Park von San Agustin ein gigantisches Mahnmal, das zurückgelassen wurde – als Erinnerung an die Zukunft.

Eine überwältigende Zahl von Erinnerungen bietet unser Blauer Planet an. Was muß noch passieren, bis sie von der Wissenschaft zur Kenntnis genommen werden? Nach einer globalen Katastrophe ist es zu spät. Wir können es uns nicht mehr leisten, Warnungen zu übersehen, Auswege zu ignorieren.

»Wir sind nicht nur verantwortlich für das, was wir tun, sondern auch für das, was wir unterlassen!«

Molière, 1622–1673

# Bildquellenverzeichnis

Die Bilder auf Seiten 8 bis 17 wurden mir freundlicherweise von der Kirche Jesu Christi der Heiligen der letzten Tage, Salt Lake City (USA), zur Verfügung gestellt.
Josef Blumrich: Bild Seite 33 (aus: Da tat sich der Himmel auf, Düsseldorf, 1973.)
Manfred Steinlechner: Tuschzeichnungen auf Seiten 68/81/82/95/102/206.
Robert Charroux: Seite 208 (aus dem Buch: Das Rätsel der Anden, Düsseldorf, 1978.)
Prof. Jaime Gutierrez, Bogotá: Seiten 213/216.
Patrick Utermann: Skizzierungen Seiten 267/268.
Willi Dünnenberger: Seite 271.
Erich von Däniken: Seiten 52/56/57/60/61/64/65/66/69/70/72/73/74/75/76/77/78/80/83/85/87/89/92/93/96/97/106/107/144/150/157/159/160/161/163/164/165/166/168/169/170/171/174/176/177/178/180/181/185/187/196/197/200/201/204/211/215/218/226/228/229/237/240/243/244/245/246/247/253/254/275/277/280/281/284/285/288/289/291/292/293/294/296/297.

# Bibliographie

## Sagenhafte Zeiten


1. DAS BUCH MORMON, 16. Auflage, 1966
2. Hinckley, Gordon B.: Die Wahrheit wiederhergestellt – Kurzer Abriß über die Geschichte der Kirche Jesu Christi der Heiligen der Letzten Tage, 1978
3. Bin Gorion, Micha Josef: Die Sagen der Juden von der Urzeit, Frankfurt, 1919
4. Burrows, Millar: Mehr Klarheit über die Schriftrollen, München, 1958
5. Wuttke, Gottfried: Melchisedech, der Priesterkönig von Salem, Eine Studie zur Geschichte der Exegese, Gießen, 1929
6. Bonwetsch, Nathanael G.: Die Bücher der Geheimnisse Henochs, Das sogenannte slawische Henochbuch, Leipzig, 1927
7. Die Heilige Schrift des Alten und des Neuen Testaments, Stuttgart, 1972 (Zürcher Bibel)
8. Hertzberg, H. W.: Die Melkisedeq-Traditionen, aus: The Journal of the Palestine Oriental Society, Vol. VIII, Jerusalem 1928
9. Lambert, Wilfried G. und Millard, Alan Ralph: Atra-Hasis, The Babylonian Story of the flood, Oxford, 1970
10. Sitchin, Zecharia: Der Zwölfte Planet, Unterägeri bei Zug, 1979
11. Blumrich, Josef F.: Da tat sich der Himmel auf – Die Raumschiffe des Propheten Hesekiel und ihre Bestätigung durch modernste Technik, Düsseldorf, 1973
12. Heyerdahl, Thor: Wege übers Wasser – Völkerwanderungen der Frühzeit, München, 1978
13. Mader, A. E.: Neue Dolmenfunde in Westpalästina, aus: The Journal of the Palestine Oriental Society, Vol. VII, Jerusalem, 1927
14. Bärwolf, Adalbert: Radar entschleiert die Äcker der Maya, aus: DIE WELT, Hamburg, 6. 9. 1980
15. Cordan, Wolfgang: Das Buch des Rates Popol Vuh – Schöpfungsmythos und Wanderung der Quiché-Maya, Düsseldorf, 1962

16. Hassler, Gerd von: Noahs Weg zum Amazonas, Hamburg, 1976
17. Honoré, Pierre: Ich fand den Weißen Gott, Frankfurt, 1965
18. Hammond, Norman: The earliest Maya, aus: Scientific American, New York, März 1977
19. Talmage, James E.: Die Glaubensartikel – Eine Untersuchung und Betrachtung der Hauptlehren der Kirche Jesu Christi der Heiligen der Letzten Tage, Salt Lake City, o. J.
20. Mazar, Benjamin: Der Berg des Herrn – Neue Ausgrabungen in Jerusalem, Bergisch Gladbach, 1979

**Am Anfang war alles anders**

1. Mazar, Benjamin: Der Berg des Herrn – Neue Ausgrabungen in Jerusalem, Bergisch Gladbach, 1979
2. Tello, Julio C.: Discovery of the Chavín Culture in Peru – aus: American Antiquity, Vol. IX, No 1, Menasha, 1943
3. Stingl, Miloslav: Die Inkas – Ahnen der »Sonnensöhne«, Düsseldorf, 1978
4. Kauffmann Doig, Federico: La cultura Chavín, aus: Las grandes Civilizaciones del Antiguo Peru, Tomo III, Lima, 1963
5. Nachtigall, Horst: Die amerikanischen Megalithkulturen – Berlin, 1958
6. Disselhoff, H. D.: Das Imperium der Inka, Berlin, 1972
7. Pörtner, Rudolf + Davies, Nigel: Alte Kulturen der Neuen Welt, Neue Erkenntnisse der Archäologie, Düsseldorf, 1980
8. Trimborn, Hermann: Das Alte Amerika, Stuttgart, 1959
9. Huber, Siegfried: Im Reich der Inka, Olten, 1976
10. Katz, Friedrich: Vorkolumbische Kulturen – Die großen Reiche des alten Amerika, München, 1969
11. Franz, Heinrich G.: Tiermaske und Mensch-Tier-Verwandlung als Grundmotive der altamerikanischen Kunst, aus: Jahrbuch des kunsthistorischen Instituts der Universität Graz, 1975
12. Wedemeyer, Inge von: Sonnengott und Sonnenmenschen, Tübingen, 1970
13. Krickeberg, Walter: Altmexikanische Kulturen, Berlin, 1975
14. Disselhoff, H. D.: Alt-Amerika, Baden-Baden, 1961
15. Séjourné, Laurette: Altamerikanische Kulturen, Band 21, Frankfurt, 1971
16. Willey, Gordon R.: The early great styles and the rise of the pre-columbian civilizations, aus: American Anthropologist, Band 64, 1962
17. Lothrop, Samuel K.: Das vorkolumbianische Amerika und seine Kunstschätze, Genf, 1964
18. Bennett, Wendell C.: The north highlands of Peru, Part 2, Excavations at Chavín de Huantar, aus: Anthropological Papers of the American Museum of Natural History, Vol. 39, New York, 1944

19. Eissfeldt, Otto: Einleitung in das Alte Testament, Tübingen, 1964
20. Burckhardt, Georg: Gilgamesch – Eine Erzählung aus dem alten Orient, Insel-Verlag, o. J.
21. Willey, Gordon R.: The Chavín Problem, aus: Southwestern Journal of Anthropology, Vol. 7, No. 2, Albuquerque, 1951
22. Davies, Nigel: Bevor Kolumbus kam – Ursprung, Wege und Entwicklung der alt-amerikanischen Kulturen, Düsseldorf, 1976
23. Burleigh, Richard: Naturwissenschaftliche Methoden der Altersbestimmung, aus: Die Cambridge Enzyklopädie der Archäologie, München, 1980
24. Coe, Michael D.: Olmec and Chavín: Rejoinder to Lanning, aus: American Antiquity, Vol. 29, No. 1, Salt Lake, 1963
25. Kano, Chiaki: The origins of the Chavín culture, Studies in precolumbian Art & Archaeology, Nr. 22, Washington, 1979
26. Kubler, George: The art and architecture of Ancient America, Harmondsworth, 1962
27. Blumrich, Josef F.: Kasskara und die Sieben Welten, Düsseldorf, 1979

Allgemein:

Möller, Gerd + Elfriede: Peru, Pforzheim, 1976
Mason, Alden J.: Das alte Peru, Zürich, 1965
Middendorf, E. W.: Das Hochland von Peru, Band III, Berlin, 1895
Krickeberg, Walter: Die Religionen des alten Amerika, Stuttgart, 1961
Waisbard, Simone: Die Kultur der Inkas, Zürich, 1980
Raimondi, Antonio: El Peru, Tomo I, Lima, 1940

**Ein Fall für Heinrich Schliemann**

1. Blumrich, Josef F.: Da tat sich der Himmel auf – Die Raumschiffe des Propheten Ezechiel, Düsseldorf, 1973
2. Lang, Bernhard: Ezechiel – Der Prophet und das Buch, Darmstadt, 1981
3. Kautzsch, Emil: Die Aptokryphen und Pseudeprigraphen des Alten Testaments, Band II, Kap. 7: Das Leben Adams und Evas, Hildesheim, 1962
4. Grünwedel, Albert: Mythologie des Buddhismus in Tibet und in der Mongolei, Leipzig, 1900
5. Bopp, Franz: Ardschuna's Reise zu Indra's Himmel, Berlin, 1824
6. Lindblom, J.: Prophecy in ancient Israel, Oxford, 1962
7. Keel, Othmar: Zurück von den Sternen, Fribourg, 1970
8. Beyerlein, W.: Herkunft und Geschichte der ältesten Sinai-Traditionen, 1961

9. Dummermuth, Fritz: Seperatdruck der theologischen Fakultät der Universität Basel, Theol. Zeitschrift, Nr. 17, 1961 + Nr. 19, 1963
10. Dummermuth, Fritz: Biblische Offenbarungsphänomene, aus: Theologische Zeitschrift, Nr. 21, 1965
11. Torrey, C.: Pseudo-Ezekiel and the original Prophecy, New Haven, 1930
12. Smend, Rudolf: Der Prophet Ezechiel, Leipzig, 1880
13. Baumgartner, W.: Hebräisches Schulbuch, 26. Auflage, Basel, 1971
14. Eichrodt, W.: Das Alte Testament deutsch – Der Prophet Hesekiel, Göttingen, 1968
15. Prager, Mirjam + Stemberger, Günter: Die Bibel, Salzburg, 1976
16. Richter, G.: Der ezechielsche Tempel – Eine exegetische Studie über Ezechiel, aus: Beiträge zur Förderung christlicher Theologie, 16. Jahrgang, Heft 12, Tübingen, 1912
17. Reuss, Eduard D.: Das Alte Testament – die Propheten, Band 2, Braunschweig, 1892
18. Hauck, Albert D.: Realencyklopädie für Protestantische Theologie und Kirche, Kap. Ezechiel, Graz, 1969
19. Chipiez, Charles + Perrot, Georges: Le temple de Jérusalem et la maison du Bois-Liban, Restitués d'après Ezéchiel et le livre des Rois, Paris, 1889
20. Thenius, Otto: Die Bücher der Könige – Kurzgefaßtes exegetisches Handbuch zum Alten Testament, Leipzig, 1849

Allgemein:

Brugg, Elmar: Tragik und schöpferischer Mensch, Baden/Schweiz, 1965

Zimmerli, Walther: Ezechiel, Band XIII/2, Neukirchen-Vluyn, 1969

Baumann, Eberhard D.: Die Hauptvisionen Hesekiels, aus: Zeitschrift für die Alttestamentliche Wissenschaft, Band 67, Berlin, 1956

**Die Strategie der Götter**

1. Indio-Kultur im Dschungel, aus: DER SPIEGEL/1. 2. 1981
2. Stöpel, Theodor K.: Südamerikanische prähistorische Tempel und Gottheiten, Frankfurt, 1912
3. Preuss, Theodor K.: Monumentale vorgeschichtliche Kunst, Göttingen, 1929
4. Nachtigall, Horst: Die amerikanischen Megalithkulturen, Berlin, 1958
5. Soto, Alvaro: San Agustin, Instituto Colombiano de Antropologìa, Bogotá, o. J.
6. Disselhoff, H. D.: Die Kunst der Andenländer, aus: Alt-Amerika – Die Hochkulturen der Alten Welt, Baden-Baden, 1961

7. Kapp, Martin: Im finstern zwanzigsten Jahrhundert, aus: Information der Internationalen Treuhand AG, Heft 64, 1981
8. Niel, Fernand: Auf den Spuren der großen Steine, München, 1977
9. Hitz, Hans-Rudolf: Als man noch Protokeltisch sprach, Versuch einer Entzifferung der Inschriften von Glozel, Ettingen, 1982
10. Thürkauf, Max: König Nobels Hofstaat, Schaffhausen, 1981
11. Priana, Miguel: El jeroglifico Chibcha, Bogotá, 1924
12. Ruzo, Daniel: La historia fantastica de un descubrimiento, Mexico-City, 1974
13. Stinkbomben in Atomlagern, aus DER SPIEGEL, 1981/51
14. Simon, Pedro: Noticias historiales de las conquistas de tierra firme en las Indias occidentales, Bogotá, 1882–1890
15. Nachtigall, Horst: Alt-Kolumbien, Berlin, 1961
16. Pauwels, Louis + Bergier, Jacques: Aufbruch ins dritte Jahrtausend, Bern, 1962

Allgemein:

Bray, Warwick: El dorado – Der Traum vom Gold, Hannover, 1979

Buchanan, D.: A preliminary decipherment of the Glozel inscriptions, The Epigraphic Society, Vol. IX, No. 226, San Diego/Cal., 1981

Crick, Francis: LIFE ITSELF, Its origine and nature, London 1981

Chaves, Eduardo B.: Mensagem dos Deuses, Lissabon, 1977

Fradin, Emile: Glozel et ma vie, Paris, 1979

Hornickel, Ernst: Sonne, Strand und sowieso – Von Inseln, Küsten und lockenden Wassern, Stuttgart, 1975

Hoyle, Fred: Diseases from space, London 1979

Hoyle, Fred and N. C. Wickramasinghe: EVOLUTION FROM SPACE, London 1981

Posada Ochoa, Mario: Gold Museum, Bank of the Republic, Bogotá, 1968

**Das achte Weltwunder**

1. Soto, Alvaro: BURITACA 200 (Ciudad Perdida), Bogotá, o. J.
2. Bischof, Henning: Die spanisch-indianische Auseinandersetzung in der nördlichen Sierra Nevada de Santa Marta (1501–1600), Bonn, 1971
3. Castellanos, Juan de: Elegias de varones ilustres de Indias, Madrid, 1914
4. Preuss, Theodor Konrad: Forschungsreise zu den Kágaba, Wien, 1926
5. Krickeberg, Walter + Trimborn, Hermann u.a.: Die Religionen des Alten Amerika, Stuttgart, 1961
6. Reichel-Dolmatoff, Gerardo: Die Kogi in Kolumbien, aus: Bild der Völker, Band 5, Wiesbaden, o. J.

7. Reichel-Dolmatoff, Gerardo: Templos Kogi – Introduccion al simbolismo y a la astronomía del espacio sagrado, aus: Revista Colombiana de Antropología, VOL. XIX, Bogotá, 1975
8. Indianer prophezeien den Untergang des Weißen Mannes, aus: Weser-Kurier, 21. 1. 1980
Allgemein:
Reichel-Dolmatoff, Gerardo + Alicia: The people of Aritama, London, 1961
Reichel-Dolmatoff, Gerardo: Colombia – Ancient peoples and places, London, 1965
Soto, Alvaro + Cadavid, Gilberto: BURITACA 200, Revista Lampara, Bogotá, No 76, VOL. XVII, Dezember 1979

# Register

## A



## B



## C

## D



## E



## F



## G

T



U

Liebe Leserin

Lieber Leser zu guter Letzt möchte ich Ihnen die ANCIENT ASTRONAUT SOCIETY vorstellen – abgekürzt AAS. Das ist eine gemeinnützige Gesellschaft, die keinerlei Gewinn anstrebt. Sie wurde 1973 in den USA gegründet. Inzwischen hat sie Mitglieder in über 50 Ländern.

Zweck der Gesellschaft ist das Sammeln, Austauschen und Publizieren von Indizien, die geeignet sind, diese Theorien zu unterstützen und zu festigen:

- In prähistorischen Zeiten erhielt die Erde Besuch aus dem Weltall . . . (oder)
- Die gegenwärtige, technische Zivilisation auf unserem Planeten ist nicht die erste . . . (oder)
- Beide Theorien kombiniert

Die Mitgliedschaft in der AAS steht jedermann offen. Sie gibt im Zwei-Monats-Rhythmus ein Mitteilungsblatt in Deutsch und Englisch für ihre Mitglieder heraus. Die AAS beteiligt sich an der Organisation von Expeditionen und Studienreisen an archäologische und für die Beweislegung der Theorie wichtige Fundplätze. – In jedem Jahr findet ein Weltkongreß statt. Orte der bisherigen Kongresse waren: 1974: Chicago – 1975: Zürich – 1976: Crikvenica, Jugoslawien – 1977: Rio de Janeiro – 1978: Chicago – 1979: München – 1980: Auckland, Neuseeland – 1982: Wien.

Der Jahresbeitrag zur AAS beträgt SFR. 25,– oder DM 30,–.

Im deutschsprachigen Raum gibt es zur Zeit rund 1400 Mitglieder.

Ich würde mich freuen, wenn Sie weitere Auskünfte über die AAS erbitten bei:

Deutschsprachige Sektion:
ANCIENT ASTRONAUT SOCIETY
CH-4532 *Feldbrunnen*/SO

Herzlich Ihr

ERICH von Däniken

**Erich von Däniken**

**Reise nach Kiribati**
Abenteuer zwischen Himmel und Erde
352 Seiten, 120 Abbildungen, davon 35 in Farbe, gebunden

Reisen, Abenteuer und Entdeckungen – kein anderer Autor hat so fieberhaft die Länder unserer Erde durchforscht wie Erich von Däniken.
Erstmals berichtet er in diesem Buch von Mühsal und Freuden seiner Reisen, von Entdeckungen und Enttäuschungen. »Reise nach Kiribati« ist der abenteuerliche Bericht eines Globetrotters auf den Spuren der Götterastronauten. Daneben aber präsentiert Erich von Däniken zahlreiche neue Entdeckungen, die das Fundament seines Denkgebäudes durch neue Fundstücke absichern.
Einmal mehr durchbricht Erich von Däniken die Grenzen heutigen Denkens und aktuellen Wissens: Das »Undenkbare«, die Spekulation mit dem »Unmöglichen« ist sein Gebiet, das er nüchtern, mutig und souverän dokumentiert.